LE RÈGNE DES VIEUX

DU MÊME AUTEUR

Statique des civilisations. — 1 vol. in-8. Paris, 1883.

Les problèmes de l'histoire, avec une préface par Yves Guyot. — 1 vol. in-12. Paris, 1886.

Origines et évolution de la parure. — Brochure. 1884. Épuisée.

EVREUX, IMPRIMERIE DE CHARLES HÉRISSEY

PAUL MOUGEOLLE

LE
RÈGNE DES VIEUX

PARIS
NOUVELLE LIBRAIRIE PARISIENNE
ALBERT SAVINE, ÉDITEUR
12, rue des Pyramides, 12

1890
Tous droits réservés.

AUX HOMMES

DE MA GÉNÉRATION

JE DÉDIE CE LIVRE

PRÉFACE

Les abus que je signale dans ce livre, les vices que je dénonce à l'opinion, ont été pour la plupart dénoncés par d'autres, et signalés depuis longtemps. — Mais à quoi sert de constater l'existence du mal, si l'on ne remonte pas jusqu'à la cause même qui l'engendre, si l'on ne donne pas le remède propre à le guérir ?

La cause du mal dont nous souffrons (ou du moins la principale cause, — car il y en a d'autres, — et je me propose de les analyser plus tard) réside, pour moi, dans la sénilité du monde officiel. Je suis convaincu que si notre organisation politique, si notre organisation administrative, si notre organisation militaire laissent tant à désirer, c'est que nous sommes dirigés par des hommes d'un autre âge, par des hommes qui n'ont plus ni la force de bras nécessaire, ni la délicatesse de main indispensable, pour mettre en mouvement et régler cette machine, à la fois gigantesque et compliquée, que l'on appelle le gouvernement d'un État; et volontiers je dirais, appliquant à la vieillesse les paroles que Sieyès appliquait de son temps au tiers-état :

— Que sont les vieux, chez nous?
— Tout, ou à peu près tout!
— Que devraient-ils être?
— Rien, ou presque rien!

Ces quatre lignes résument tout mon livre.

Je serais désolé qu'on me reprochât de manquer de respect aux cheveux blancs ; car nul, plus que moi, ne révère la vieillesse, cette chose sacrée entre toutes. Je suis de ceux qui pensent que l'on ne saurait entourer de trop d'égards, de trop de soins, de trop d'affection, les hommes chargés d'années, non seulement parce qu'ils sont nos pères, nos ascendants, mais aussi parce que celui qui va mourir a plus qu'un autre besoin d'être consolé, lui qui sera bientôt sevré de tout plaisir, de toute joie. Oui, je voudrais que tout le monde vécût cent ans; je voudrais que tous les couples de France et de Navarre pussent célébrer leurs noces d'argent, leurs noces d'or, et même leurs noces de diamant; je voudrais que les derniers jours de l'ancêtre s'écoulassent, heureux et paisibles, au milieu de ses enfants, des enfants de ses enfants, et de ses arrière-petits-enfants.

Mais autant, selon moi, l'on doit se montrer prévenant, empressé, vis-à-vis de l'homme privé, vis-à-vis de l'aïeul blanchi sous le harnais, autant on a le droit, et même le devoir, d'être sévère, impitoyable, envers l'homme public, — envers celui qui rompt de lui-même son cercle naturel, la famille, — envers celui qui, s'arrachant aux caresses des siens, s'offre comme cible aux traits du public, — envers celui qui, poussé par une ambition sans excuse, se jette dans l'arène politique et affronte la mêlée électorale, — envers celui qui, malgré son grand âge, malgré sa santé délabrée, malgré sa virilité tombante, a la prétention de diriger les jeunes et de gouverner les forts, — envers celui qui continue de s'intituler notre supérieur, alors qu'il serait à grand'peine

1.

notre égal, — envers celui qui, au nom d'un passé qui n'est plus, veut régenter le présent et dominer l'avenir.

Celui-là cesse d'être l'aïeul respectable et respecté. Pour lui, la débilité, la faiblesse, l'impuissance, toutes ces maladies qui sont le triste cortège de la vieillesse, changent de noms; elles s'appellent des gros mots de paresse, d'imprévoyance, d'incurie; elles ne sont plus de simples défaillances, toutes pardonnables, parce qu'elles sont toutes naturelles, elles deviennent des défauts, — pis que des défauts, des vices, — et, comme tels, haïssables, je dirais presque punissables.

Or, en France, sous le régime actuel, ce cas, qui devrait être une rare déception, est la règle.

Nous vivons sous le règne des vieux.

« La République, disait Thiers dans son *Message* du 12 novembre 1872, n'est qu'un contresens, si, au lieu d'être le gouvernement de tous, elle est le gouvernement d'un parti ! » — Que penser alors de notre République, qui, depuis qu'elle existe, n'a pas cessé d'être la république d'une coterie, de la coterie des gérontes?

C'est pourquoi je l'attaque.

Je l'attaque, parce que je suis un fervent républicain, parce que je voudrais l'arracher des mains de la *camarilla* sénile qui l'accapare et l'exploite, pour en faire le gouvernement de tous, — un gouvernement où les hommes de la jeunesse, les hommes de l'âge mûr, et aussi les hommes de la vieillesse, figureraient à la fois, apportant à l'État leur part respective de capacité et de qualités, — les uns, l'entrain et la fougue qui caractérisent le printemps de la vie, — les autres, les robustes vertus qui sont l'apanage de la virilité, — ceux-ci, les leçons de l'expérience, acquises, hélas! au prix des années perdues.

Mais, m'objecteront des républicains que je crois sincères, ne voyez-vous pas qu'en essayant de rajeunir la République, vous risquez de la tuer? Ne voyez-vous pas qu'en voulant remettre à neuf l'édifice gouvernemental, vous risquez de la jeter en bas?

Qu'y faire?

Je suis convaincu que mieux vaut pas de république du tout, qu'une mauvaise république, qu'une république dont les *Codes* sont calqués d'un bout à l'autre sur ceux de la royauté et de l'empire. Je suis pour le système du *tout ou rien*, système qui, je le reconnais, est celui des entêtés, des esprits obtus, des intelligences étroites, mais qui, n'en déplaise à mes contradicteurs, est ici le seul logique.

Sans doute, l'homme qui se dit républicain et qui vit au jour le jour de la politique, sans souci du lendemain, trouvera qu'une république, même pitoyable, vaut mieux que n'importe quelle monarchie, par la raison bien simple qu'un semblant de liberté est préférable à l'absence totale de liberté, de même que la « médiocrité dorée » est préférable à la pauvreté. — Mais, ce qu'il faut voir ici, et ce que l'on ne voit pas assez, c'est que la grande majorité des électeurs (je ne parle évidemment que des électeurs républicains) ne se demande pas s'il existe plusieurs variétés de républiques. — On est en république, se disent-ils. — Or ce gouvernement ne donne point ce qu'il a promis; il n'est pas ce qu'il s'est vanté d'être. — Alors, à quoi bon la République?

Jusqu'à présent, chez nous, la République

est tombée par surprise, victime des menées ambitieuses de quelque factieux. Le peuple, il est vrai, ne tardait pas à donner à l'attentat sa forme légale, en le sanctionnant par un vote ou un plébiscite : mais en cela, il ne faisait que céder à l'irrésistible attraction qu'a pour tous le fait accompli. Du jour où il renversera lui-même la République, c'en sera fait d'elle pour longtemps. Pour toujours peut-être.

C'est ce qu'il faut éviter à tout prix.

Voilà pourquoi j'écris ce livre. Oui, je crois faire mon devoir de républicain en dénonçant bien haut les abus du régime actuel, en nommant en toutes lettres leurs auteurs responsables. Déjà, sous le règne de Louis XIV, Boileau trouvait tout naturel d'appeler « un chat un chat, et Rollet un fripon » ; aujourd'hui à plus forte raison, un écrivain, si humble qu'il soit, a le droit d'élever la voix et d'attirer sur les monopoleurs la vindicte publique!

Du jour où le pays qui pense, le pays qui travaille, sera convaincu qu'en rajeunissant les hauts cadres officiels, il réparera du même coup et remettra à neuf les engrenages de la machine républicaine, la révolution sera faite.

A en juger par certains symptômes, trop rares, hélas! on dirait qu'elle se prépare.

La succession de Grévy le septuagénaire, donnée à Carnot, — l'élection de la Chambre actuelle, qui compte dans son sein des membres moins âgés que leurs devanciers, sont peut-être les signes avant-coureurs d'une réaction juvénile.

Si ce livre, dans lequel je m'adresse sincèrement à tous les républicains dignes de ce nom, — non pas seulement aux jeunes, mais aussi, mais surtout aux hommes dans la plénitude de leur maturité, et même aux vieillards, pourvu qu'ils soient de bonne foi, — si ce livre, dis-je, en faisant ressortir les travers des Gérontes, les inconvénients de leur gestion, les vices de leur gouvernement, les dangers de leur administration, pouvait contribuer à accélérer le mouvement commencé, l'auteur s'estimerait heureux; car il aurait travaillé pour la grandeur de la patrie et pour le salut de la République.

Paul Mougeolle.

Paris, 30 mars 1890.

ORIGINE ET CARACTÈRE
DU RÉGIME ACTUEL

CHAPITRE PREMIER

LA DÉFAITE DES JEUNES

Parmi toutes les révolutions politiques qui ont bouleversé notre histoire, celle du 4 Septembre 1871 présenta un caractère particulier. Comme la plupart de ses devancières, elle eut son siège à Paris, dans la capitale même du pays ; mais, à proprement parler, elle ne fut point l'œuvre des Parisiens ; et, en cela, elle différa profondément de celles qui l'avaient précédée.

Cela tient aux tristes circonstances au milieu desquelles elle se produisit.

En ces jours de deuil, la patrie venait d'être envahie, les premières batailles étaient perdues. Les habitants de Paris, absorbés par les soins patriotiques de la défense, ne songeaient guère à organiser l'émeute. Leurs barricades à eux, c'étaient les remparts mêmes de leur ville, que l'ennemi allait bientôt menacer, et dont la défense réclamait impérieusement l'union de tous les hommes de cœur. Aussi la révolution, au lieu de gronder dans la rue, au lieu d'éclater en pleine lumière, s'effectua-t-elle sans bruit, sournoisement, à l'ombre, entre quatre murs, dans l'enceinte même du palais du Corps législatif.

Un certain nombre de députés, profitant du désarroi général, avaient demandé la déchéance de Napoléon III et l'avènement d'un gouvernement nouveau ; les autres représentants, surpris, humiliés consternés, n'avaient point osé protester. — Laisser dire, dans ces conditions, c'était laisser faire. — Après la séance, la révolution était consommée.

Sans perdre de temps, les députés, instigateurs du mouvement, se transportèrent du Palais-Bourbon à l'Hôtel de Ville, où Gambetta fut chargé de lire la proclamation suivante :

« RÉPUBLIQUE FRANÇAISE

« Il est constitué un gouvernement de la Défense nationale.

« Ce gouvernement est ainsi composé :

« MM. Emmanuel Arago, Crémieux, Jules Favre, Jules Ferry, Gambetta, Garnier-Pagès, Glais-Bizoin, Eugène Pelletan, Ernest Picard, Rochefort, Jules Simon. »

Dans les autres révolutions, c'était le peuple de Paris qui donnait le signal, envahissait la Chambre et forçait la main à ses représentants. Ce jour-là, le grand meneur n'avait pour ainsi dire pas bougé ; c'étaient les représentants eux-mêmes qui avaient provoqué le mouvement et mis leurs mandataires en présence du fait accompli. Ceux-ci ne montrèrent pas grand enthousiasme à la lecture d'un manifeste qui ressemblait bien plus à un acte d'huissier qu'à un chant de triomphe; la plupart d'entre eux n'approuvaient point la composition du comité officiel; plusieurs même protestèrent et demandèrent d'autres noms.

Il faut dire que la plupart des hommes qui venaient de s'octroyer ainsi à eux-mêmes la souveraineté n'étaient guère faits, bien que députés de Paris, pour plaire aux Parisiens.

Sous l'Empire, il est vrai, ils avaient été nommés de préférence à d'autres pour représenter les intérêts politiques de la capitale; mais c'était en un temps où ni les élections, ni le choix des futurs élus n'étaient libres. Pour battre en brèche une citadelle, on emploie tous les matériaux que l'on a sous la main, de même que, dans un danger pressant, pour résister à l'ennemi, on fait flèche de tout bois. L'homme de décembre une fois à terre, ces choix n'avaient plus de raison d'être. Autre chose est démolir, autre chose est reconstruire; autre chose est combattre dans les rangs de l'opposition, même à titre de *leader*, comme Jules Favre, autre chose est accaparer la souveraineté nationale. Car c'était bien le pouvoir souverain que Jules Favre et consorts venaient de s'attribuer là; c'était une véritable oligarchie qu'ils venaient de constituer à leur profit, au profit des vieux.

Dans cette espèce de *Conseil des Dix*, comme autrefois à Venise, les vieux dominaient.

L'âge mûr n'y était représenté que par trois hommes, Gambetta, Jules Ferry, Rochefort, dont Picard avait dépassé la cinquantaine. Les sept autres étaient presque tous des vieillards. Jules Simon avait cinquante-sept ans; Pelletan en avait cinquante-huit; Emmanuel Arago, cinquante-neuf. Jules Favre, soixante-deux; Garnier-Pagès: soixante-huit; Glais-Bizoin, soixante et onze; Crémieux, soixante-quinze.

Gouvernement de vieux dans toute la force du terme, puisqu'à le supposer incarné dans un homme, cet homme aurait eu environ soixante ans.

Ce caractère sénile fut aggravé encore par le choix des auxiliaires que s'adjoignirent les chefs du nouveau régime. Trochu, le président, n'avait que cinquante-cinq ans; mais le ministre de la marine, Fourichon, en avait soixante et un; le ministre de la guerre, Le Flô, en avait soixante-six; l'ambassadeur extraordinaire, Thiers, en avait soixante-quatorze. Il y avait là tout un résidu des anciens régimes, dernières épaves de gouvernements depuis longtemps submergés, et que l'on remettait à flot pour la circonstance ; Thiers, un ministre de Louis-Philippe, s'y rencontrait avec Crémieux et Garnier-Pagès, deux membres de la République de 1848.

Là, fut la vraie cause de la froideur avec l

quelle le gouvernement provisoire fut accueilli par les Parisiens; là, fut le principal motif de la lutte qui allait bientôt éclater entre la *coterie des Gérontes* et les habitants de la capitale.

Paris est comme les jolies femmes, il a horreur de tout ce qui est ridé, fêlé ou cassé. Il n'aime que ce qui est jeune, parce qu'il est jeune lui-même.

Oui, je le dis sans flatterie, Paris est la ville des jeunes.

Tandis que la province ne compte pas moins d'un vieux par dix habitants (j'entends par *vieux* tout homme ayant atteint la soixantaine), la capitale n'en compte qu'un sur deux cents : différence énorme comme on voit, puisque, eu égard au chiffre de la population, Paris se trouve avoir vingt fois moins de vieillards que le reste de la France ! Et comme renfermer moins de vieux revient à posséder plus de jeunes, on peut dire de Paris qu'il est le camp retranché de la jeunesse française [1].

Cette pénurie de vieux, cette surabondance de jeunes tient à la manière même dont se recrute la population dans la capitale. Celle-ci au lieu de se multiplier par elle-même, par la seule force reproductrice de ses habitants, comme cela a lieu dans le reste de la France, s'accroît

---

[1] Voici les chiffres. On compte, dans le département de la Seine, 151,000 personnes ayant plus de soixante ans, sur 2,800,000 habitants; en France, sur 38 millions d'habitants, il y en a 4.050,000 ayant dépassé la soixantaine. Cela donne pour Paris, 5 vieux sur 1,000; pour la France, 106 vieux sur 1,000.

principalement par l'émigration, non pas seulement par l'émigration étrangère, mais surtout par l'émigration nationale, émigration qui puise ses éléments dans la masse même du corps social. Il se produit sur toute la surface du territoire français comme une série de courants ayant leur source dans les diverses localités, et leur embouchure dans la grande ville, sortes de rivières vivantes chargées d'alimenter Paris en hommes. Aussi la grande majorité des Parisiens est-elle composée de personnes qui ne sont pas nées à Paris ; à tel point que, sur trois habitants de la capitale, on en compte deux originaires des départements.

C'est aussi ce qui fait que la ville de la Seine compte si peu de vieillards.

Pour quitter son village, pour affronter l'inconnu, il faut être dans la force de l'âge. Les vieux sont, par le poids même des ans, cloués au sol qui les a vus naître. Se déplaceraient-ils, par hasard, qu'ils seraient bien vite contraints de regagner leurs foyers, impuissants qu'ils sont à se plier aux exigences d'une vie nouvelle dont ils n'ont pas le temps de faire l'apprentissage, et trop faibles désormais pour avoir quelque chance de vaincre dans le combat de la vie, plus rude à Paris que partout ailleurs.

Le nouveau régime n'eut pas les sympathies des Parisiens parce qu'il avait à sa tête des vieux, parce que la jeunesse et la vieillesse sont deux éléments incompatibles, aussi différents l'un de l'autre que la vigueur et la faiblesse, que la beauté et la laideur, que la santé et la maladie, que la vie et la mort.

Toutefois, les Parisiens dissimulèrent le plus longtemps qu'ils purent leur ressentiment. Ils eurent vis-à-vis des hommes de Septembre un sentiment de pudeur que ceux-ci n'avaient pas eu vis-à-vis des hommes de Décembre ; ils firent passer les intérêts généraux de la patrie avant les besoins particuliers de la politique ; et ce ne fut guère que lorsque les derniers combats militaires eurent été livrés, que lorsque l'envahisseur fut devenu irrémédiablement le vainqueur, qu'ils engagèrent la lutte.

Les raisons, hélas! ne leur manquaient pas, les Gérontes du gouvernement provisoire ayant entassé faute sur faute dans leur gestion.

Un des premiers actes du nouveau gouvernement, après s'être proclamé lui-même, avait été d'envoyer deux des siens à Tours, avec mission de le représenter en province et de faire le nécessaire pour résister à l'invasion. On choisit, pour cela, les deux plus vieux de la bande, Crémieux e Glais-Bizoin, auxquels on adjoignit Fourichon. Ces vieillards, au lieu de travailler sans relâche au salut de tous, passaient leur temps à se quereller entre eux ; ils ne faisaient même pas à la patrie, dans ces tristes circonstances, le sacrifice de leurs idées personnelles, à cette patrie qui demandait alors à tous ses enfants la trêve de leurs ambitions et de leurs rancunes. D'autres, à leur place, effrayés de la responsabilité qu'ils endossaient, eussent pris leur rôle au tragique : eux, ne le prenaient même pas au sérieux.

— Si vous étiez ministre de la guerre, disait un jour Glais-Bizoin à Crémieux, l'Europe ne pourrait s'empêcher de rire !

Et Crémieux de répondre : — Si vous l'étiez, vous, ce serait la France qui rirait [1] !

Ministres de la guerre, ils l'étaient alors en réalité, et pour notre malheur. Car, au lieu d'organiser la victoire, ils ne surent organiser que la guerre civile. Le comité de Paris se vit obligé de leur enlever leurs pouvoirs, qu'il délégua au plus jeune de ses membres, à Gambetta.

Quand celui-ci arriva à Tours, où la délégation s'était installée depuis un mois, il n'y avait encore ni soldats, ni fusils, ni chevaux, ni canons. En revanche, le Midi était en feu ; dans plusieurs départements, on demandait à grands cris la séparation, la scission d'avec le reste de la France ; l'Algérie commençait à s'agiter, remuée de fond en comble par le décret de Crémieux, qui avait profité de son arrivée au pouvoir pour donner à tous ses coreligionnaires le titre de citoyens français.

Les hommes du 4 Septembre n'avaient pas été

---

[1] Ces plaisanteries macabres sont consignées tout au long dans les *Dépositions de l'enquête parlementaire*.

plus heureux dans le choix de leurs diplomates que dans celui de leurs administrateurs militaires : Thiers et Jules Favre se montrèrent les dignes pendants de Crémieux et de Glais-Bizoin ; ils préparèrent les alliances à peu près comme ceux-ci avaient préparé la victoire.

Nous avions alors deux ministres des affaires étrangères, l'un à l'intérieur, l'autre à l'extérieur. C'était trop et c'était trop peu : — trop, parce qu'avec ce système, l'unité de direction faisait défaut ; — trop peu, parce qu'aucun de ces deux vieillards n'était de taille à mener à bonne fin la lourde tâche que l'un et l'autre avaient assumée. Dans sa triste promenade à travers les chancelleries européennes, Thiers fut partout éconduit ; lord Granville, le prince Gortchakof, M. de Beust, lui tournèrent le dos. Quant à Jules Favre, il fut le jouet du chancelier prussien. « S'il y avait un homme, dit Claretie, qui n'était point fait pour tenir tête à M. de Bismarck, c'était Jules Favre. Homme de sentiment, peu pratique, habitué à plaider les affaires plutôt qu'à les étudier, n'ayant fait jamais que de la politique théorique et des harangues, M. Favre allait se heurter contre un adversaire terriblement dangereux et le mieux fait pour triompher de la sentimentalité de son adversaire[1] ». Le ministre et son ambassadeur, ou plutôt l'ambassadeur et son ministre furent le jouet de Bismarck.

[1] Jules Claretie, *Histoire de la Révolution de 1870-71*.

Si l'on veut être édifié sur la valeur de nos deux diplomates, du ministre des affaires étrangères et de son ambassadeur extraordinaire, on n'a qu'à relire le journal posthume de Frédéric III, sorte de gazette écrite au jour le jour durant la campagne, alors que son auteur n'était encore que le prince royal de Prusse. Les quelques extraits qui suivent, traduits littéralement sur l'original, sont des plus significatifs :

« 8 *février*. — Bismarck trouve Favre abattu et modéré, mais *si peu au courant des affaires*, que les réponses les plus urgentes sont retardées, parce *qu'il en oublie la moitié.*

« 24 *février*. — Grand émoi. Bismarck annonce, dans une conférence chez l'empereur, à laquelle assistaient de Moltke, Roon et moi, que Favre demande un armistice, qu'il offre de livrer les forts et de déposer les armes. *Il avoue que la famine règne à Paris et qu'une sédition y a éclaté.* Trochu s'est retiré et n'est plus que « président de la défense ». *Favre a peur de rentrer à Paris et montre un appétit de loup au dîner de Bismarck.*

« 25 *février*. — On a discuté si on garderait Metz ou Belfort. Thiers a beaucoup parlé. Bismarck a perdu patience, s'est emporté et s'est mis à lui parler en allemand. Thiers a dit qu'on était cruel avec lui. Bismarck s'est plaint de ce qu'on lui avait envoyé *un vieillard* avec lequel il ne pouvait discuter librement. Bray, Mittnacht et Jolly, qui ont assisté à l'entretien, ne peuvent assez vanter *la supériorité de Bismarck. Le peu de connaissances qu'avait Thiers des affaires lui a constamment nui.* »

Notez que le *Krönprinz* ne peut être suspect de rabaisser le mérite de nos diplomates, dans le but de rehausser le prestige du chancelier prussien; les colères qui ont éclaté lorsque la *Deutsche Rundschau* a publié ces mémoires, nous sont garantes du contraire, et ont bien prouvé qu'il était loin d'avoir fait la part trop belle au prince de Bismarck.

« Et voilà les hommes à qui nous laissions le soin de discuter les intérêts sacrés de la patrie! Après cela, qui oserait dire que les Parisiens avaient tort, lorsqu'ils refusaient de se reconnaître plus longtemps solidaires de pareils *gagas?* Eux, qui avaient été témoins du serment de Jules Favre, affirmant qu'il ne céderait à l'ennemi ni « un pouce de notre territoire », ni « une pierre de nos forteresses », et qui assistaient au démembrement de la patrie; eux, qui avaient entendu Ducrot jurer qu'il ne rentrerait « que mort ou victorieux », et qui l'avaient vu rentrer vivant et vaincu, — ce qui l'avait fait surnommer par les gamins de Paris *le général ni l'un ni l'autre*, — avaient-ils donc tort, quand ils reprochaient à tous ces vieux leurs fanfaronnades et leur inertie? Avaient-ils tort, quand ils leur criaient à cette bande de ramollis: — « Non, vous n'êtes pas le gouvernement de la *Défense na-*

tionale, vous n'avez été tout au plus que le gouvernement de la *dépense nationale!* Vous avez trahi le pays, — ce pays que vous avez trouvé vaincu, mais que vous nous rendez démembré ! — ce pays, que vous avez trouvé envahi, mais que vous nous rendez rançonné, pillé ! Vous avez trahi, vous qui de votre propre autorité avez pris en main le pouvoir, vous qui vous êtes donné l'investiture politique, sous prétexte que le bonapartisme était impuissant à défendre la France, vous qui de votre propre chef avez assumé la responsabilité de la lutte, alors que personne ne vous en sollicitait, vous qui avez voulu accaparer, diriger toutes les forces vives de la patrie, alors que vous n'étiez pas certains, entièrement certains de la sauver ! Car qui nous dit que, si vous aviez laissé le champ libre aux jeunes, si vous vous étiez modestement effacés devant les seuls hommes aptes à défendre un pays menacé, les choses n'auraient pas changé de face ? Qui nous dit, par exemple, qu'un diplomate franc, loyal, avisé, entreprenant, hardi, n'eût pas réussi là où Thiers a échoué ? — L'Autriche n'était-elle pas pour nous ? Le roi d'Italie n'était-il pas avec nous ? N'avions-nous pas les sympathies du peuple anglais ! — à tel point, que l'emprunt contracté par nous chez nos voisins d'outre-Manche, en pleine guerre, en pleine effervescence, fut souscrit jusqu'à huit fois dans les vingt-quatre heures, tandis que celui que lancèrent, chez les mêmes Anglais, les Allemands, alors maîtres de la moitié de la France, échoua piteusement! — Oui, le gouvernement de Septembre est coupable; ses actes n'ont point concordé avec ses promesses; son administration n'a pas été à la hauteur de ses serments : il n'a tenu aucune de ses paroles, il n'a été fidèle à aucun de ses engagements. Nous le déclarons en faillite devant le pays! »

Ainsi parlaient les Parisiens à la fin de la guerre. Et là n'étaient pas leurs seuls griefs contre le gouvernement provisoire.

Ils reprochaient aux vieux, non seulement d'avoir livré les Français aux Prussiens, mais encore de les avoir livrés, pieds et poings liés eux Parisiens, aux monarchistes.

Est-il besoin de rappeler que les élections du 8 février 1871 se firent dans des conditions telles que fatalement les jeunes devaient succomber, les vieux triompher? — Quatre mois auparavant, lorsque Crémieux et Glais-Bizoin, à Tours, avaient de leur propre autorité fixé au 19 octobre le jour des élections, Gambetta fit révoquer le décret, en alléguant que « tous les hommes étaient hors de chez eux, et qu'on ferait décider le sort de la France par des vieillards et des infirmes ». Or, au mois de février suivant, la situation, bien loin de s'être améliorée dans ce sens, avait plutôt empiré. La plupart des jeunes étaient sous les drapeaux; enrôlés comme soldats, il leur était bien difficile de faire acte de citoyens. Beaucoup d'entre eux s'abstinrent, et ceux qui votèrent, dans ces conditions, loin de leurs foyers, loin de ceux qu'ils auraient pu élire, s'acquittèrent fort mal de leurs fonctions.

Étant à grand peine électeurs, ils pouvaient encore moins être élus.

Aussi l'Assemblée nationale fut-elle en grande majorité composée de vieux.

Gambetta fut le seul *jeune* qui eut l'honneur d'une candidature multiple. Les députés qui furent élus dans plusieurs départements étaient tous des hommes marchant vers la soixantaine, ou l'ayant depuis longtemps dépassée. C'étaient Thiers, l'élu de vingt-six départements ; — Jules Favre, élu dans huit ; — Ledru-Rollin, Jules Grévy, nommés dans trois ; — le prince de Joinville, dans deux [1]. Les vieux triomphaient, et ils triomphaient d'autant plus qu'ils étaient plus vieux. La France de 1871 était dupée par les Gérontes, comme Paris l'avait été par eux, en 1869.

Cette fois, les Parisiens trouvèrent que la mesure était comble ; et la guerre étrangère était à peine terminée, que la guerre civile commençait.

La guerre, elle avait failli éclater au sein même du gouvernement provisoire, les quelques hommes relativement jeunes qu'il renfermait étant en divergence de vues continuelle avec les vieux. A la vérité, Rochefort fut le seul qui se sépara entière-

[1] Le prince de Joinville avait alors cinquante-trois ans ; Grévy, cinquante-huit ans ; Ledru-Rollin, soixante-quatre ans.

ment de ses collègues, le seul qui prit ouvertement parti pour la Commune. Mais rien ne dit que Gambetta, s'il n'eût passé tout l'hiver en province, loin des Parisiens, ne se fût pas rangé sous la bannière des fédérés, avec lesquels il s'était tenu jusque-là en parfaite communion d'idées et ce qui tendrait à le faire croire, c'est l'antagonisme qui ne cessa de se manifester entre lui et Thiers, le plus farouche ennemi qu'ait eu la Commune : on se rappelle qu'il ne pouvait parler de Gambetta, sans le traiter de « fou furieux » et que devant les Prussiens eux-mêmes, il ne dissimulait pas son ressentiment [1].

La guerre entre les Parisiens et les Versaillais, entre les jeunes et les vieux, entre les citadins et les ruraux, entre les partisans de la Commune et les partisans de la Centralisation, entre les apôtres des libertés républicaines et les souteneurs du despotisme, éclata en mars 1871. Elle dura deux mois.

Les Parisiens étaient un contre vingt ; ils n'avaient ni chef, ni armée ; ils furent vaincus.

C'était prévu.

Ce qui ne l'était point, ce fut le caractère foncièrement sauvage, bestialement sanguinaire, que prit la lutte. Les vainqueurs se conduisirent en bourreaux, et firent de cette guerre civile une véritable boucherie.

[1] On lit dans le *Journal* du prince royal de Prusse, au 22 février 1871 : « Thiers se prononça très vivement sur le compte de Gambetta. » — Devant Bismarck, naturellement.

Thiers le septuagénaire, Thiers le rural, Thiers le provençal, (Provençal n'est-il point synonyme de *provincial*?), avait voué aux Parisiens une haine aveugle, implacable, la haine de ce qui est vieux contre ce qui est jeune, la haine de ce qui est routinier contre tout ce qui est novateur. Il trouvait que notre pauvre grand Paris n'avait pas assez souffert pendant le siège que lui avaient infligé les Allemands; il le fit investir une seconde fois. Contre une ville il jeta tout un peuple. A aucun moment il ne voulut entendre parler de négociations; et ce fut en vain que les maires de Paris, que l'*Union nationale des chambres syndicales de Paris*, que la *Ligue de l'Union républicaine des droits de Paris*, intervinrent et offrirent leur médiation. Toutes les propositions furent impitoyablement repoussées. Thiers, et avec lui l'Assemblée nationale, voulait bien de Paris, mais d'un Paris anémié, pantelant, abattu, anéanti pour longtemps.

Les généraux qu'il avait mis à la tête de l'armée ne secondaient que trop ses vues.

Il y a, chez les peuples qui se battent, un Code de la guerre, que chacun des belligérants respecte. Entre autres clauses, figure le droit des prisonniers d'être traités avec certains égards. Les Allemands n'ont pas mis à mort nos soldats pris les armes à la main pendant la guerre, pas plus que nous n'avons tué les leurs. Les Versaillais, eux, fusillaient sans merci les Parisiens qui leur tombaient entre les mains.

Le 3 avril, le général Vinoy avait surpris quinze cents fédérés. Lorsqu'ils eurent mis bas les armes, il s'avance vers eux, et demande :

— « Où est votre chef? »

Un tout jeune homme sort des rangs, en criant :
— « C'est moi! »

Il s'appelait Duval; tout le monde le connaissait, car on se rappelait qu'à Buzenval il s'était battu comme un lion.

— « Qu'on le fusille »! hurle le vieux Vinoy.

Ce général qui trouvait tout naturel d'assassiner un homme sans défense, ce soldat qui ordonnait d'égorger un prisonnier après la bataille, reçut pour ce fait d'armes la médaille militaire!

Dans la nuit du 21 au 22 mai, l'armée de Versailles avait réussi à pénétrer dans Paris ; les portes de Passy et de la Muette étaient prises, le Trocadéro occupé; elle n'avait qu'à poursuivre ce mouvement offensif, et la ville tombait en son pouvoir, les défenseurs de la Commune, surpris par cette brusque attaque, n'ayant pas eu le temps d'organiser la défense des rues. On ne le voulut pas. Il fallait du sang et des ruines.

On en eut.

Pour ma part, je ne connais rien de plus hideux dans notre histoire que les massacres du Père-Lachaise. Notez que tout danger était passé pour les Versaillais, puisque Paris était pris.

La fusillade n'en continuait pas moins impitoyable.

Les *fusilleurs* étaient ces généraux qui avaient capitulé à Sedan et à Metz, ces colonels qui avaient eu le triste courage de remettre à l'ennemi les armes de leurs soldats et les drapeaux de leurs régiments, ces officiers aux épaules chamarrées d'or qui portaient encore sur leur front la honte des dernières défaites, le stigmate des dégradations voulues et subies. Les *fusillés* étaient ces hommes qui avaient défendu durant de si longs mois leur ville contre les Allemands, ces hommes qui comptaient parmi eux les survivants de ceux qui avaient si héroïquement lutté au Bourget et à Champigny ! C'étaient les lâches qui tuaient, c'étaient les vaillants qui mouraient. Alors on vit tous ces vieux généraux qui n'avaient pas su mourir à la tête de leurs troupes, se venger sur les Parisiens des nobles exemples que ceux-ci leur avaient donnés ! Ces hommes, qui n'avaient jamais aimé la France, puisqu'ils l'avaient déshonorée, ne pouvaient guère aimer les Français ; aussi éprouvaient-ils une maligne satisfaction en souillant le sol de la patrie du sang de ses enfants. Durant des heures entières les communards tombèrent ainsi sous les coups des capitulards.

Paris fut le rachat de Sedan[1].

---

[1] Il faut lire dans les historiens de la Commune, — je ne parle pas des historiens officiels, des patentés et des assermentés, mais des autres, des vrais, — le récit de toutes ces turpitudes. L'épisode suivant, pris dans un livre de Nadar, *Sous l'incendie*, me paraît caractéristique :

« Derrière un peloton de chasseurs à cheval, entre un dou-

L'atrocité de cette conduite était sans excuse. Thiers, ses acolytes de l'armée et ses comparses de l'Assemblée, le savaient bien ; aussi cherchèrent-ils des prétextes pour pallier la honte de leurs actes.

Entre autres griefs, ils accusèrent les fédérés de s'être rendus coupables du crime de lèse-patrie.

— Des gens, disaient-ils, qui avaient l'impudence d'afficher leurs principes devant l'ennemi, des hommes qui osaient déployer leur drapeau sous la gueule des canons allemands, pouvaient-ils être dignes de pitié ?

— A cela, les partisans de la Commune auraient pu répondre qu'ils n'avaient fait que suivre l'exemple que leur avait donné le gouvernement de Septembre, de ce gouvernement que Thiers

ble cordon de cavaliers, défilait interminablement quatre par quatre, au milieu de la chaussée, une indénombrable quantité d'hommes, prisonniers faits à la Commune individuellement ou par rafles. Il n'y avait pas cette fois de femmes ni d'enfants.

« Parmi eux, beaucoup de *jeunes soldats*, la capote retournée, provenant des deux régiments qui, engagés au fond de Paris le 18 mars, y étaient restés, ou, suivant une autre légende, y avaient été oubliés . . . .

« Ils marchaient au pas rapide, poussés, la tête basse pour la plupart, et avec eux un pêle-mêle sans fin d'autres prisonniers de toutes provenances et de toutes tenues, gardes nationaux, bourgeois, ouvriers, au milieu d'une assourdissante clameur d'imprécations, de huées et de menaces.

« Les prisonniers avançaient toujours, semblant ne vouloir voir ni entendre. L'un d'eux pourtant se retourna et cria, tendant le poing : — *Lâches!* — A ce moment, comme une trombe, un monsieur *âgé et gras*, décoré, de tenue respectable, venait de faire irruption du café de la Paix, et, fendant la foule, était parvenu entre les chevaux de l'escorte, d'où il frappait de taille et d'estoc les prisonniers à coups de canne. »

avait reconnu, puisqu'il en avait été l'un des plus fermes soutiens ; et que si certains hommes avaient montré quelque patriotisme en ces tristes circonstances, c'étaient eux à coup sûr, eux qui avaient attendu la fin de la lutte, avant d'élever la voix, eux qui avaient commencé par payer leur dette à la patrie, avant de demander raison aux usurpateurs.

Les autres raisons que mettaient en avant les parvenus de septembre et de février étaient toutes aussi mauvaises.

Sous prétexte que la Commune n'était pas un gouvernement régulier, ils prétendaient avoir le droit de traiter les fédérés comme des chiens enragés et de les tuer partout où ils les rencontraient. Thiers oubliait de dire ce qu'il entendait par un *gouvernement régulier* [1].

La vérité est que, depuis cent ans, en France, il n'y a pas eu de gouvernement régulier, puisqu'il n'y en a eu aucun qui ait eu pour lui la sanction du temps, cette sanction qui ne s'acquiert qu'avec les siècles, cette sanction que donne seule la force de la coutume, la toute-puissance de la tradition, et d'où dérive la légalité, la légitimité. — Est-ce que la République, l'Empire, la Restauration, la Monarchie de Juillet n'ont pas été tour à tour des enfants de l'insurrection? Est-ce que tous ces régimes ne sont pas issus ou de la ruse, ou de la force bru-

---

[1] « Les gouvernements appellent révolutionnaires tous ceux qui ne pensent pas comme eux », disait Jules Favre, le 2 juillet 1873, à la tribune de l'Assemblée nationale.

tale? Est-ce que tous n'ont pas été insurrectionnels à leur origine, puisque tous ont commencé par chasser le maître qui occupait la place avant eux ? En quoi la Commune différait-elle de ses aînés ?

Bien au contraire, de tous les gouvernements de combat, c'était elle qui s'annonçait comme le plus légitime, en ce sens qu'elle renouait le fil brisé de nos traditions. Ne savons-nous pas que du XIe au XIIIe siècle, les communes de France essayèrent de proclamer leur autonomie, affirmant leur droit de vivre désormais d'une vie propre, de mener dorénavant une existence indépendante? La royauté en laquelle certains historiens-courtisans ont voulu voir un auxiliaire du mouvement communal, s'empressa d'étouffer les uns après les autres ces essais d'indépendance, non sans en avoir tiré profit pour abattre la noblesse. Plus tard, lorsque la monarchie fut à terre, comme il arriva plusieurs fois depuis 1789 — et c'était le cas en 1871, — il était tout naturel que les aspirations communales, si longtemps comprimées, se fissent jour. De sorte que la Commune de Paris, loin d'apparaître comme une tentative révolutionnaire, comme une insurrection accidentelle, isolée, a été, au contraire, la continuation même de notre histoire, la reprise de nos traditions interrompues par cinq siècles de despotisme.

En fait de gouvernement régulier, aucun ne l'avait été moins que celui du 4 Septembre : il l'avait été si peu, que ni l'Angleterre, ni l'Autriche, ni la Russie, ne consentirent jamais à le reconnaître :

et même ce fut là une des causes qui firent avorter le voyage diplomatique de Thiers.

Quant à l'Assemblée dite *nationale*, elle fut et resta toujours une Assemblée *irrégulière*, étant issue d'un décret lancé par un gouvernement *irrégulier*, qui avait appelé *irrégulièrement* les citoyens aux urnes, après avoir fixé *irrégulièrement* et le jour des élections et le nombre des électeurs.

La troisième raison qu'invoquaient Thiers et sa bande, pour justifier leurs assassinats, n'est qu'une duperie, comme celles qui précèdent. Ils prétendaient qu'ils ne faisaient qu'appliquer aux fédérés la loi du talion, la Commune ayant elle-même donné l'exemple du meurtre, par le massacre des otages.

Le véritable meurtrier des otages, tout le monde le connaît aujourd'hui, ce fut Thiers.

Les fédérés ne prirent des garanties que quand ils virent la façon sauvage dont on traitait leurs compagnons d'armes tombés au pouvoir de l'ennemi. Ce ne fut qu'après le meurtre de Flourens et après l'assassinat de Duval, qu'ils firent enfermer à Mazas l'archevêque Darboy, le curé Deguerry, le président Bonjean et quelques autres. Et, bien qu'il s'agît alors de représailles, il est essentiel de remarquer que les hommes ainsi arrêtés ne furent point fusillés séance tenante, comme on aurait pu s'y attendre, les têtes étant montées au paroxysme de la colère. Les membres de la Commune, dans une intention louable, voulaient simplement sauvegarder ceux des leurs qui tomberaient désormais entre les mains des Versaillais ; ils prévinrent ceux-ci qu'ils prendraient modèle sur eux et qu'à la première récidive ils mettraient en pratique la règle : *Œil pour œil, dent pour dent*, qui est la forme brutale de la justice primitive.

Ils allèrent plus loin. Ils offrirent à Thiers de faire un échange de captifs ; ils lui proposaient de troquer l'archevêque de Paris contre Blanqui, alors détenu en province. Le Provincial, pardon ! le Provençal refusa net. Lui se sentait en sûreté ; que lui importait la vie des autres [1] ?

Cet homme et ses complices ont eu beau se disculper ; ils resteront devant l'histoire, non des combattants, mais des assassins. Les hommes du 4 Septembre avaient commis un larcin en confisquant à leur profit le gouvernement ; ceux qui leur succédèrent ont été jusqu'au meurtre. C'est le mode d'évolution général des tendances criminelles.

On ne saurait le dire trop haut : s'il y a eu des assassins, c'est dans le camp des Versaillais, bien plus que dans celui des fédérés, qu'il faut aller les chercher. Pour quelques centaines de victimes qu'ont fait les Parisiens, plus de trente mille Parisiens ont été égorgés. — Trente mille ! —

---

[1] Le lecteur qui veut être édifié sur ce point n'a qu'à lire le *Nouveau Journal d'un officier d'ordonnance*, par le comte d'Hérisson. L'auteur, dont on ne peut soupçonner l'impartialité, dit en propres termes : « Thiers fut l'auteur direct, non seulement de la Commune, mais du plus grand de ses crimes : le massacre des otages. »

Encore, les soldats de la Commune avaient-ils pour eux l'exaltation du péril, les nécessités de la lutte, l'excuse des représailles ; leurs adversaires, eux, leurs bourreaux, ont massacré froidement, lâchement, des hommes, des femmes, des jeunes filles, des enfants, alors qu'après le combat, maîtres définitifs de la ville, ils tenaient en main leur triste victoire.

Les choses ne se seraient certainement pas passées ainsi, si les Versaillais avaient été commandés par d'autres que par des vieux. Des jeunes auraient fait grâce ; car, s'ils aiment la victoire, la boucherie leur répugne. Malheureusement les chefs des ruraux avaient tous dépassé la soixantaine. Thiers entrait dans sa soixante-quinzième année ; ses amis, ses conseillers étaient presque aussi âgés. Mac-Mahon, Ladmirault avaient soixante-trois ans ; Vinoy, le sénateur de l'Empire, le meurtrier de Duval, allait vers ses soixante-douze ans !

Quelle différence avec la phalange de la Commune où semblait battre le cœur même de Paris !

Dans ce bataillon sacré, presque tout le monde était jeune. Gustave Flourens qui, le premier, jeta à la face des Crémieux et consorts le mot de *Commune*, avait trente-trois ans : Jules Vallès, qui soutint si vaillamment de sa plume la cause des Parisiens, avait trente-huit ans ; Rochefort, qui prit sa défense au sein même du gouvernement provisoire, venait à peine de dépasser la quarantaine. Rossel, qui prépara la défense, était un capitaine tout fraîchement sorti de l'Ecole polytechnique ; Dombrowski, qui lui succéda comme administrateur militaire, était aussi un jeune. Raoul Rigault et Ferré, les deux « délégués à la sûreté », quelque chose comme les préfets de police d'alors, étaient de tout jeunes gens.

C'était un jeune alors qu'Elisée Reclus dont le manifeste contre le gouvernement de Versailles eut tant de retentissement ! Un jeune, Camélinat, qui s'acquitta si honorablement de sa tâche, à la Monnaie, où il fit frapper plusieurs millions de numéraire ! Un jeune, Ranc, le « délégué de la commission de la justice », au 26 mars ! Un jeune, Clémenceau, qui fit de vains efforts pour sauver les généraux Lecomte et Clément Thomas, livrés aux représailles populaires ! Et Yves Guyot, à qui nous sommes redevables de la conservation des Archives, de l'Imprimerie nationale, et d'autres monuments encore, un tout jeune alors[1] ! Des jeunes, Paschal Groussel, Assi, Vermorel, Billioray, Jourde, Benoit, Malon !

Et dans la foule des acteurs secondaires de ce grand drame, que de jeunes ! A chaque instant on voit apparaître des adolescents n'ayant pas encore de poil au menton, de toutes jeunes filles qui viennent là

---

[1] Elisée Reclus avait quarante et un ans ; Camélinat, trente et un ans ; Ranc, quarante ans ; Clémenceau, trente ans ; Yves Guyot, vingt-huit ans.

jouer leur rôle sanglant dans la lugubre tragédie. N'est-ce pas une jeune fille de dix-neuf ans (les Versaillais venaient, sans doute, de fusiller son frère) qui, dans l'épisode de la rue Haxo interpellant les membres hésitants de la Commune, donnait le signal de l'exécution en déchargeant elle-même son revolver sur deux gendarmes ? N'est-ce pas un gamin de treize ans qui, l'instant d'après, tirait à bout portant sur un autre gendarme? A celui-là, on lui avait probablement pris son père... Et, lorsque l'évêque Surat, qui avait réussi d'abord à s'évader, fut appréhendé derechef, n'est-ce pas un jeune homme qui le reconnut pour un *monseigneur!* N'est-ce pas encore une jeune fille de dix-huit ans qui lui brûla la cervelle, à deux pas, dans la rue même ?

La femme, image immortelle de la jeunesse, était avec les fédérés. Quand les Versaillais voulurent forcer la barricade de la place Blanche, ils la trouvèrent défendue par cent vingt femmes ; il n'y avait-là pas un seul homme! Ce fut là que Louise Michel fit ses premières armes.

Les combattants de la Commune, tombés dans la lutte, ou égorgés après la bataille, représentaient l'élite de la jeunesse parisienne. C'était Paris qui tombait avec eux. Après cette monstrueuse hécatombe, les vieux étaient les maîtres, maîtres de la capitale, maîtres de la France. Alors se montra, s'afficha, s'étala une forme nouvelle de la République, la République sans jeunes, la République des vieux, la République d'où tous les révolutionnaires convaincus, d'où tous les partisans sincères de la marche en avant furent rigoureusement exclus..... Jadis « le petit bourgeois », pour railler la monarchie, avait inventé *la royauté sans roi*, sous cette rubrique : « Le roi règne, mais ne gouverne pas »; — devenu « le sinistre vieillard », cherchant à tuer en France le régime de la liberté, il inventait *la République sans republicains*, avec cette devise : « Tout par les vieux, tout pour les vieux » !

Et dire que sur le tombeau de cet homme, de ce nain que le peuple des faubourgs a flétri du nom de *Foutriquet*, on a gravé en toutes lettres ces mots : « Il a aimé sa patrie. » Il ne manquait plus que d'ajouter : « Ce qu'il a aimé par-dessus tout, c'est Paris. »

Vraiment il est heureux pour son cadavre que les Parisiens aient le culte des morts et ne se vengent point sur les cadavres !

Celui de Voltaire a été moins favorisé, lui dont les cendres ont été dispersées aux quatre vents du ciel.

CHAPITRE II

UNE CONSTITUTION AU PROFIT DES VIEUX

« Ce n'est pas tout de vaincre, il faut savoir user de la victoire, » a dit un historien. Les vieux connaissent l'adage, et ne manquent jamais de le mettre en pratique. Quand ils tiennent une proie, ils ne la lâchent plus.

On le vit bien chez nous après la défaite de la Commune.

Ce n'était pas assez pour les Gérontes de l'Assemblée nationale d'avoir vaincu Paris, ils voulurent le bâillonner; ce n'était pas assez pour eux de l'avoir jeté à terre, ils lui mirent les menottes et afin qu'il fût dans l'impossibilité de se relever à l'avenir.

La ville de la Seine fut traitée comme une criminelle vulgaire. On la priva de ses droits politiques, en lui enlevant son titre de *capitale*. Le Paris de Philippe-Auguste et de saint Louis fut abandonné pour Versailles, pour le Versailles de Louis XIV et de Louis XV. Paris fut en même temps sevré de ses droits municipaux. On refusait de le mettre sous le régime du droit commun, parce que, disait-on, la capitale d'un grand pays tel que la France ne saurait être assimilée à une modeste bourgade ; et on lui enlevait son rang de Capitale, sous prétexte que l'autonomie communale y était plus dangereuse que partout ailleurs. Admirable escobarderie !

La haine des vieux s'assouvit, non seulement dans le choix de la capitale, mais aussi dans le choix des présidents. Les rois de la nouvelle république furent pris parmi les plus violents ennemis des Parisiens. On élut Thiers d'abord, le civil qui avait donné l'ordre d'investir Paris ; Mac-Mahon ensuite, le militaire qui l'avait pris de force ! Notre chère grande ville était souffletée sur les deux joues.

L'Assemblée « de malheur » consomma son œuvre de basse vengeance en votant une Constitution, qui mettait Paris à sa merci, une Constitution qui donnait le pas aux ruraux sur les habitants des villes, une Constitution qui confisquait tout le pouvoir au profit des vieux.

Et, par dérision, elle donna à cette *charte* l'épithète de *républicaine*.

Le trait saillant de la Constitution de 1875, c'est que le pouvoir exécutif, au lieu d'être l'égal du pouvoir législatif, est placé sous sa dépendance ; il est sa créature, et par conséquent son serviteur.

Aux États-Unis, le président de la République est nommé directement par le peuple, seul juge de ses actes. Chez nous, il est élu par le Parlement, ce qui revient à dire qu'il est choisi dans le Parlement. Les *parlementaires* délèguent le pouvoir souverain à l'un des leurs ; mais, en réalité, ce sont eux qui sont les véritables souverains.

Toutes les précautions sont prises pour le cas où le chef de l'Etat, une fois nommé, manifesterait des velléités d'indépendance, et tenterait de regimber contre le Parlement d'où il est sorti. Nul Président n'a un pouvoir plus borné.

Non seulement la durée de sa magistrature est très limitée, puisqu'elle ne dépasse pas sept années, alors qu'un sénateur conserve son pouvoir pendant neuf ans, mais le chiffre de son traitement est dérisoire : un pauvre demi-million, la rente que touchent en un jour les Rothschild de Paris ! Le ministre de l'intérieur, avec ses fonds secrets, est mieux partagé que lui.

Le Président ne peut rien contre les membres des deux Chambres. Il peut ajourner le Parlement, mais pour un mois seulement ; et si, dans certains cas, il a le droit de dissoudre la moitié du Parlement, ce n'est qu'avec l'assentiment de l'autre moitié, le Sénat. En revanche, les législateurs ont des droits sur lui. Ils peuvent le traduire à leur barre, la Chambre décrétant la mise en accusation, le Sénat s'érigeant en cour de justice. Ils ont d'autres moyens encore pour l'atteindre, pour peser sur lui. Rappelons-nous que les trois premiers présidents de la troisième république, Thiers, Mac-Mahon, Grévy, se sont retirés devant l'hostilité du Parlement, bien avant l'expiration de leur mandat.

L'influence que peut exercer sur le pays notre premier magistrat est aussi très restreinte. Ses décrets ne sont que la promulgation des lois votées par les Chambres ; encore, pour être valables, doivent-ils être contresignés par un ministre. S'il nomme aux emplois publics, ce n'est que sur la proposition des ministres ou par leur intermédiaire. Il commande à la force armée, mais il ne peut déclarer la guerre. Il a le droit de grâce, mais il n'a pas celui d'amnistie. Il signe les traités, — traités de paix, traités de commerce : mais ceux-ci ne deviennent définitifs que lorsqu'ils ont été approuvés par le Parlement.

Ce souverain de carton, ce roi de pacotille, ce président pour rire a l'air de choisir lui-même ses ministres ; en réalité, c'est le Parlement qui les lui impose, puisque ce dernier renverse tous ceux qui ne lui plaisent point.

Monstrueux abus de pouvoir, de la part du Parlement issu de la Constitution de 1875 ! — On comprend que la Chambre, ou que les Chambres, s'il y en a plusieurs, restent maîtresses incontestées du champ législatif ; à elles d'accepter ou de refuser les projets de loi qui leur sont présentés ; mais les hommes qui leur proposent ces projets de loi, elles ne devraient point les connaître. Il y a là un profond empiètement du pouvoir législatif sur le pouvoir exécutif, et la négation même du grand principe de la séparation des pouvoirs, qu'avait proclamé si haut la Révolution. En Amérique, les ministres, au lieu d'être les serviteurs du Parlement, relèvent du président de la République; et la Constitution, poussant jusqu'à ses dernières limites la séparation des deux pouvoirs, interdit l'accès de la Chambre.

Nos ministres sont responsables, notre président ne l'est pas. On lui enlève par là le bénéfice de tout ce qui pourrait se produire d'utile durant une législature; on le prive ainsi de la reconnaissance populaire dont la grande voix contribuerait à rehausser le prestige de sa personnalité, et ferait de lui un homme trop puissant. Dans notre société, les êtres que le Code déclare irresponsables sont les enfants, les fous, les interdits. Notre président est traité comme un *interdit*. La Constitution lui a nommé dans le Parlement un tuteur, dans le conseil des ministres un conseil judiciaire.

Le président ne peut rien sans les ministres ; les ministres ne peuvent rien sans le Parlement, dont ils sont membres pour la plupart. Le Parlement, voilà le souverain.

Notre République est donc, dans toute la force du terme, une république *parlementaire*, une République dans laquelle le pouvoir est exercé par cette force collective et anonyme, qu'on appelle le *parlementarisme*.

Le Parlement lui-même est une machine à deux

rouages, le Sénat et la Chambre. Or, partout où deux maîtres coexistent, il y en a toujours un qui l'emporte sur l'autre : c'est là un fait constant, nécessaire.

Dans notre Parlement, le véritable maître est le Sénat.

Il n'y a que les esprits superficiels qui voient dans les deux groupes dont se compose notre Parlement, deux frères ; du moins si ce sont là des frères, il faut avouer qu'ils vivent sous le régime du droit d'ainesse ; car l'aîné, qui est ici le Sénat, a tout pris pour lui.

Le Sénat, comme la Chambre, a *l'initiative des lois*, et il use de cette faculté suivant son bon plaisir, en véritable roi qu'il est.

Comme elle, il tient sous sa dépendance le pouvoir exécutif ; il ne souffre pas que les ministres gouvernent contre lui, ni sans lui [1].

Il ne laisse même pas à sa sœur cadette, comme

---

[1] Il y en a de nombreux exemples. En voici un entre autres. Le 28 mars 1888, M. Sarrien, ministre de l'intérieur, pose au Sénat la question de confiance. Je rapporte ses paroles :
« Messieurs, l'honorable M. de Kerdrel vient de déclarer que ses amis et lui ne voteraient pas le crédit relatif à la police secrète. Il y a donc là une question de méfiance posée par la droite.
« Eh bien ! de même qu'à la Chambre, nous avons posé la question de confiance à ce sujet, nous la poserons aussi devant le Sénat. Oui, Messieurs, nous pensons que dans les circonstances actuelles, en présence de la situation faite au gouvernement, il a besoin d'être sûr de la confiance du Parlement.
« Nous demandons, en conséquence, au Sénat de se prononcer nettement par un vote. »

cela a lieu en Angleterre et partout ailleurs le dernier mot dans les questions fiscales. Toute loi de finances pour être valable, doit être ratifiée par lui, et il y apporte telle modification qu'il juge à propos. Ce droit de *veto*, la Chambre l'a reconnu d'une manière péremptoire dès que la nouvelle Constitution a commencé de fonctionner, en décembre 1876 ; c'était à propos des crédits relatifs au traitement des aumôniers militaires, crédits qu'elle avait supprimés au cours de la discussion du budget, et qui furent rétablis par le Sénat ; après un conflit de quelques jours, le Sénat persistant, elle passa sous les fourches Caudines, proclamant ainsi officiellement sa propre subordination dans les questions budgétaires. Cette subordination est d'ailleurs un fait tellement reconnu, que Floquet, dans son projet de revision, demandait (ce sont ses propres paroles) « que la volonté de la Chambre, en matière financière, puisse prévaloir en dernier ressort » : ce qui veut dire apparemment que, dans l'état actuel, le Sénat fait la loi à la Chambre pour ces sortes de questions.

Admettons même, si l'on veut, que sur ces divers points, les députés marchent de pair avec les sénateurs. En revanche, il est d'autres articles de la Constitution sur lesquels le doute n'est plus permis, articles qui font du député l'inférieur hiérarchique du sénateur, et qui justifient le nom de *Chambre haute*, que l'on donne parfois au Sénat.

Un sénateur est nommé pour neuf ans, un député n'est élu que pour quatre. Qu'est-ce à dire, sinon que l'influence du premier est beaucoup plus grande que celle du second, son mandat durant deux fois plus longtemps ? Quand l'élu du Palais-Bourbon sera rendu à la vie privée, son collègue du Luxembourg n'aura pas cessé de gouverner, de faire des lois. Et encore je ne parle pas ici des *sénateurs à vie*, dont l'espèce est loin d'être éteinte.

La Chambre haute a le droit de *dissolution* sur la Chambre basse, c'est-à-dire que la Constitution donne à un sénateur le pouvoir de casser un député; elle interdit en revanche à tout député de toucher à un sénateur.

Vis-à-vis du pouvoir exécutif, le Sénat jouit des droits souverains du juge, puisque, dans le cas où le président de la République, ou l'un de ses ministres, viendraient à être accusés d'avoir attenté à la sûreté de l'Etat, c'est lui qui instruit le procès, condamne ou acquitte les prévenus.

Et ce ne sont pas là ses seules prérogatives !

S'agit-il de reviser la Constitution ? le Parlement s'assemble en Congrès ; mais, une fois réuni, il n'a pas le droit de nommer son président ; le président du Sénat lui est imposé. Le bureau tout entier de la Chambre haute devient le bureau du Congrès.

Le Sénat mène donc le *Congrès* comme il mène le *Parlement*.

En donnant ainsi la toute-puissance au Sénat,

c'était aux vieux que la Constitution la donnait. Voilà un fait dont peu de personnes se doutent.

De ce que le Sénat est nommé par les délégués des communes, et non par tous les citoyens, comme la Chambre des députés, on ne voit généralement dans la Chambre haute que l'expression du suffrage restreint, que la représentation de l'idée communale ; tout le monde répète, après Gambetta, que le Sénat est « le grand conseil des communes de France ». — Rien de moins conforme à la réalité ; et la preuve, c'est que, lors de la discussion même de la Constitution en 1875, comme plus tard, lors de la pseudo-revision soumise au Congrès, en 1884, plusieurs orateurs se montrèrent partisans d'un Sénat, mais d'un Sénat élu par le suffrage universel, exactement comme l'autre Chambre [1]. Dans ces conditions, où serait la distinction entre les deux Chambres au point de vue de leur mode de recrutement ? — Elle serait ce qu'elle est aujourd'hui, tout entière dans la différence des âges de leurs membres.

D'une manière générale, un sénateur est plus vieux qu'un député : — d'abord parce qu'il ne peut être élu avant quarante ans, au lieu que le député peut l'être à partir de vingt-cinq ans ; — ensuite parce qu'il a pour électeurs des hommes d'un certain âge, des hommes déjà élus eux-mêmes, tandis

---

[1] L'amendement Pascal Duprat, à l'Assemblée nationale, plus tard les propositions Floquet, Naquet, au Congrès, ont été déposés dans ce sens : abolition du suffrage restreint.

que son collègue de la Chambre basse est nommé par tous les citoyens ayant dépassé vingt et un ans[1].

Voilà deux restrictions d'âge qui ont l'air extrêmement bénignes. Quarante ans, l'âge de l'élu, n'est-ce pas le moment de la vie où l'homme est dans toute sa force? Et l'âge de l'électeur? vingt-cinq ans : n'est-ce pas là la prime jeunesse? — Oui. Mais il ne faut pas se laisser prendre aux apparences. Ils sont rares les électeurs sénatoriaux de vingt-cinq ans! Il vient de mourir, dans le Nord, un certain M. Germe, qui était maire de Cuvillers depuis 1830 ; cet homme, qui avait administré sa commune pendant cinquante-neuf ans, était à la vérité le doyen des maires de France : mais n'est-il pas vrai que celui-là ne devait pas choisir ses sénateurs parmi les hommes de la quarantaine?

Ce qui fait aussi que les sénateurs sont plus âgés que les députés, c'est qu'un certain nombre d'entre eux (un sur quatre) ont été proclamés *membres à vie* par la Constitution de 1875. La loi du 9 décembre 1884 a aboli, il est vrai, la clause d'inamovibilité ; mais elle a admis que les sénateurs inamovibles continueraient de l'être jusqu'à leur mort. A l'heure actuelle, on compte encore au Luxembourg cinquante et un membres à vie, dont vingt-huit ont

---

[1] Les délégués pour l'élection sénatoriale sont choisis par les conseillers municipaux ; ils peuvent être pris en dehors de ceux-ci. Mais, outre que le cas est rare, cela n'infirme en rien ce que nous disons, puisque les électeurs sont choisis par des hommes déjà élus.

été nommés en 1875, les vingt-trois autres, élus par le Sénat lui-même entre les années 1875 et 1884.

Toutefois ce qui a le plus contribué à faire du Sénat une Chambre sénile, ce sont moins ces articles très nets que les dessous mêmes de la Constitution. Wallon et consorts se sont bien gardés d'avouer leur penchant pour les vieux; ils ont même dissimulé, autant qu'ils ont pu, les avantages qu'ils réservaient à leurs congénères. Ils ont craint les retours de fortune. Dame, quand on ne se sent plus la vigueur nécessaire pour parler en lion, il faut bien se résigner à jouer les rôles hypocrites du renard.

Pourquoi, par exemple, lorsqu'il s'est agi de fixer le nombre des sénateurs à élire par département, a-t-on favorisé les circonscriptions les moins populeuses aux dépens des autres? Pourquoi le département des Hautes-Alpes compte-t-il autant de sénateurs que celui de Vaucluse, deux fois plus peuplé? Pourquoi le Nord en nomme-t-il autant que la Seine, dont la population est double? Tout le monde sait pourtant que la puissance d'un pays, puissance économique en temps de paix, puissance militaire en temps de guerre, est proportionnée au nombre de ses enfants, — qu'il y a dans tout homme l'étoffe d'un travailleur et l'étoffe d'un soldat, — que l'homme sera l'un ou l'autre, suivant qu'on lui mettra à la main une pioche ou un fusil, suivant qu'on lui donnera à vaincre la nature ou son propre semblable, suivant qu'on le dressera à la lutte pacifique de la vie ou qu'on le jettera dans les mêlées brutales de la guerre, — que plus il y aura, chez un peuple, de bras pour remuer la terre, mieux la terre sera labourée, de même que, plus il y aura de poitrines pour faire un rempart à la patrie, mieux la patrie sera défendue. Et ce qui est vrai d'un pays comme la France s'applique aussi bien à chacun des départements qui la composent. La Constitution de 1875, en ne tenant pas un compte exact de l'élément numérique dans l'expression du suffrage restreint, en ne donnant pas aux départements populeux le nombre de représentants auxquels ils ont droit, en annihilant politiquement des catégories entières de citoyens, qui, ayant leur part dans les charges, doivent l'avoir aussi dans les votes, foulait donc aux pieds les règles les plus élémentaires du bon sens et de la justice !

Mais les « vieilles barbes » de l'Assemblée nationale trouvaient leur compte dans ce système de recrutement, et voici comment :

Les départements lésés étant les plus populeux, sont par là même ceux qui renferment le plus de villes, le plus de grandes villes. Ce sont aussi les moins pourvus d'éléments séniles, les moins propres par conséquent à assurer l'élection des vieux. Rappelons-nous ce que nous avons vu au chapitre précédent, que les villes, s'accroissant surtout par l'émigration, renferment pour cette raison moins de vieillards que les campagnes, et qu'elles en renferment d'autant moins qu'elles sont elles-mêmes plus peuplées. Les citadins comptant parmi eux beaucoup de jeunes, et les ruraux étant en quelque sorte infectés de la gangrène sénile, il est clair que la Constitution Wallon, en favorisant les districts les moins populeux, tend à enlever des voix aux jeunes, et à reporter ces voix sur les vieux; car, neuf fois sur dix, un électeur âgé choisira un candidat âgé. « Le vieux a horreur du jeune » a dit Horace : parole éternellement vraie, surtout en politique.

Voilà pourquoi l'Assemblée nationale englobait toutes les grandes villes dans un même sentiment de haine. Le jour où fut voté le découronnement de la capitale, elle déclara, par la bouche d'un de ses membres, Ravinel, que « ce n'était pas contre Paris que la mesure était prise, mais contre toute grande ville ». C'était vrai. La campagne haineuse qu'on menait contre Paris provenait de ce qu'elle était la plus grande de toutes les villes, la ville par excellence, la *Ville*.

Ce n'est pas tout.

Les membres de la Chambre haute sont nommés par un collège électoral où figurent les députés, les conseillers généraux, les conseillers d'arrondissement, enfin et surtout des délégués de chaque commune. Ceux-ci, choisis par le conseil municipal de la commune, sont les véritables électeurs sénatoriaux ; car ils ont pour eux, et de beaucoup, la supériorité du nombre, étant 36,000, tandis que les autres sont quelques milliers à peine [1]. Système bizarre en apparence, puisqu'en attribuant à chaque commune un délégué, il fait de Morteau [2], un hameau qui ne compte que douze habitants, qui ne possède ni école, ni bureau de poste, ni boulanger, ni boucher, qui est forcé d'avoir recours aux localités voisines pour nommer son maire et son conseil municipal, qui fait, de ce hameau, dis-je, l'égal de villes riches et populeuses, mais qui, élevant les plus petites agglomérations à la hauteur des plus grandes, a pour effet de favoriser pleinement le recrutement des vieux.

On compte en France sept cents communes ayant moins de cent habitants ; on en compte à peu près autant ayant chacune plus de quatre mille habitants : avec le système en vigueur dans les élections sénatoriales, ces deux groupes de communes, le groupe des hameaux et le groupe des villes, auront le même contingent de délégués ; de sorte que les cinquante mille Français qui composent le premier groupe interviendront dans la nomination de la Chambre haute avec la même puissance que les dix millions de Français qui composent le

[1] La loi de 1884 a modifié dans une certaine mesure ces chiffres. Dans la constitution de 1875, on comptait 40,000 électeurs sénatoriaux, à savoir : 36,000 délégués des communes, et 4,000 députés ou conseillers. En 1884, on a fait une certaine part au nombre des conseillers municipaux de chaque commune, de sorte qu'il y a aujourd'hui 60,000 électeurs sénatoriaux.

[2] Morteau, en Haute-Marne, est la plus petite commune de France.

second. Ce qui revient à admettre qu'un campagnard vaut deux cents citadins.

Je n'irai pas jusqu'à dire que la proposition doit être retournée. Mais je me contenterai de faire observer que, dans tous les temps et dans tous les pays, ce sont les villes, et non les campagnes, qui ont représenté la civilisation, qui ont donné la mesure du développement social chez un peuple. Plus les habitants des villes ont été nombreux, plus la société est parvenue à un haut degré de perfectionnement; plus la commune a été puissante, plus la civilisation a été vivace. Et de nos jours, à mesure qu'une société progresse, — nation ou empire, — les grandes agglomérations, — villes et cités, — deviennent de plus en plus grandes, au lieu que les petites, — bourgades et hameaux, — restent à peu près stationnaires[1].

En France, le fait est patent. Ainsi dans la période qui va de 1789 à 1850, la population des grandes villes, des villes ayant aujourd'hui plus de cent mille habitants, a presque doublé, au lieu que les agglomérations de la campagne ont à peine varié, restant ainsi étrangères à ce grand mouvement qui, depuis la Révolution, pousse la France en avant.

Le fait est tellement sensible, qu'il s'accuse d'un

---

[1] Dans ma *Statique des civilisations* (Paris, 1883), on trouvera cette idée plus longuement développée.

recensement à l'autre. Que l'on suive la marche de la population, dans les dernières années, et l'on pourra s'assurer que, la civilisation s'élevant toujours, les petites villes s'accroissent moins que les moyennes, les moyennes moins que les grandes, les grandes moins que la capitale, Paris[1] : dans cette forêt de pierre dont les villes forment les arbres, les hautes cimes émergent de plus en plus.

En favorisant les ruraux aux dépens des citadins, les Gérontes de l'Assemblée nationale se souciaient fort peu d'aller à l'encontre des faits les plus évidents de la science sociale ; ils n'avaient qu'un but, faire le jeu de la coterie sénile, donner aux vieux les moyens d'accaparer le pouvoir, exploiter à leur profit la carrière politique, éliminer les jeunes de la chose publique.

Au surplus, les résultats sont là. Il n'est pas besoin d'avoir assisté deux fois à une séance du Sénat, pour savoir que les « Pères conscrits » sont à peu près tous des vieillards. Vu des galeries de la salle du Luxembourg, le parterre sénatorial ne fait pas précisément l'effet d'un bouquet de fleurs ; on dirait plutôt une plage où le sable alterne avec

---

[1] Entre les deux recensements de 1872 à 1876, les villes au-dessous de 6,000 habitants ne se sont accrues ensemble que de deux cent mille âmes ; les villes ayant de 6,000 à 50,000 habitants se sont accrues de deux cent soixante-quinze mille âmes ; les villes ayant plus de 50,000 habitants se sont accrues de trois cent vingt-cinq mille âmes.

les galets. C'est un mélange de cheveux blanchis et de crânes dénudés.

> « Ils sont là, les groupes de vieux,
> Un trou de vrille dans les yeux,
> S'interrompant à qui mieux mieux,
>   D'une voix aigre,
> Mêlant des défis aux défis,
> Les uns secs, les autres bouffis,
> Avec leurs teints d'oignons confits
>   Dans du vinaigre. »

a dit Clovis Hugues.

Les âges de nos sénateurs pour la plupart oscillent entre soixante et soixante-dix ans. Nous ferons grâce au lecteur de cette fastidieuse énumération ; nous remarquerons seulement qu'une Assemblée politique ressemble à un être vivant : or, de même que les naturalistes distinguent dans le corps humain les parties nobles, telles que le cœur, le cerveau, et les organes purement végétatifs, — de même que les bouchers distinguent dans le corps de l'animal qu'ils viennent de dépecer les *morceaux de choix* et les *bas morceaux*, — de même aussi, au Sénat, il y a les membres qui comptent et les membres qui ne comptent pas, il y a ceux qui parlent et ceux qui ne parlent pas, il y a ceux qui se montrent et ceux qui ne se montrent pas.

J'ai eu la curiosité de relever l'âge des premiers, de ceux que j'appellerai les *sénateurs dirigeants*, chefs de groupe, présidents de commissions, rapporteurs de projets de lois, ministres d'hier ou de demain, tous ceux dont un discours suffit pour décider du sort d'une proposition, tous ceux dont un mot suffit pour emporter un vote : j'en ai trouvé quarante-huit. Aucun d'eux n'a moins de cinquante ans. Les trois quarts ont dépassé la soixantaine[1].

[1] Voici la liste des sénateurs marquants, par rang d'âge, en 1880 :

1ᵉʳ Groupe : de 50 à 60 ans.

Léon Renault.	51 ans.
Béral.	51 —
Loubet.	52 —
Devès.	53 —
Hébrard.	56 —
Millaud.	56 —
Paul de Rémusat.	59 —
Barbey.	59 —

2ᵉ Groupe : de 60 à 70 ans.

Bardoux.	61 ans.
Dietz Monin.	62 —
Général Billot.	62 —
Tolain.	62 —
De Marcère.	62 —
De Freycinet.	62 —
Faye.	62 —
Demôle.	62 —
Clamageran.	63 —
Berthelot.	63 —
Challemel-Lacour.	63 —
Dauphin.	63 —
Tirard.	63 —
Waddington.	64 —
Foucher de Careil.	64 —
Mazeau.	65 —
Baron de Lareinty.	66 —
— de Pressensé.	66 —
— Magnin.	66 —

Duc d'Audiffret-Pasquier.	67 ans.
Amiral Peyron.	67 —
Cazot.	69 —
Duc de Broglie.	69 —
Denormandie.	69 —
Ferrouillat.	69 —

3ᵉ Groupe : de 70 à 80 ans.

Général Campenon.	71 ans.
Deschanel.	72 —
Buffet.	72 —
Krantz.	73 —
Le Royer.	74 —
Jean Macé.	75 —
Calmon.	75 —
Teisserenc de Bort.	76 —
Jules Simon.	76 —
Emmanuel Arago.	79 —

4ᵉ Groupe : au-dessus de 80 ans.

Maréchal Canrobert.	81 ans.
Général de Ladmirault.	82 —
Barthélemy Saint-Hilaire.	85 —
Schoelcher.	86 —
Féray.	86 —

4

L'homme qui incarnerait ce groupe des sénateurs dirigeants serait âgé de soixante-six ans.

Le Sénat est donc bien la Chambre des vieux. Il l'est en réalité, comme il l'est en principe. Il justifie bien son nom de *Sénat*, qui veut dire *corps sénile*.

CHAPITRE III

TOUS VIEUX !

Un Parlement maître de la République, — un Sénat maître du Parlement, — les vieux, maîtres du Sénat, — les vieux, par conséquent, maîtres de la République, de la France : telle est la situation créée par la Constitution de 1875.

Dans le monde politique, la sénilité est partout, à la Chambre, à la présidnce, dans les ministères.

Il est vrai qu'à première vue l'on pourrait s'y tromper. La Constitution Wallon, avec sa division du Parlement en deux Chambres, a l'air de faire la part des âges avec une certaine équité, le Sénat appartenant de droit aux plus anciens, la Chambre des députés représentant l'élément juvénile. Ce n'est là qu'un trompe-l'œil.

On a interdit aux jeunes l'accès du Sénat, mais on n'a point fermé aux vieux l'entrée de la Chambre. On n'est pas sénateur avant quarante ans, mais on est député après quarante ans ; autrement dit, les jeunes ne peuvent être sénateurs, tandis que les vieux peuvent être députés. Les *burgraves*, non contents d'accaparer une des

Chambres, ont voulu avoir les deux; non contents d'avoir l'unanimité à la Chambre haute, ils ont voulu avoir la majorité à la Chambre basse. Le Parlement tout entier a été livré en pâture aux vieux.

Ah! ils savaient ce qu'ils faisaient, les Thiers, les Wallon, et tout le clan des Gérontes. Ils savaient qu'il est extrêmement difficile à un homme, en France, d'aspirer au mandat législatif avant d'avoir rempli au préalable une fonction publique, avant d'avoir été élevé à un poste politique quelconque; et, comme c'étaient eux qui façonnaient les cadres administratifs qu'ils pouvaient *séniliser* à volonté, ils devenaient, par la Constitution, légalement et nécessairement les maîtres de la France.

La Chambre actuelle n'ayant pas encore fait ses preuves, je parlerai surtout de celle qui l'a précédée. Or, en procédant vis-à-vis de celle-ci comme j'ai procédé à l'égard du Sénat dans le chapitre précédent, en mettant à part les députés qui peuvent être regardés comme les vrais *meneurs* durant la dernière législature, j'ai trouvé que ces meneurs, au nombre de soixante-quinze, avaient en moyenne dépassé la cinquantaine [1].

De ces soixante-quinze chefs de file, aucun n'avait

---

[1] Voici les noms des députés marquants de la dernière Chambre, avec leur âge en 1889:

1er Groupe : moins de 45 ans.		
	Gerville-Réache.	35 ans.
	Fernand Faure.	36 —
Millerand.	30 ans.	Camille Dreyfus.	38 —
Laguerre.	31 —	Burdeau.	38 —
Pichon.	32 —	Wickersheimer.	40 —

en 1889 moins de trente ans; et l'on n'en comptait que dix-huit ayant moins de quarante-cinq ans,

Granet.	40 ans.	Lockroy.	51 ans.
Gustave Rivet.	41 —	Méline.	51 —
De la Porte.	41 —	Général Boulanger.	52 —
Casimir Périer.	42 —	Gomot.	52 —
Camille Pelletan.	43 —	Michelin.	52 —
Waldeck-Rousseau.	43 —	Turquet.	53 —
Thévenet.	44 —	Steeg.	53 —
Deluns-Montaud.	44 —	De Hérédia.	53 —
Sigismond Lacroix	44 —	Spuller.	54 —
Develle.	44 —	Brisson.	54 —
		Comte de Douville-Maillefeu.	54 —
2ᵉ Groupe : de 45 à 50 ans.		Constans.	56 —
Bourgeois.	45 ans.	Brialou.	56 —
Yves Guyot.	46 —	Antonin Proust.	57 —
Baïhaut.	46 —	Allain Targé.	57 —
Viette.	46 —	Jules Ferry.	57 —
Paul Granier de Cassagnac.	46 —	De Mahy.	59 —
		Martin Feuillée.	59 —
De Lanessan.	46 —		
Rouvier.	47 —	4ᵉ Groupe : au-dessus de 60 ans.	
Peytral.	47 —	Baron de Soubeyran.	60 ans.
Ribot.	47 —	Baron de Mackau.	60 —
Félix Faure.	48 —	Floquet.	61 —
Laisant.	48 —	Goblet.	61 —
Fallières.	48 —	Freppel.	62 —
J. Roche.	48 —	Duvaux.	62 —
Clémenceau.	48 —	Dautresme.	63 —
Delafosse.	48 —	Mézières.	63 —
Comte de Mun.	48 —	Comte de la Rochefoucauld.	64 —
Raynal.	49 —	Barodet.	66 —
Sarrien.	49 —	E. Lefèvre.	66 —
Wilson.	49 —	Frédéric Passy.	67 —
Andrieux.	49 —	Anat. de la Forge.	68 —
		De Mortillet.	68 —
3ᵉ Groupe : de 50 à 60 ans.		Colfavru.	69 —
Henri Maret.	51 ans.	Ch. Boysset.	72 —
Georges Perin.	51 —	Madier de Montjau.	75 —

dix-sept avaient dépassé la soixantaine ; et c'est dans ce dernier groupe que se trouvaient presque toutes les têtes de colonne : Floquet, Goblet, qui prétendaient représenter le parti radical ; l'évêque Freppel et le baron de Mackau, les pontifes du parti clérical.

On a dit de la Chambre nouvellement élue qu'elle était dans son ensemble, moins vieille que l'ancienne. C'est vrai. J'ai calculé que l'âge moyen des députés qui la composent était de cinquante ans. Mais ces cinquante ans en feront cinquante-quatre, à la fin de la législature, en admettant que cette Chambre soit destinée à mourir de sa belle mort. Un fait qui d'ailleurs contribue beaucoup à la vieillir, c'est que les *meneurs* de l'ancienne Chambre, du moins ceux qui ont eu la chance d'être réélus, s'imposent aux nouvelles recrues, et leur font la loi. Il n'y a pas longtemps qu'un des *nouveaux*, Clech, se plaignait tout haut qu'on tint les jeunes députés en dehors des grandes commissions, sous prétexte qu'ils n'avaient pas l'expérience de leurs aînés.

C'est dans le groupe des meneurs du Parlement, à la Chambre et surtout au Sénat, que se trouvent les *ministrables*, les hommes qui seront appelés un jour ou l'autre à exercer le pouvoir. Issus du Parlement, ils en sont l'image fidèle, le reflet exact, plus que le reflet, puisqu'ils sont une partie de lui-même et font corps avec lui.

Le Parlement gaga n'accepte guère pour ministres que des gagas, ou des hommes en passe de le devenir.

Cinquante-sept ans et demi, tel est l'âge moyen des ministres qui se sont succédé dans le gouvernement de la troisième République, depuis le 17 février 1871. Encore ne doit-on voir dans cette évaluation qu'un minimum : car il y a ministre et ministre, comme il y a « fagot et fagot ».

Un président du conseil, qui choisit lui-même ses collègues, qui imprime à la politique ministérielle ses vues personnelles, qui est, devant le Parlement, le porte-parole du cabinet tout entier, est plus qu'un simple ministre, Et parmi les détenteurs des divers portefeuilles, il en est qui sont des personnages plus importants que d'autres.

Un ministre de l'intérieur est plus puissant qu'un ministre de l'instruction publique ; un ministre des finances l'emporte sur un ministre du commerce ; un ministre de la guerre est regardé comme plus influent qu'un ministre des travaux publics ; un ministre de la marine ou des affaires étrangères est un personnage plus considérable qu'un ministre de la justice ou des postes.

Or, d'une manière générale, un président du conseil est plus âgé qu'un ministre ; les titulaires des portefeuilles principaux sont plus âgés que les titulaires des portefeuilles secondaires.

Et, comme pour couronner cette hiérarchie de la sénilité, il se trouve que les présidents de la République sont plus vieux que les présidents du conseil.

Rappelons-nous que Thiers donna sa démission à soixante-seize ans, que Mac-Mahon se retira à soixante et onze ans, que Grévy tomba à soixante-quinze ans. Voilà des chiffres éloquents, je pense !

Il est vrai qu'aujourd'hui l'hôte de l'Elysée n'est pas précisément un vieux, puisqu'il vient seulement de doubler le cap de la cinquantaine. Mais reportons-nous aux circonstances qui ont accompagné son élection. Quels sont les noms que l'on mettait en avant ? — Ferry, Freycinet, Floquet, le général Saussier, Anatole de la Forge, c'est-à-dire des sexagénaires, des hommes ayant de cinquante-cinq à soixante-cinq ans ! La lutte semblait circonscrite entre le sénateur de la Seine et le député des Vosges ; et ce fut grâce à l'intervention des Parisiens, qui exercèrent alors sur l'Assemblée des vieux, sur le Sénat principalement, une pression indéniable, que Carnot fut élu, et que le gouvernement républicain se trouva accidentellement rajeuni dans la personne de son chef. Une fois de plus, Paris avait mérité son nom de *ville des jeunes.*

Mais il ne faut voir là qu'une exception et une exception résultant de la surprise et de la peur.

En résumé, les sénateurs, dans la troisième République, sont à la fois plus vieux et plus puissants que les députés ; — les présidents du conseil, dans la troisième République, sont à la fois plus vieux et plus puissants que les autres ministres ; — les ministres *principaux*, dans la troisième République sont à la fois plus vieux et plus puissants que les détenteurs des autres portefeuilles ; — les présidents de la troisième République sont à la fois plus vieux (sauf le cas de Carnot que je viens d'expliquer) et plus puissants que les ministres.

Il est impossible de voir dans cet ensemble de faits une série de simples coïncidences; il est impossible de ne pas voir là tout un système de gouvernement; il est impossible de nier que la troisième République est accaparée par les vieux, que sous ce régime on a d'autant plus d'influence et d'autant plus de considération qu'on est soi-même plus vieux, enfin qu'à l'heure actuelle, nous vivons sous le règne des vieux.

En voudrait-on une preuve directe, certaine, frappante, on la trouverait dans l'institution dite des *doyens d'âge*, qui, chez nous, a aujourd'hui force de loi.

Dans toutes les réunions, à défaut de président élu, c'est le *doyen d'âge* qui a la préséance.

Lorsque, dans une réunion de ministres, ni le Président de la République, ni le président du conseil ne sont présents, la discussion est dirigée par le ministre le plus âgé.

Il en est de même au Sénat, à la Chambre, dans les conseils généraux, dans les conseils municipaux, dans les commissions nommées par les membres des assemblées, au moment où elles se constituent et se réunissent pour la première fois.

Cette habitude de choisir le plus âgé d'une réunion pour diriger les premiers débats est en contradiction flagrante avec la logique des choses. N'est-il pas évident que, dans une assemblée, petite ou grande, l'homme qui aura chance de réfléter le plus exactement l'opinion moyenne de ses collègues sera celui qui, par son âge, se rapprochera le plus de l'âge moyen des membres présents? Orienter une assemblée vers un de ses pôles, vers le pôle sénile, au lieu de la faire converger vers son centre, c'est chercher de parti pris l'instabilité, c'est courir au-devant du désordre.

J'ajoute que c'est là une mesure révolutionnaire au premier chef, les hasards du sort pouvant faire que le doyen d'âge soit un ennemi déclaré du régime établi. Voyez-vous une législature républicaine s'ouvrant sous les auspices d'un bonapartiste militant ou d'un royaliste convaincu, et celui-ci débutant par une diatribe en règle contre les institutions existantes? S'il arrive que ce président d'un jour soit un homme à poigne, il y a là une porte ouverte pour une restauration monarchique. Car du haut de son fauteuil, il commande en maître à l'assemblée: — il peut retarder à sa guise l'heure de l'élection du président définitif ; — il peut laisser ainsi à l'émeute le temps de s'organiser pour forcer l'entrée de la Chambre, et se substituer aux législateurs.

Le 2 décembre 1851, au lendemain du coup d'État, lorsque les représentants du peuple se réunirent à la mairie du X⁰ arrondissement, l'entrée du Palais-Bourbon leur étant interdite, ils eurent à nommer un président. Voici ce qui se passa, d'après Victor Hugo, témoin oculaire, acteur lui-même :

« Le doyen d'âge de la réunion était M. de Kératry. Était-ce lui qui allait présider ?

Les représentants réunis dans la grande salle le désignaient. Les représentants demeurés dans la cour hésitaient...

Un membre de la droite dit : — Réfléchissez à l'âge de Kératry. C'est une folie. Mettre un homme de quatre-vingts ans aux prises avec cette heure redoutable !

Mais Esquiros se récria : — Mauvaise raison, celle-là. Quatre-vingts ans, c'est une force.

— Oui, bien portés, dit Colfavru; Kératry les porte mal.

— Rien de plus grand, reprit Esquiros, que les grands octogénaires.

— Il est beau, ajouta Chamiot, d'être présidés par Nestor.

— Non, par Géronte ! dit Victor Hennequin.

Ce mot mit fin aux débats. Kératry fut écarté[1]. »

Aujourd'hui que le mal sénile a atteint chez nous, on peut le dire, sa forme aiguë, aujourd'hui que des accapareurs politiques ont pétri la Constitution et ont façonné le gouvernement de manière à ce qu'il soit l'apanage des vieux, les choses ne se pas-

---

[1] Victor Hugo. *Histoire d'un Crime.*

seraient plus ainsi : dût la République en mourir, Géronte triompherait.

Il triomphe partout.

Lorsque deux concurrents sont en présence, n'est-ce pas toujours au plus âgé des deux que l'on donne la préférence ?

Dans la dernière Chambre, Méline et Clémenceau avaient réuni le même nombre de voix pour la présidence. Qui fut élu ? — Méline, grâce au « bénéfice de l'âge » : *article 2 du règlement de la Chambre* [1] !

Il en est de même dans les commissions législatives, quand il y a ballottage [2]. Il en est encore de même dans les élections sénatoriales [3].

« Tout pour les vieux, tout par les vieux », nous l'avons déjà dit : telle est la devise de la troisième République.

[1] Au troisième tour de scrutin, Méline et Clémenceau obtinrent chacun 168 voix ; le député opportuniste passa, parce qu'il avait trois ans de plus que le député radical.

[2] *Exemple.* — Le 5 avril 1888, dans la commission de Panama, sur 10 membres présents, 5 étaient d'un avis, 5 de l'avis opposé ; le rapporteur, M. Rondeleux, fut élu, par le bénéfice de l'âge.

[3] Y a-t-il ballottage lors de l'élection d'un sénateur, et égalité dans le nombre des suffrages exprimés, c'est le plus âgé des deux concurrents qui l'emporte. D'une manière plus précise, quand, après deux tours de scrutin, l'un des candidats n'a pas réuni la majorité absolue des suffrages, ni un nombre de voix égal au quart des électeurs inscrits, on procède à un troisième tour de scrutin ; dans le cas d'égalité, dans le nombre des suffrages, c'est le plus âgé qui l'emporte.

LA TROISIÈME RÉPUBLIQUE

JUGÉE D'AVANCE

CHAPITRE I

LA VIEILLESSE EST UNE DÉCADENCE

Le régime sénile est-il avantageux ou non à la bonne gestion de l'Etat? Le monopole du pouvoir donné aux vieux, à l'exclusion des jeunes, est-il favorable ou préjudiciable à l'administration de la chose publique?

En d'autres termes, la vieillesse de l'homme vaut-elle mieux que sa maturité? Vaut-elle mieux que sa jeunesse? A-t-elle en partage un trésor de qualités qui manque à celles-ci? Est-elle exempte des défauts, des faiblesses, des vices inhérents aux premiers âges de la vie? Est-elle digne, en un mot, de commander?

Les vieux font naturellement tous leurs efforts pour le faire croire. Parvenus à un âge où le mensonge ne fait plus peur, à un âge où l'on regarde la modestie comme un vilain défaut, à un âge où l'on a perdu toute pudeur, où le rouge de la honte ne monte plus au front, ils excellent à chanter leurs propres louanges; au besoin ils énumèrent des services qu'ils n'ont point rendus; ils invo-

quent des victoires qu'ils n'ont jamais remportées !
Ecoutez-les parler : tous profonds politiques, tous
citoyens dévoués à leur pays jusqu'à la mort ! Il
fallait voir quelque temps après la guerre, *Foutriquet*
monter au Capitole comme s'il eût sauvé la
patrie, lui qui, aux débuts de la Commune, n'avait
même pas osé monter jusqu'à Montmartre ; il
fallait le voir se faire décerner le titre de *libérateur
du territoire*, absolument comme s'il eût tiré les
cinq milliards de sa propre caisse ! Elevant à la
hauteur d'un principe cette boutade, qui définit les
affaires, « l'argent des autres », il se disait cyniquement
que la politique, elle aussi, n'est pas autre
chose que l'argent des autres : il faisait croire aux
Français que, sans lui, l'indemnité de guerre n'aurait
pu être payée ; il leur donnait à entendre qu'elle
avait été réglée, non grâce à l'or de la France ou
à son crédit, mais grâce aux profondes combinaisons
de lui, Thiers [1].

[1] Où sont-elles les traces de ce génie de la finance ? Dans les millions qu'il a distribués par pelletées à ses amis et connaissances, soi-disant pour se rendre propice le monde de la haute banque ? Ou bien dans le taux d'émission qu'il fixa aux emprunts, taux tellement bas, qu'il nous fit perdre au moins un milliard ? Prenons par exemple l'emprunt de trois milliards, en 1872. Il a été émis à 84 fr. 50, en 5 p. 100, c'est-à-dire que l'Etat français promettait 5 francs de rente à celui qui lui apportait 84 fr. 50 de capital. Deux ans plus tard, ce fonds avait atteint le cours de 100 francs. Le rentier qui a vendu alors a donc encaissé en deux ans, 10 francs provenant de la rente, plus 15 fr. 50 provenant de la plus-value du capital, c'est-à-dire 25 fr. 50 : il avait donc placé son argent à 13 p. 100. Voilà les heureuses combinaisons de Thiers !

Ce qui fait la force des vieux, c'est qu'ils se soutiennent entre eux ! Ils conviennent qu'il y a bien parmi eux quelques *Gagas*, quelques *Ramollots* mais à titre d'exceptions seulement : dans le monde sénile, ce sont les *Mentors* et les *Nestors* qui dominent. L'homme, disent-ils, est comme le vin ; il gagne à vieillir.

Piteux argument ! Sans doute, le vin se bonifie avec les années ; sans doute un *Bourgogne* qui a dix ans de bouteille a plus de bouquet qu'un vin du même cru qui a un an ou deux ; sans doute un *Bordeaux* de vingt ans vaut infiniment mieux que celui qui sort du pressoir. Mais où y a-t-il là trace de métamorphose sénile ?—Mûrir n'est point vieillir. La vieillesse ne vient qu'après. Lorsque le vin a dépassé un certain âge, il ne s'améliore plus; et non seulement il ne s'améliore plus, mais il se détériore; non seulement il ne gagne plus, mais il dépérit.

Il en est ainsi de tout.

« Un jour, dit Sénèque, que je visitais ma maison de campagne, je me plaignais au jardinier de l'argent qu'il dépensait pour entretenir cette maison.— Que voulez-vous, me répondit-il ? On ne peut faire autrement ; la maison est *vieille*. — Un peu plus loin, j'avise une allée de platanes : — Vous ne prenez, lui dis-je, aucun soin de ces arbres ; ils n'ont pas de feuilles, leur tronc est plein de nœuds, leurs branches sont tordues ; voyez comme le pied en est noir et laid ; il n'en serait pas ainsi si vous bêchiez à l'entour et si vous les arrosiez! — Il me répondit qu'il faisait tout cela; mais qu'il n'arrivait à aucun résultat, parce que les arbres étaient trop *vieux*[1]. »

Il y a là une loi générale de la nature, et l'homme n'échappe point à la règle commune.

Cette règle peut se formuler ainsi : *la puissance créatrice, sous toutes ses formes, à travers toutes ses manifestations, aussi bien dans le monde de la pensée que dans le monde de l'action, est l'apanage de la jeunesse.*

Dans le domaine des arts, des sciences, des lettres, tout ce qui a été fait, dit, écrit de beau sur la terre, tout ce qui a été créé, découvert, inventé, est l'œuvre des jeunes.

A nous en tenir aux modernes (puisque, pour les anciens, les âges précis nous font défaut), ne savons-nous pas que Raphaël, le génie de la peinture, avait terminé à trente-sept ans ses toiles immortelles, — que Mozart, le génie de la musique, avait composé à trente-six ans toutes ses partitions? Ne savons-nous pas que l'un avait peint son premier tableau à dix-sept ans, que l'autre avait donné son premier opéra à douze ans, que tous deux moururent avant d'avoir atteint leur quarantième année? Ne savons-nous pas que Newton avait réalisé à vingt-quatre

---

[1] Sénèque le Philosophe, *Épîtres à Lucilius*, lettre XII.

[2] A vingt-deux ans, Newton donnait la formule du binôme; à vingt-trois ans, il posait les bases du calcul différentiel, le plus puissant levier de l'analyse mathématique;

ans ses grandes découvertes¹ ? Oui, à vingt-quatre ans, il connaissait la force qui maintient les mondes dans leurs orbites, il savait à quelle loi générale obéissent les corps du ciel, les terres et les soleils, les lunes et les étoiles.

Pour ce qui regarde la littérature, Pascal, qui est, à mon humble avis, le plus admirable écrivain de la langue française, n'est-il pas mort à trente-neuf ans? Corneille, notre grand tragique, n'a-t-il pas fait jouer à trente ans le *Cid*, à trente-trois ans *Horace* et *Cinna*, à trente-quatre ans *Polyeucte ?* Et Molière, le seul de nos auteurs qui ait manié avec une égale aisance la poésie et la prose, ne mettait-il pas sur la scène l'*Ecole des femmes* à quarante et un ans, *Tartufe* à quarante-deux ans, le *Misanthrope* à quarante-quatre ans ?

Les deux plus belles inventions qui aient jamais été imaginées dans le domaine de l'industrie, celle de la machine à vapeur et celle de la locomotive, sont aussi des œuvres de la quarantième année. Watt avait trente-huit ans quand il construisit sa première machine² ; Stephenson en avait quarante-trois, quand il eut l'idée du premier chemin de fer.

Autant la jeunesse et la maturité sont fécondes, autant la vieillesse est stérile. — « L'âge critique »

à vingt-quatre ans, il était en possession du principe de la gravitation universelle.

¹ Watt imagina le *condenseur* à vingt-huit ans ; à trente-huit ans, il construisait la machine à vapeur à *double effet* ; à quarante ans, il lui donnait sa forme définitive, en lui appliquant le système de la *détente*.

une fois passé, les chercheurs ne cherchent plus, les inventeurs n'inventent plus, les créateurs ne créent plus. Ceux qui, malgré les ans, continuent de produire, n'accouchent que d'idées médiocres ou biscornues, et voient l'éclat de leur gloire en partie terni par ces œuvres de la dernière heure. Les *Observations sur les prophètes, particulièrement sur Daniel et l'Apocalypse*, que le grand Newton écrivait vers la fin de sa vie, sont l'œuvre d'un mystique dont la raison menace de s'égarer. Chez nous, n'avons-nous pas assisté à l'agonie littéraire du grand Corneille qui, aux abords de la soixantaine, donnait, comme pendants aux belles tragédies de ses premières années, des pièces telles que *Sophonisbe, Othon, Agésilas, Attila* ?

> Après l'*Agésilas*,
> Hélas !
> Après l'*Attila*,
> Holà !

disait Boileau, témoin de l'effondrement du génie cornélien.

Si tous les hommes qui ont à leur actif de belles œuvres, si tous ceux qui ont été novateurs et qui ont frayé des voies nouvelles à l'humanité, consentaient à s'arrêter une fois qu'ils ont doublé le cap de la vieillesse, ils épargneraient à leurs amis bien des tourments, à eux-mêmes bien des déboires. Mais ils sont rares ceux qui ont conscience de leur décrépitude, ceux qui ont le courage d'avouer que les productions séniles sont fatalement vouées à la pauvreté, à l'impuissance, et qui prennent le parti de s'abstenir.

Emile Augier, qui vient de mourir, était de ceux-là. Depuis le mois d'avril 1878, date de l'apparition des *Fourchambault*, jusqu'à sa mort, survenue en octobre 1889, il n'a rien donné au théâtre. Il en fournit lui-même l'explication :

« D'aucuns veulent bien me dire que je me suis retiré trop tôt : je n'en sais rien ; mais au moins suis-je sûr, me retirant sur un succès, de ne pas me retirer trop tard, ce qui a été ma préoccupation depuis mon entrée dans la carrière.

« Voici comment cette crainte me hanta d'aussi bonne heure.

« Je causais un jour de la *Ciguë*, avec un directeur qui me demandait une seconde pièce (laquelle, par parenthèses, obtint une chute des plus légitimes) : l'huissier entra et présenta au directeur une carte de visite.

« — Il m'embête, à la fin ! s'écria le potentat. Dites à ce monsieur que je suis occupé !

« Or, ce *monsieur*, c'était Scribe lui-même, Scribe, cet esprit alerte et fertile qui, pendant quarante ans, avait été, ici, le grand pourvoyeur des théâtres et la providence des directeurs. Il ne s'était pas retiré à temps ! Je me suis juré, ce jour-là, que je *n'embêterais* jamais aucun *impresario*, et je me tiens parole. J'ai encore dans l'oreille la voix de celui-là !

5.

« Rencontre bizarre, mon cher Labiche a eu exactement la même aventure avec un autre directeur, et il en a tiré la même leçon que moi.

« C'est pourquoi, cher public, qui m'as été si indulgent, je t'adresse mes humbles adieux et mes remerciements sincères.

« Quittons-nous bons amis, et sache-moi gré de me condamner au silence de peur de t'ennuyer[1]. »

Les jeunes n'ont pas seulement pour eux la *tête*, ils ont aussi le *bras*.

Faut-il rappeler Alexandre faisant à vingt-sept ans la conquête de l'empire des Perses ? — Annibal, un général de trente ans, mettant Rome, celle qui devait être un jour la *Ville éternelle*, à deux doigts de sa perte ? — Et ces deux autres héros, enfants du Nord cette fois, Charles XII et Gustave-Adolphe, qui avaient gagné toutes leurs batailles l'un à trente-six ans, l'autre à trente-huit ?

Notre histoire militaire est remplie des exploits des jeunes, des combats qu'ils ont livrés, des défaites qu'ils ont infligées, des victoires qu'ils ont remportées. A vingt-deux ans, nos ancêtres gagnaient des batailles.

Gaston de Foix n'avait que vingt-deux ans quand

---

[1] Ces lignes qui n'ont pas été publiées du vivant d'Augier, font partie de la préface qu'il avait écrite pour figurer en tête de ses œuvres complètes et définitives. Le directeur de théâtre dont il s'agit ici est le directeur de la Comédie-Française ; et la pièce à laquelle Augier fait allusion est une comédie en trois actes et en vers, *Un homme de bien*, qui n'eut pas grand succès.

dans la campagne d'Italie, il trouvait moyen de battre quatre armées en quatre mois, mourant, dit Guichardin, « grand capitaine, avant d'avoir été soldat ! » Condé n'avait que vingt-deux ans, quand il remportait sur les Espagnols la victoire de Rocroy qui fit de lui le premier capitaine du siècle. Il n'avait que vingt-sept ans à Lens, dans cette mémorable journée qui termina la Guerre de Trente ans. Vingt-sept ans ? — C'était l'âge de Marceau à Fleurus ; c'était l'âge de beaucoup de nos généraux, sous la Révolution et l'Empire !

Hoche commandait à trente et un ans l'armée de Sambre-et-Meuse. Carnot avait quarante ans quand il « organisait la victoire ». Desaix, le véritable vainqueur de Marengo, était divisionnaire à vingt-six ans. Masséna avait trente-neuf ans à Rivoli, lorsqu'il fut proclamé « l'enfant chéri de la Victoire ». Lannes gagnait la bataille de Montebello à trente et un ans. Ney fut surnommé à trente-sept ans par ses soldats le « brave des braves ». Murat avait trente-cinq ans quand, à la tête de ses escadrons, il commandait ces charges d'Iéna, d'Eylau, de Friedland, qui ont immortalisé la cavalerie française.

Bonaparte, lui-même qui fut le plus grand capitaine des temps modernes et de tous les temps, avait vingt-sept ans dans sa campagne d'Italie. Il avait vingt-neuf ans aux Pyramides, trente-six ans à Austerlitz.

Vienne l'heure de la vieillesse, et l'on voit le même homme, à qui la victoire a constamment souri, abandonné par la Fortune, qui semble prendre un malin plaisir à s'acharner sur lui.

Après 1806, l'astre de Napoléon commence à pâlir. Eylau n'est pas encore une défaite ; mais à coup sûr ce n'est plus là une de ces foudroyantes victoires auxquelles Bonaparte avait habitué le monde depuis dix ans. Puis viennent les malheureuses campagnes d'Espagne, de Russie, d'Allemagne, de France, où l'Empereur remporte de nombreux succès, mais des succès qui ne sont pas assez éclatants pour décider du sort de la campagne. Waterloo fut l'écrasement final.

Napoléon a alors quarante-six ans ; il n'est point vieux par l'âge, mais il l'est par le corps ; et, en effet, six années seulement le séparent de la tombe. C'est que, de même qu'il y a de précoces jeunesses, de même il y a des vieillesses prématurées. Pas plus que la valeur, la mort « n'attend le nombre des années ». On peut même dire qu'il y a deux espèces de sénilités, celle qui vient avec l'âge, et celle qui se montre avant l'âge : l'une brisant peu à peu le corps, l'autre l'empoisonnant dans son germe ; l'une, qui mène lentement à la mort, l'autre qui accidentellement tarit dans l'être le flux de la vie.

Napoléon, reconnaissant lui-même les fautes commises à Waterloo, a essayé plus tard de se disculper ; et pour le faire, il n'a pas hésité à charger ses lieutenants, qu'il a accusés de lenteurs, d'imprévoyance : le gros mot de *trahison* a même été prononcé[1]. La vérité est que l'un des principaux auteurs responsables du désastre fut la santé même de Napoléon, sa constitution affaiblie, ruinée même. Comme l'a fort bien fait remarquer lord Wolseley, dans une étude récente[2], « plus on étudie la campagne de 1815, plus il ressort que Bonaparte eût battu Wellington à Waterloo, comme il avait battu Blücher à Ligny, s'il eût été alors, au point de vue physique, l'homme de Rivoli. Mais ce jour-là, il souffrait, et les douleurs qu'il endurait paralysaient tout son génie[3] ».

[1] Le général de Bourmont, il est vrai, passa à l'ennemi ; mais il y passa trois jours avant la bataille, et il y passa seul. Son attitude n'a eu aucune influence sur l'issue de Waterloo.

[2] *Fortnightly review*, août 1888.

[3] Il est facile de montrer que Napoléon entassa alors faute sur faute. Il devait manœuvrer pour séparer l'armée prussienne de l'armée anglaise, celle-ci cantonnée à Bruxelles, celle-là éparpillée autour de Namur : il n'y parvint pas. Le 16 juin, après avoir mis très tard (à deux heures et demie de l'après-midi) ses troupes aux prises avec celles de Blücher, et après avoir eu cependant la chance de battre l'armée prussienne, il n'essaya point, ce à quoi il ne manquait jamais autrefois, de transformer cette défaite en déroute, chose qui lui eût été très facile, le corps du général Lobau n'ayant pas donné. Blücher put ainsi aller reformer son armée un peu plus loin.

Le 17, mêmes lenteurs. Napoléon passa toute la matinée à faire la revue de ses troupes. Il ne se décida à pousser du côté de l'armée de Wellington que l'après-midi, alors que, sans perdre un instant, après avoir battu Blücher, il eût dû chercher à atteindre le général anglais, de manière à profiter de son isolement.

Le 18, il attendit encore jusqu'à 11 heures avant d'engager la bataille. Blücher avait eu le temps de se refaire, et il allait donner la main à Wellington. D'ailleurs la bataille elle-même manqua entièrement de direction ; la cavalerie de

« Mais, diront les apôtres du régime actuel, vous ne nous parlez là que de conquérants, de savants d'artistes : là n'est point la question. Rappelez-vous qu'il s'agit du gouvernement d'une société, que le génie n'est que l'expression d'une minorité, — d'une minorité d'élite, il est vrai, mais d'une infime minorité, — au lieu que les *hommes de gouvernement* sont l'incarnation de la majorité, de la nation elle-même, avec laquelle ils doivent vivre en perpétuelle communion d'idées, s'ils veulent se maintenir au pouvoir. »

Ici encore, les vieux perdent leur procès.

Qu'on relise l'histoire, et l'on verra que les grands ministres, comme les grands rois, ont été presque toujours des jeunes. Balzac, qui s'y connaissait en hommes, en a fait la remarque dans un de ses romans. « En général, dit-il, les ministres arrivés vieux ont été médiocres, tandis que les ministres pris jeunes ont été l'honneur des monarchies européennes et des républiques où ils dirigèrent les affaires [1]. »

Presque toujours, dans les diverses constructions sociales, le jeune a été le maçon, l'architecte ; le vieux n'est intervenu que pour saper l'édifice, pour le ruiner et le jeter à terre.

Ney ne fut pas soutenu à temps par les réserves d'infanterie ; le corps de Grouchy fut envoyé loin du champ de bataille, où il ne fut d'aucun secours, etc.

[1] Balzac. *Scènes de la vie parisienne. Les employés.*

Quel exemple plus probant pourrait-on citer ici que celui de la royauté française ?

Le premier essai de monarchie franque, de même que le premier empire franc, n'ont-ils pas été l'œuvre d'hommes ayant à peine atteint l'âge de la maturité? Clovis n'avait que vingt et un ans à Soissons, quand il rejetait les Romains de l'autre côté de la Loire ; il n'avait que trente et un ans à Tolbiac, quand il contraignait les Alamands de repasser le Rhin, qu'ils venaient de franchir ; il n'avait que quarante-deux ans à Poitiers, quand il refoulait les Wisigoths au delà de la Garonne, élargissant ainsi sur toutes les frontières le domaine mérovingien, qui allait devenir le royaume de France. Et Charlemagne, le premier empereur des Francs, quel âge avait-il, au moment où, vainqueur des Saxons et des Lombards, il régnait des Pyrénées au Danube ? Il entrait dans sa trentième année.

L'édifice royal, dont les assises avaient été laborieusement posées, soigneusement cimentées par des jeunes, s'effondra, après avoir duré environ douze siècles, sous les fautes accumulées des derniers Bourbons. Rappelons-nous que Louis XIV et Louis XV occupèrent le trône jusqu'à un âge très avancé, que ces deux règnes furent les deux plus longs de notre histoire[1], et nous aurons dans

---

[1] Le règne de Louis XIV dura soixante-douze ans, le règne de Louis XV dura cinquante-neuf ans.

cette longévité des deux rois l'explication de la chute de la dynastie capétienne.

Le règne du « grand roi » se divise de lui-même en deux parties, — la première, celle de la jeunesse et de la maturité, pendant laquelle la France semble prospère au dedans, victorieuse au dehors, — la seconde, où le souverain est devenu vieux, et où tous les fléaux semblent s'abattre sur notre pauvre pays. Dans la première moitié du règne, Louis XIV est avec les faibles contre les forts; il rappelle la noblesse à ses devoirs, comme on le vit dans les « grands jours d'Auvergne »; il châtie les financiers prévaricateurs, faisant arrêter Fouquet, pour mettre à sa place l'intègre Colbert; — dans la seconde moitié, il violente les petits; il persécute les protestants, autorise les « dragonnades », décrète la révocation de l'édit de Nantes; il altère les monnaies par une refonte générale, tuant ainsi le commerce, après avoir ruiné l'industrie. La première moitié du règne, c'est Condé, Turenne, Louvois, Vauban, Duquesne; c'est Rocroi, Lens, les Dunes; — la seconde moitié, c'est Boufflers, Chamillart, Villeroi; c'est la Hougue, Ramillies, Malplaquet. La première moitié du règne, c'est l'abaissement de l'Autriche (l'Allemagne de l'époque), par le traité de Westphalie: c'est l'abaissement de l'Espagne, alors à l'apogée de sa puissance, grâce aux traités des Pyrénées, d'Aix-la-Chapelle, de Nimègue; — la seconde moitié, c'est, au contraire, l'abaissement de la France, contrainte coup sur coup d'adhérer à la paix de Ryswick, à la conférence de La Haye, au traité d'Utrecht. La première moitié du règne, en littérature, c'est cette période qu'on a appelée « le grand siècle » ; c'est Bossuet, c'est Racine, c'est La Fontaine, c'est Molière ; — la seconde moitié, c'est la mort ou le silence de tous les grands esprits de la génération précédente, silence à peine interrompu de temps en temps par la voix médiocre de quelque retardataire.

Double fut aussi le règne de Louis XV, avec cette différence que, la *sénilisation* ayant déjà accompli son œuvre à la mort de Louis XIV, la première moitié du nouveau règne fut moins brillante, et la seconde, plus hideuse.

Le *Pacte de famine* s'étalant au grand jour, et le roi lui-même se faisant *monopoleur* pour affamer les pauvres ; — le Parlement de Paris dissous, la cour des aides supprimée, le pouvoir royal parvenu aux dernières limites du despotisme ; — l'armée déshonorée à la bataille de Rosbach, dans cette bataille qui fut plus qu'une défaite, puisque les 25,000 Prussiens de Frédéric y battirent nos 50,000 soldats ; — la France laissant consommer le partage de la Pologne, pour le plus grand avantage de la Prusse, qui allait devenir dès lors notre mortelle ennemie ; — nos colonies perdues, l'Inde cédée aux Anglais malgré Dupleix, le Canada lâchement abandonné malgré Montcalm, la Louisiane donnée aux Espagnols, tout un empire écroulé ; — ces hontes, et bien d'autres encore, dans quelle partie du règne de Louis XV s'étalèrent-elles, si ce n'est dans la période de la vieillesse ?

— « Après moi le déluge », disait ce souverain sans pudeur. Le déluge arriva en effet ; mais ce fut un déluge de sang. Louis XVI paya de sa vie, de l'abaissement de la majesté royale, de l'effondrement de sa dynastie, les faiblesses séniles de ses aînés. Ses malheurs ont provoqué, ils provoquent encore la pitié et l'étonnement de la plupart des historiens, qui, mettant en regard de la douceur de ce roi bon-enfant la dureté de ses juges, les souffrances de ses derniers moments, l'ignominie de sa mort, ont jeté à la face de la Révolution l'accusation d'assassinat. La vérité est que Louis Capet a expié les fautes de ceux qui l'ont précédé : il était innocent en tant qu'homme, il était coupable en tant que roi. L'hérédité est, en effet, le fondement, l'essence même du gouvernement monarchique ; un souverain ne monte sur le trône que par cette raison que son père ou son aïeul l'ont occupé avant lui ; il n'est qu'un continuateur, qu'un anneau de plus dans la chaîne dynastique ; il est rivé à ses prédécesseurs, bénéficiant de leurs hauts faits et de leurs actions d'éclat, mais aussi participant à leurs crimes, à leurs turpitudes.

Il était dit que la royauté française endosserait jusqu'au bout les fautes des vieux. Vingt-cinq ans après la mort de Louis XVI, lorsque fut tenté l'essai de Restauration, une autre génération ayant pris la place de celle qui avait vu guillotiner le roi, le parti monarchique n'avait à offrir à la France que deux vieillards. On peut dire de Louis XVIII qu'il continua Louis XIV vieilli, de Charles X qu'il continua Louis XV[1]. Ainsi représentée, la dynastie des Bourbons fut de nouveau renversée, et cette fois probablement pour toujours.

Notre grande Révolution, elle aussi, a eu pour parrains des jeunes; elle aussi a été enterrée par des vieux.

Mirabeau avait quarante ans en 1789; Danton en avait trente-trois en 1792. Ce furent les deux grandes figures politiques de la Révolution. Eux morts, le pouvoir glisse peu à peu entre les mains des gérontes, et la liberté va finir dans les bras d'un « soldat heureux ».

L'apparition du mal sénile, dans les fastes révolutionnaires, date de la Convention.

A l'Assemblée législative, qui s'était trouvée composée en grande partie d'adolescents, d'hommes qui n'avaient pas encore atteint leur trentième année[2], succéda une Assemblée dans laquelle tous

---

[1] Louis XVIII resta sur le trône jusqu'à l'âge de soixante-neuf ans, Charles X y resta jusqu'à l'âge de soixante-treize ans.

[2] L'extrême jeunesse des membres de la Législative provenait de ce que les représentants de l'Assemblée constituante, dans un accès d'héroïsme politique, avaient déclaré qu'aucun d'eux ne figurerait dans la Chambre suivante : les cadres parlementaires se trouvèrent par là rajeunis.

les âges se trouvaient représentés, mais où en définitive on comptait beaucoup plus de vieux que de jeunes. A cette différence dans les âges des deux assemblées correspondit une différence marquée dans leurs mœurs politiques, dans leurs actes officiels. Dans l'une, on se contentait de faire arrêter les ennemis du nouveau régime ; dans l'autre, on les condamnait à mort.

Les membres de la Législative avaient emprisonné Louis XVI ; les Conventionnels le firent décapiter. Sous la Législative, les Girondins et les Montagnards s'étaient organisés en deux camps ennemis ; sous la Convention, ils s'entre-tuèrent. Sous la Législative, beaucoup de nobles s'étaient enfuis à l'étranger ; sous la Convention, on interdit jusqu'à l'exil et l'on envoya tout le monde à l'échafaud[1].

L'échafaud, ce mot résume toute la Convention. Tantôt décrétant la mise en accusation, c'est-à-dire l'envoi à la guillotine de toute une catégorie de citoyens, les *suspects*, — tantôt ordonnant la démolition de toute une ville, Lyon, — tantôt prescrivant la déportation de tout un pays, la Vendée, elle traitait la France républicaine, à peu près comme Louis XIV avait traité la France monarchique.

On eût dit d'ailleurs que, dans tous ses actes, que

---

[1] La Législative a eu les *massacres de Septembre*, c'est vrai ; mais ces massacres se firent sans l'ordre des représentants, et même contre leur volonté. Sous la Convention, au contraire, les massacres furent officiels ; ils se firent en vertu d'ordres partis d'en haut.

dans toutes ses tendances, elle cherchât à prendre ce monarque pour modèle ; peut-être ambitionnait-elle de porter dans l'histoire le nom de *grande assemblée*, de même que Louis XIV par son despotisme avait conquis le titre de *grand roi*. Comme Louis XIV, la Convention, faisant litière de toute liberté individuelle, disait : « L'État, c'est moi. » Comme Louis XIV, elle ne voulait reconnaître aucun pouvoir en dehors du sien ; elle était à la fois parlement, chef d'État, ministère[1]. Elle, qui venait d'abolir la royauté, à cause des abus dont celle-ci s'était rendue coupable, elle semblait prendre à tâche de la restaurer, avec tous les caractères qui l'avaient rendue si haïssable dans la personne des derniers Bourbons. Après s'être conduite en reine despotique et sanguinaire, elle alla jusqu'à revendiquer pour elle le principe même de la royauté, l'hérédité, ou du moins cette parcelle du pouvoir héréditaire qu'on appelle l'inamovibilité. Craignant de n'être point réélus à l'expiration de leurs mandats, les Conventionnels trouvèrent plus sûr de se réélire eux-mêmes avant de se séparer[2] : des droits du peuple souverain, ils n'en avaient cure[3].

[1] Les ministères furent supprimés par le décret du 1ᵉʳ avril 1794.
[2] La Convention décréta que les deux tiers de ses membres figureraient dans l'Assemblée suivante. Sur les 750 représentants qui composèrent les deux Assemblées du Directoire, 500 étaient des Conventionnels qui s'étaient décernés à eux-mêmes le mandat législatif.
[3] Louis XVI, lorsqu'il réunit les états généraux, en 1789,

C'est à la Convention que nous devons cette triste constitution d'où est sorti le Directoire, cette constitution qui fut comme le glas funèbre de la première république, constitution essentiellement sénile, sur laquelle Wallon et consorts semblent avoir calqué celle qui nous régit. Dans la constitution de 1795, comme dans celle de 1875, le pouvoir exécutif émanait du pouvoir législatif, ce qui lui enlevait toute autorité[1] ; comme dans notre constitution, le pouvoir législatif était partagé entre deux assemblées, le *conseil des Anciens*, correspondant au Sénat, — le *conseil des Cinq-Cents*, correspondant à la Chambre ; comme dans notre constitution, des précautions étaient prises contre les jeunes, qui ne pouvaient entrer avant trente ans au conseil des Cinq-Cents, avant quarante ans au conseil des Anciens.

Le pouvoir donné aux gérontes, c'était la fin de la république. Pour nous mener du Directoire à l'Empire, les vieux n'eurent besoin que d'une étape, le Consulat.

Le peuple de Paris, avec ce flair politique, qui supplée si merveilleusement chez lui à la science de l'histoire, avait compris que la Convention, après avoir assassiné tant de monde, assassinait finalement la République elle-même en se proclamant

---

avait admis le suffrage universel, sauf de légères restrictions ; la Convention fut beaucoup moins libérale que le roi : elle n'admit qu'un suffrage censitaire et à deux degrés.

[1] Les cinq *directeurs* étaient nommés par les deux Chambres.

inamovible ; il protesta, prétendant avoir le droit d'élire ses représentants, ne voulant point d'un *mandat électif à vie*. On lui répondit par la *canonnade de vendémiaire*. Bonaparte commandait l'artillerie ce jour-là ; c'était pour le futur empereur que travaillait le général.

Ces leçons de l'histoire sont pour nous un enseignement précieux. Elles nous montrent que, si nous laissons quelque temps encore la République aux mains des gérontes, ils la tueront, comme les Conventionnels et leurs successeurs ont tué la République, comme les derniers Bourbons ont tué la royauté, comme les vieux ont tué tôt ou tard les gouvernements qui leur ont été confiés.

L'histoire n'est pas seule à montrer que la vieillesse est une dégénérescence. On n'a qu'à suivre l'homme pas à pas, au déclin de sa vie, pour se convaincre que la vieillesse et la décrépitude sont deux faits connexes, deux mots synonymes, deux choses identiques.

Qu'est-ce que la vieillesse ?

— Un acheminement vers la mort.

Et qu'est-ce que la mort ?

— Le repos éternel, la fin de l'individu, la décomposition irrémédiable, la dissolution intégrale.

Or la nature, dans ce qu'elle fait, ne procède ni par sauts ni par bonds ; c'est Linné qui l'a remarqué pour la première fois, et depuis, toutes les découvertes de la science moderne sont venues confirmer la justesse de son observation. Dans le ciel, la nature a mis entre le *bolide*, — ce fragment d'une terre brisée qui représente la fin du monde, — et la *nébuleuse*, — qui est le germe d'un soleil à venir, — une infinité de corps intermédiaires ; de même que sur la terre, entre le simple *globule*, — qui incarne la vie à son état le plus rudimentaire, — et l'homme, *ce roi de la création*, — elle a intercalé une innombrable variété de formes, comblant les intervalles que nous établissons artificiellement entre les espèces, pratiquant à chaque instant, dans ce grand livre dont elle ne nous laisse lire que quelques pages, l'art des transitions, avec une habileté qui laisse bien loin derrière elle celle de nos plus savants rhéteurs.

Elle a assujetti le cours de la vie humaine comme tout le reste à cette grande loi de la continuité. Aussi n'est-ce qu'à pas lents, et par une série d'étapes, que l'homme se dirige vers le « terme du voyage ». Il s'assoupit graduellement, avant de s'endormir pour toujours : ainsi que l'a dit Buffon, « nous commençons de vivre par degrés, et nous finissons de mourir comme nous commençons de vivre ».

Le vieillard arrivant à la mort insensiblement, la décadence finale n'étant pas autre chose que la somme des décadences partielles qui l'ont précédée, que le dernier terme d'une série commencée dès l'enfance, que la dernière lettre d'un alphabet toutes les voyelles et toutes les consonnes ont été successivement épelées, il en résulte que tout vieillard est un décadent.

Le vieillard voudrait-il nier sa décadence, qu'il ne le pourrait pas. Ne porte-t-il pas sur lui, sur toutes les parties de son être, les signes irrécusables de la déchéance, les traces indéniables de la décrépitude, l'empreinte marquée, profonde, du mal sénile?

Voyez sa physionomie. Ses cheveux sont tombés, la barbe a blanchi, le teint a perdu ses belles couleurs, cet incarnat rosé, fleur de la jeunesse. La ride, cet irréparable outrage des ans, ce témoin impitoyable des printemps écoulés, laboure la peau de sillons multiples. L'épiderme est dur et rugueux, et sa sécheresse fait contraste avec des yeux toujours larmoyants : on dirait que l'homme pleure sa jeunesse perdue. Les dents sont tombées ; et leur disparition en creusant un trou dans chaque joue, en faisant rentrer les lèvres dans l'intérieur de la bouche, en rapprochant le nez du menton, défigure le vieillard.

La taille se raccourcit. La colonne vertébrale fléchit, comme si elle n'avait plus la force de soutenir le corps, qui se voûte sous son propre poids.

Ce n'est pas que ce poids ait augmenté ; au contraire [1]. L'organisme s'est atrophié dans toutes ses

---

[1] Un homme qui pèse quatre-vingt-dix kilogrammes dans la force de l'âge n'en pèse plus quatre-vingt-sept à soixante ans.

parties ; c'est même ce rapetissement des organes internes qui produit la ride, la peau devant plisser pour continuer d'adhérer aux tissus amoindris.

Les organes devenant des instruments de moins en moins parfaits, les fonctions se montrent de plus en plus paresseuses. Les digestions sont pénibles, la respiration lente, la circulation difficile[1]. Quant à la fonction génératrice, elle a entièrement disparu. Le vieillard n'a plus assez de vie pour s'entretenir lui-même : où puiserait-il l'excédent indispensable pour la donner aux autres ?

En même temps que les sources de la vie se tarissent, le corps du vieillard apparaît incapable d'effort. Chez lui, la main tremble, la tête vacille, les jambes chancellent ; chez lui, les os sont trop durs, les muscles sont trop mous. On raconte que le célèbre lutteur Milon de Crotone, devenu vieux, voulut une fois encore faire l'essai de ses forces. Se trouvant seul dans une forêt, il avisa un chêne que la foudre, en tombant, avait entr'ouvert, et voulut achever de le fendre sans le secours d'aucun

---

[1] Tout s'enchaîne. L'amoindrissement des organes entraîne avec lui la décadence des fonctions vitales. Les dents étant cariées ou tombées, la mastication ne se fait plus, les digestions deviennent pénibles, la nutrition imparfaite. Les parois de la cavité pulmonaire n'ayant plus leur élasticité première, la respiration se ralentit. Il en est de même de la circulation du sang. Les artères s'encroûtent par des dépôts calcaires, qui diminuent leur calibre, surtout dans les régions capillaires, où l'oblitération est souvent totale, pour certains vaisseaux. Les veines, au contraire, se relâchent, ce qui accroît leur capacité. L'ossification des artères et la perte de l'élasticité des veines amènent la diminution de la circulation sanguine.

instrument. C'eût été pour lui une simple amusette au temps de sa jeunesse, lui, le vainqueur si souvent couronné des *Jeux Olympiques*. Mais les temps avaient changé. Ce fut en vain qu'il introduisit ses mains entre les deux parties de l'arbre, et mit toute sa force à les séparer. Non seulement il ne put y parvenir, mais il lui fut impossible de retirer ses bras du tronc, où ils restèrent enserrés comme dans un étau. Il eut beau appeler au secours : personne ne répondit. La forêt était déserte : il périt, dévoré par les loups, trahi par les années.

L'intelligence s'affaiblit dans les mêmes proportions que le corps lui-même. *Mens sana in corpore sano*, disait le proverbe latin : l'esprit n'a toute sa lucidité que dans un corps vigoureux.

Les sens, qui sont comme autant de portes ouvertes sur le monde extérieur, se ferment chez le vieillard, ou du moins restent à peine entrebâillés. Il n'entend plus, de loin ; il ne voit plus, de près. Il lui faut des lunettes, pour lire ; parfois même, il devient entièrement aveugle.

Le cerveau dépérit comme tous les autres organes. Le vieillard est incapable de concentrer son attention ; il s'endort en lisant, en écoutant, en parlant ; sa vie n'est plus qu'un sommeil, à peine interrompu, de temps à autre, par quelques courts réveils.

Dira-t-on que, si l'activité intellectuelle lui fait défaut, il a pour lui l'expérience, tout un trésor de science accumulé lentement avec les années ? — Mais, savoir, c'est se souvenir. Or, le vieillard ne se souvient pas. Sa conversation est faite de redites perpétuelles ; il vous raconte le lendemain ce qu'il vous a raconté la veille ; il recommence ainsi plusieurs jours de suite, ayant totalement oublié qu'il vous avait déjà narré un certain nombre de fois la même histoire. Suivez-le, dans sa conversation ; il passe son temps à chercher un nom, un chiffre, un mot. Voyez-le, à chaque instant, faire effort pour rappeler ses souvenirs, évoquer des idées qui résistent et qui fuient, essayer de faire revivre un passé qui lui échappe, et qui, sourd à ses prières, semble le narguer ! — La mémoire lui est infidèle, comme une jeune maîtresse.

A notre époque, les hommes et les choses se modifiant sans cesse, celui qui veut se maintenir au courant des affaires doit *apprendre* continuellement ; il doit faire comme s'il était toujours à l'école. Le vieillard, dont le cerveau s'est pétrifié, ne peut même plus s'instruire : c'est un roc qui ne se laisse plus entamer.

CHAPITRE II

LES VICES DE LA VIEILLESSE

La vieillesse n'est pas seulement une décadence, elle est un vice ; elle n'est pas seulement une maladie, elle est un mal ; elle ne pèche pas seulement par la disparition des forces et des facultés, mais aussi par l'avènement de tendances nouvelles, foncièrement pernicieuses.

On dirait que la même loi qui préside aux métamorphoses de l'individu s'applique aux transformations de l'être moral. Nous venons de voir que la vieillesse est caractérisée par un endurcissement général de l'organisme : la peau se dessèche, les tissus perdent leur élasticité, les cartilages s'ossifient, les os deviennent plus compacts. Eh bien ! le moral suit les mêmes métamorphoses régressives ; il durcit en même temps que le corps tout entier.

Dans tous les temps et dans tous les pays, la générosité, le dévouement ont été l'apanage de la jeunesse, de la santé, de la force ; la sécheresse du cœur, la dureté, sont le triste lot de tout ce qui est faible sur la terre, de tout ce qui est déchu, malade ou infirme, des déshérités de la fortune, de l'intelligence ou de l'âge.

Mᵐᵉ de Maintenon, cette femme que Louis XIV avait élevé jusqu'au trône, et qui lui devait tout, bien-être, honneurs, richesses, ne daigna même pas assister au lit de mort de son royal bienfaiteur, bien que celui-ci lui eût demandé de ne pas le quitter en cet instant suprême. — Elle avait alors quatre-vingts ans. Eût-elle agi de cette façon au temps de sa jeunesse?

Tout le monde a entendu parler de John Bright, de cet illustre Anglais que la mort vient de frapper. Quelle différence entre le John Bright de la jeunesse et le John Bright de la vieillesse, — l'un, prenant le parti des Irlandais, c'est-à-dire des faibles, des persécutés, faisant campagne avec les opprimés contre les oppresseurs, — l'autre, cessant de défendre ceux qu'il avait si longtemps protégés, reniant tout son passé, désavouant toute une vie de générosité! Dans l'histoire de chaque homme, on pourrait retrouver ces deux phases successives.

On s'étonne parfois de l'avarice des riches: pourtant rien de plus naturel, puisque si un homme n'avait point en partage une certaine dose d'avarice, jamais il ne parviendrait à s'enrichir. Avare il était, avare il restera; et l'opulence ne changera rien à sa nature. De même, il ne faut point s'étonner de voir la vieillesse contracter avec l'égoïsme une union qui ne se termine qu'à la mort. Rien ne conserve comme l'égoïsme. L'homme qui rapporte tout à lui, l'homme qui ne voudrait jamais se priver pour les autres, a plus de chance de vivre longtemps que celui qui se dévoue, qui se sacrifie pour son prochain. L'homme dont le cœur est un marbre à la surface duquel tout glisse, à l'intérieur duquel rien ne pénètre, vivra ; et plus il vivra, plus il deviendra égoïste, parce que plus il sera égoïste, plus il aura chance de vivre encore.

La dureté chez le vieillard va souvent jusqu'à la cruauté.

Ne voyons-nous pas, chez les Hébreux, Abraham se préparant à immoler, sur la foi d'un songe, son fils Isaac ? — en Grèce, Agamemnon sacrifiant sa fille Iphigénie pour le succès d'une expédition guerrière ? — à Rome, Brutus égorgeant son enfant de sa propre main, soi-disant pour sauver la cause de la liberté, comme si la liberté était une déesse sanguinaire qui a soif de victimes ?

On sait quel affreux tyran était devenu Louis XI en vieillissant. Son château de Plessis-les-Tours, où il avait élu domicile sur ses vieux jours, était bien moins le palais d'un roi que la maison du bourreau. Malheur à qui osait s'approcher de cette triste demeure, sans y avoir été mandé par un ordre exprès du souverain ! Il était immédiatement arrêté, fouillé, dépouillé, puis jeté dans une cage de fer où on le laissait mourir de faim, quand il n'était pas pendu aux arbres de la forêt, ou noyé dans les fossés qui entouraient cette bastille. Le nom de ce roi est devenu synonyme de perfidie et de cruauté.

Nous avons eu l'occasion de citer l'exemple de Louis XIV et de Louis XV devenus vieux, l'un traitant ses sujets comme les ennemis du dehors, l'autre les affamant par des spéculations éhontées; nous avons dit que la grande faute de ces deux souverains fut l'impitoyable dureté dont ils firent preuve vis-à-vis de leur peuple, de ce peuple qu'ils trouvaient tout naturel de persécuter, de pressurer et qui, poussé à bout, s'en prit à la royauté du mal que lui avaient fait ses rois. La Révolution fut le cri de vengeance des opprimés.

« Les grandes pensées viennent du cœur, » a dit Vauvernargues. D'où leur viendraient-elles, aux gérontes, les pensées généreuses, eux dont le cœur est aussi racorni que le visage, eux dont le sang est si pauvre, eux dont le pouls ne bat plus qu'avec peine? Leur anémie morale est la conséquence même de leur anémie physique.

Il n'y a que dans le monde des jeunes que l'on sait verser son sang pour la défense d'une cause. Feuilletez les pages du martyrologe chrétien, vous y verrez à chaque instant revenir cette appellation: *vierge et martyr*. Qu'est-ce à dire, sinon que la plupart de ceux qui mouraient ainsi pour leur foi étaient des vierges, c'est-à-dire de toutes jeunes filles, quand ce n'étaient pas de tout jeunes gens? Les vieux, eux, ne savent pas mourir; ils ne savent que faire mourir. Les hommes auxquels, par une sorte de pressentiment, les historiens des Croisades avaient donné le nom de *Vieux de la Montagne* n'étaient-ils pas aussi les chefs des *Assassins*? Et, de nos jours, qui a osé faire l'éloge du meurtre? qui a osé dire que la guerre est une chose bonne en soi? — L'octogénaire comte de Moltke. — Il n'eût certainement pas été aussi affirmatif, si les champs de bataille ne s'engraissaient pas à peu près exclusivement du sang des jeunes, les vieux généraux n'ayant guère pour habitude de se faire tuer à la guerre!

L'homme égoïste est presque toujours doublé d'un avare.

Qu'est-ce, en effet, que l'avarice, sinon l'égoïsme appliqué aux choses? Et qu'est-ce que l'égoïsme, sinon l'avarice appliquée aux personnes? C'est le même vice, reflété par deux miroirs différents.

La vieillesse chagrine incessamment amasse.

Plus l'homme sent sa fin prochaine, plus il s'attache à l'*argent*, qui par son caractère inorganique lui semble devoir toujours résister à l'action destructive du temps, à cette action dont il a éprouvé sur lui-même les premiers ravages. Pour lui, le précieux métal est tout.

« Hélas! mon pauvre argent! hurle Harpagon! mon pauvre argent! mon cher ami! on m'a privé de toi ; et puisque tu m'es enlevé, j'ai perdu mon support, ma consolation, ma joie : tout est fini pour moi, et je n'ai plus que faire au monde. Sans toi, il m'est impossible de vivre. C'en est fait, je n'en puis plus ; je me meurs, je suis mort, je suis enterré. N'y a-t-il personne qui veuille me ressusciter, en me rendant mon cher argent, ou en m'apprenant qui l'a pris[1] ?

Il faut relire les comédies de Molière pour voir jusqu'à quel point Géronte fait corps avec Harpagon, pour s'assurer que l'amour de l'or est véritablement une maladie de la vieillesse. A chaque instant notre grand comique établit un contraste entre l'avarice du père et la prodigalité du fils, mettant en scène le proverbe : « A père avare fils prodigue », sans toutefois donner l'explication de cette antithèse.

Cette explication est des plus simples.

Le jeune homme, fier de la sève de ses vingt ans, sent qu'il lui est loisible de gaspiller ; n'a-t-il pas en lui tout ce qu'il faut pour s'enrichir ? N'a-t-il pas pour lui ce capital qu'on appelle la santé, ce trésor qu'on nomme l'intelligence ? N'a-t-il pas devant lui l'avenir, c'est-à-dire le temps ? Et le temps n'est-ce pas de l'argent ? — Le vieillard, au contraire, ne peut que se montrer avare ; car il est pauvre, pauvre organiquement. Il a conscience de son anéantissement prochain ; il sent que la vie l'a-

---

[1] *L'Avare*, acte IV, scène VII.

bandonne, qu'elle s'échappe de lui par tous les pores de son être ; il sent qu'il se consume, qu'il se vide, qu'il s'appauvrit de moment en moment. Ne pouvant plus arriver à la fortune par le travail, par l'effort, par la production immédiate, il tâche d'y parvenir par les moyens indirects, par l'économie : or, l'économie poussée à l'excès devient l'avarice.

S'il nous fallait citer des exemples d'avarice pris dans la partie sénile de la société contemporaine, nous n'aurions que l'embarras du choix.

Victor Hugo, si prodigue dans sa jeunesse, n'avait point échappé au mal commun. On se rappelle encore au quartier latin certaine mésaventure survenue à une députation d'étudiants, qui, n'étant pas au courant des habitudes du « Maître », étaient allés naïvement lui demander la collection complète de ses œuvres, dont ils voulaient orner leur *Bibliothèque scolaire*. Au lieu de l'*écrivain*, ils ne rencontrèrent que le *sénateur*; et ils s'aperçurent vite que les deux hommes ne se ressemblaient guère. Toutefois comme on ne pouvait décemment les laisser partir les mains vides, on leur offrit, à titre de souvenir, un exemplaire de la *Légende des siècles*.

Et cette brouille qui vient d'éclater entre deux auteurs unis jusque-là comme deux *frères siamois*, Erckmann et Chatrian, à quoi est-elle imputable, sinon à une sorte de gangrène sénile ? « Ces deux personnages si tranquilles, dit un journaliste de talent, ces deux hommes, ennemis de la guerre, amoureux de la paix, assoiffés de quiétude, et cela à un point tel qu'on les avait nommés *les deux Homères du Taff* se battent aujourd'hui...... Si, au lieu d'avoir soixante-cinq ans, ces gaillards-là n'en avaient que quarante, comme rien de tout cela n'arriverait ! La vieillesse seule me semble susceptible d'inspirer d'aussi plates convoitises et d'aussi vilaines réclamations ; jamais sans le *lourd fardeau des ans* aucun d'eux ne serait laissé entraîner à de telles faiblesses... [1]. »

Le vieillard ressemble à un crible dont les trous se rapetisseraient de plus en plus, jusqu'à s'oblitérer au point de ne plus rien laisser entièrement passer à travers son tissu de plus en plus serré. L'or, une fois entré dans le crible, n'en sort plus.

Géronte n'est pas seulement avare, il n'est pas seulement égoïste, dur, cruel, il est lâche.

Le vieillard tient trop à sa personne pour jamais l'exposer aux hasards d'une bataille ; il aime donner des coups, il n'aime pas en recevoir ; tant qu'il se croit irrésistible, il use de sa puissance jusqu'à l'excès ; du jour où le péril se dresse devant lui, péril qu'il a suscité, péril réel, et non imaginaire, il se sauve, il capitule.

La première République, avons-nous dit, a été étouffée à son bureau par une série de constitutions séniles, dont la première fut l'œuvre de

[1] Louis Davyl. *Gil Blas* du 10 juillet 1889.

la Convention. Le Sénat de 1799 fut son bourreau.

On sait que le Sénat, ce *grand corps*, comme on l'appelait, — et qui en réalité n'était qu'un *vieux corps*, un corps de vieux [1], — avait pour mission de défendre la Constitution ; on sait aussi que fidèle « gardien des libertés publiques », il n'hésita pas à les confisquer une à une au profit de Bonaparte. — « Un signe était un ordre pour le Sénat, et il faisait toujours plus qu'on ne désirait de lui » — : c'est Napoléon Ier qui le jugeait en ces termes outrageants. Après avoir prorogé de dix années les pouvoirs du Premier Consul, les sénateurs le nommèrent *Consul à vie;* puis, trouvant que ce n'était pas assez, ils lui offrirent le titre d'*Empereur des Français*, avec tous les attributs de la royauté.

Quand le maître fut à terre, on vit le « pouvoir pondérateur » devenir subitement révolutionnaire, et montrer qu'en fait d'indépendance il ne connaissait guère que celle du cœur, celle que l'on nomme l'*ingratitude*. Il n'eut pas même la pudeur du silence. Il tint à proclamer lui-même la déchéance du vaincu, de celui dont, dix ans auparavant, il célébrait avec tant d'enthousiasme le triomphant avènement.

[1] Les quatre-vingts membres qui le composaient devaient, comme les sénateurs d'aujourd'hui, avoir dépassé la quarantaine. De plus, ils étaient nommés pour la vie : or, la nomination à vie, dans un corps constitué, mène droit à la sénilisation, puisque chaque membre reste là jusqu'à sa mort.

Quel exemple plus saisissant peut-on citer de la lâcheté politique des Gérontes que l'aventure du 2 décembre ?

Le « coup d'État » a eu pour complice bien plus la trahison de ceux qui avaient accepté, sollicité la tâche de défendre la République, que la vaillance de ceux qui tentaient l'escalade de la dictature ; et certainement les choses ne se seraient pas passées de cette façon, si la deuxième République n'avait pas déjà été atteinte du mal sénile, de ce mal dont la nôtre est infectée.

L'attentat s'étant perpétré dans la nuit, il était du devoir du président de l'Assemblée nationale, Dupin, de convoquer dès le matin et d'urgence les représentants, pour aviser à la situation. Un certain nombre d'entre eux, des jeunes surtout, devançant l'appel, s'étaient rendus, dans ce but, au Palais-Bourbon dès la première heure ; voyant que Dupin ne bougeait pas, ils entrèrent dans son cabinet, et le sommèrent de s'exécuter. Sur son refus, ils lui passèrent de force son écharpe autour du cou, et le traînèrent dans la salle des séances. Les sicaires de Bonaparte y arrivaient au même moment, ce qui permit à ce président gaga d'opérer sa retraite[1].

Cette Assemblée n'avait que le président qu'elle méritait.

Des sept cent cinquante membres qui la com-

---

[1] Victor Hugo, que j'aurai l'occasion de citer plusieurs fois dans ce chapitre, parce qu'il prit une part active à cet

posaient, c'est à peine si, ce jour-là, trois cents eurent le courage de se montrer. Encore toute leur bravoure consista-t-elle à faire acte de présence à la mairie du Xe arrondissement, qu'ils avaient choisi pour lieu de réunion, et où ils passèrent quelques heures en discussions stériles. Des soldats ne tardèrent pas à venir les y arrêter : c'était tout ce qu'ils demandaient, aimant mieux pour la plupart être conduits en prison par les bandes bonapartistes, qu'être menés à la barricade par les milices populaires, comme on en eut, d'ailleurs, la preuve quelques heures après.

Il arriva que, les locaux destinés à les loger étant insuffisants dans l'intérieur de Paris, un certain nombre d'entre eux furent transportés à Vincennes. Pour les y conduire, on les fit monter en voiture, et ils traversèrent ainsi tout le faubourg Saint-Antoine, escortés par un escadron de cavalerie. Or, à un moment donné, la dernière voiture (un omnibus réquisitionné pour la circonstance) se trouva très en arrière du convoi ; et comme elle n'était gardée que par trois lanciers, qui galopaient de chaque côté, et par un agent de police occupant la place

---

événement, raconte que Dupin marmotta cependant quelques mots : « Ce qui sortit de sa bouche en ce moment, ce que le président de l'Assemblée souveraine de France balbutia devant les gendarmes à cette minute suprême, on ne saurait le recueillir. Ceux qui ont entendu ces derniers hoquets de la lâcheté agonisante, se sont hâtés d'en purifier leurs oreilles. » (*Histoire d'un crime.*) Dupin avait alors soixante-cinq ans.

du conducteur; comme d'autre part le peuple était descendu dans la rue, rien de plus facile aux prisonniers que de s'évader. « Mais au moment, dit Victor Hugo, où le peuple se ruait sur la voiture, on vit plusieurs des représentants prisonniers qu'elle contenait faire des deux mains signe de s'abstenir.

« — Eh! dit un ouvrier, ils ne veulent pas!

« Un deuxième reprit : — Ils ne veulent pas de la liberté !

« Un autre ajouta : — Ils n'en voulaient pas pour nous ; ils n'en veulent pas pour eux.

« Tout fut dit, on laissa l'omnibus s'éloigner[1]. »

Ces fantoches furent d'ailleurs relâchés au bout de vingt-quatre heures. Bonaparte, qui connaissait son monde, avait vu qu'il n'avait rien à craindre de gens qui se laissaient ainsi emmener comme des moutons.

Seuls quelques députés de la gauche (on en compta une soixantaine) allèrent directement provoquer l'émeute ; quinze seulement se montrèrent aux barricades. Madier de Montjau, qui avait alors trente-huit ans, était de ces quinze-là.

Ainsi, pendant que des milliers d'obscurs citoyens se faisaient massacrer pour la République, l'Assemblée nationale, qui avait sollicité la mission de la représenter et de la défendre, se dérobait en masse! Pendant que les soldats se dévouaient, les

---

[1] Victor Hugo. *Histoire d'un crime.*

généraux s'abstenaient, mettant en pratique le premier article de l'évangile du conservateur, qui est de se conserver soi-même ! Tel fut le honteux spectacle qu'il fut donné aux Parisiens de contempler en ces tristes journées. Il y avait là de quoi aliéner à un gouvernement tout le parti des honnêtes gens. Plus tard on s'est étonné de ce qu'on a appelé *le long silence de l'empire*; on s'est demandé comment les Français avaient supporté, sans mot dire, pendant près de vingt ans, la tyrannie d'un César; la réponse est simple : ce silence, qu'on a pris pour le silence de la peur, n'était que le silence du découragement. « Ils ne veulent pas de la liberté », avait dit l'ouvrier en parlant des Gérontes; et l'ouvrier attristé, écœuré, s'abstenait, attendant l'avènement d'une génération nouvelle.

Mais, diront les vieux, vous oubliez que les représentants du peuple les plus énergiques avaient été arrêtés chez eux, qu'ils avaient été surpris dans leur premier sommeil, et faits prisonniers séparément! L'Assemblée ayant été ainsi privée de ses chefs, quoi d'étonnant qu'elle se soit débandée?

Mauvaise raison.

Un Parlement n'est point un régiment; on y commande, on n'y obéit pas. Des hommes qui se prétendent assez forts pour mener tout un peuple ne doivent attendre de personne le mot d'ordre; c'est à chacun d'eux de faire preuve d'initiative, d'audace, suivant les circonstances. L'arrestation de quelques représentants ne saurait en aucune façon excuser la défaillance de tous.

Et puis, il s'en faut que ceux qui ont été ainsi arrêtés la nuit, — ceux-là mêmes que l'on considérait comme les principaux meneurs de l'Assemblée, — se soient conduits en héros. Plusieurs d'entre eux avaient leurs pistolets sous la main; aucun n'en fit usage. Thiers, dit le rapport de police, « tremblait et pleurait ». Les autres montrèrent plus de dignité; mais chacun de ces prétendus hommes à poigne, en cette heure critique, prit modèle bien plus sur « le sage Nestor » que sur « le bouillant Achille ».

Condamnés à l'exil, après un internement de quelques semaines, ils furent conduits hors du territoire français par des agents de police. Après avoir dépassé la frontière, ils n'eurent même pas le courage de secouer, comme c'était leur droit, le joug de leurs geôliers.

Charras, Changarnier, Lamoricière, étaient dans le même train. Lorsqu'on fut parvenu à la première station belge, raconte Victor Hugo, Charras poussa le soupir joyeux d'un homme délivré et dit : « Ah! enfin! »

Il leva les yeux, et aperçut ses deux geôliers (deux agents de police qui le conduisaient) à côté de lui.

Ils étaient montés derrière lui dans le wagon.

— Ah çà, leur dit-il, c'est vous !

De ces deux hommes, il n'y en avait qu'un qui parlait. Celui-là répondit :

— Mais oui, mon colonel.

— Qu'est-ce que vous faites ici ?

— Nous vous gardons.

— Mais nous sommes en Belgique.

— C'est possible.

— La Belgique n'est pas la France.

— Ah ! cela se peut.

— Mais si je mettais la tête hors du wagon, si j'appelais, si je vous faisais arrêter, si je réclamais ma liberté ?

— Vous ne feriez pas tout ça, mon colonel.

— Comment feriez-vous pour m'en empêcher ?

L'agent montra le pommeau d'un pistolet, et dit : — Voilà.

Charras prit le parti d'éclater de rire, et leur demanda : — Mais où donc me lâcherez-vous ?

— A Bruxelles......

La police lâcha Charras à Bruxelles, mais ne lâcha pas Lamoricière. Les deux agents voulaient le forcer de repartir immédiatement pour Cologne. Le général, qui souffrait d'un rhumatisme gagné à Ham, leur déclara qu'il coucherait à Bruxelles.

— Soit ! dirent les agents.

Ils le suivirent à l'hôtel de Bellevue. Ils y passèrent la nuit avec lui. On eut beaucoup de peine à les empêcher de coucher dans sa chambre. Le lendemain, ils l'emmenèrent et le conduisirent à Cologne, violant le territoire de Prusse, après avoir violé le territoire de Belgique[1]. »

[1] *Histoire d'un crime.*

En somme, comme le parti bonapartiste ne comptait guère que cent cinquante membres dans l'Assemblée nationale, comme d'autre part quatre-vingt-huit représentants seulement ont été proscrits par Bonaparte, il en résulte que cinq cents au moins ont trahi, que cinq cents se sont abstenus à l'heure du péril, que cinq cents ont mis dans leurs poches leur mandat et leurs promesses, leur drapeau et leurs serments ! cinq cents sur sept cent cinquante ! Un seul représentant fut déporté, Miot; un seul mourut au champ d'honneur, Baudin : il avait trente-deux ans. *Et nunc erudimini...*

Il y avait alors, comme aujourd'hui, une *Haute Cour de justice*, chargée de veiller à la sûreté du gouvernement : un commissaire de police en eut raison. A la première sommation, elle se dispersa, sans mot dire¹.

Il faut se défier de pareils amis, et Napoléon III en fit la triste expérience : lui qui était redevable de son trône à la trahison des vieux, fut trahi à son tour par eux. Toujours ils se mettent du côté du plus

---

¹ L'article 68 de la Constitution disait : « Toute mesure par laquelle le Président de la République dissout l'Assemblée nationale, la proroge ou met obstacle à l'exercice de son mandat, est un crime de haute trahison.

« Par ce seul fait, le Président est déchu de ses fonctions, les citoyens sont tenus de lui refuser obéissance : le pouvoir exécutif passe de plein droit à l'Assemblée nationale. Les juges de la Haute-Cour se réunissent immédiatement à peine de forfaiture ; ils convoquent les jurés dans le lieu qu'ils désignent pour procéder au jugement du Président et de ses complices ; ils nomment eux-mêmes les magistrats chargés de remplir les fonctions du ministère public. »

fort. S'aplatir devant le dictateur triomphant, tant qu'on voudra ; soutenir l'empereur tombé, jamais !

Le 3 septembre 1870, lorsque Jules Favre lut au Palais-Bourbon la proposition de déchéance, les députés présents, presque tous fervents bonapartistes (ils étaient issus de la candidature officielle), ne soufflèrent mot ; quand je dis qu'ils ne soufflèrent mot, je me trompe ; il y en eut un qui protesta, un seul[1]. Au Luxembourg, ce fut pis encore. Les sénateurs, qui, quelques semaines auparavant[2], s'étaient rendus en corps aux Tuileries pour complimenter le souverain, et pour l'assurer qu'ils donnaient leur entière approbation à la déclaration de guerre, disant par l'organe de leur président, Rouher : « Sire, la patrie est avec vous, frémissante d'indignation et de fierté, » — ces mêmes sénateurs, au jour de la débâcle, se dérobèrent. Seul, Nisard, qui voyait avec amertume s'évanouir ses trente mille francs de traitement, risqua ces quelques mots : « L'empereur est vaincu, il est prisonnier ; c'est une raison pour qu'il nous soit doublement sacré. » Ses collègues lui rappelèrent que, si la parole est d'argent, le silence est d'or. Tous comprirent, tous se turent ; chacun s'esquiva prudemment, et jamais personne n'entendit plus parler des sénateurs de l'Empire.

Qu'on les prenne en groupe, ou séparément, tous les vieux gouvernants sont lâches.

---

[1] C'était le député du Nord Pinard.
[2] Le 16 juillet 1870.

Voyez nos rois.

Lorsqu'ils sont dans la fleur de leur jeunesse ou dans l'épanouissement de leur maturité, il n'est pas d'effort qu'ils ne tentent pour reconquérir leur trône, lorsqu'ils l'ont perdu. Rappelons-nous Charles VII, à vingt-six ans, reprenant aux Anglais pied à pied son royaume, de Bourges à Paris; rappelons-nous Napoléon Ier, à quarante-cinq ans, revenant seul de l'exil et bravant toute la coalition européenne. Vienne l'heure de la vieillesse, les souverains s'enfuient à la première alerte; ils ont peur de leurs propres sujets.

C'est ce qui est arrivé aux trois derniers représentants de la monarchie française, depuis 1814. Louis XVIII s'est sauvé, Charles X s'est sauvé, Louis-Philippe s'est sauvé, et leur attitude en face du danger a été en raison même de leur âge : car il y a des degrés dans la couardise, comme il y en a dans l'imbécillité. Louis XVIII se montra moins poltron que son frère, et Charles X le fut moins que son successeur ; or, le premier roi entrait dans sa soixantième année en 1814 ; le second avait soixante-treize ans en 1830 ; quant à Louis-Philippe, en 1848, il n'avait pas moins de soixante-quinze ans.

La fuite de Louis XVIII était jusqu'à un certain point excusable (je me place ici à un point de vue purement philosophique). Ce roi venait d'être ramené à Paris par les alliés; dans ces conditions, il ne pouvait guère compter sur l'affection des

Français. D'autre part, il avait contre lui le prestige d'un grand nom, le nom d'un homme qui avait tenu pendant des années l'Europe à ses pieds et devant qui encore tout le monde tremblait. Aussi à la première nouvelle que l'empereur avait débarqué à Cannes, le roi prit-il la route opposée; il se réfugia en Belgique, d'où la coalition européenne le ramena une seconde fois à Paris.

Mais pour Charles X, qui n'eut à lutter ni contre un conquérant, ni contre une armée régulière, pour Charles X, qui tenait le trône de son frère et qui l'occupa lui-même durant six années, quel nom donner à sa conduite? Le « fils de saint Louis », après avoir crié bien haut qu'il « défendrait ses droits jusqu'à la dernière goutte de son sang », abandonna le pouvoir et quitta la France, sans risquer une bataille, sans même se montrer à la tête de ses troupes. Une bande de 20,000 hommes, sans discipline, sans armes, sans équipement, vint à bout de la monarchie légitime. Qui fut étonné? — Le peuple de Paris, lequel s'attendait si peu à un succès de ce genre, qu'il ne savait quel dénoûment donner à sa victoire. Il n'y avait pas de gouvernement prêt pour recueillir l'héritage de celui qui venait de céder si facilement la place.

Louis-Philippe, qui, lors de son avènement au trône, s'était tant moqué de la poltronnerie de son cousin, se montra encore plus poltron que lui. Dans sa fuite, à Trianon, on l'entendit murmurer: « Pire... pire que Charles X!... cent fois pire que

Charles X ! » — C'était vrai. Son prédécesseur avait bravé durant trois jours l'insurrection, avant de se décider à l'exil ; il ne fallut que quelques heures de soulèvement pour venir à bout de la monarchie orléaniste

Comme un autre en trois jours, il tombait en trois heures,

a dit le poète [1]. Charles X s'était acheminé vers l'exil en souverain ; il avait gagné Cherbourg ouvertement, à petites journées, accompagné d'une nombreuse escorte, véritable armée en miniature, puisqu'elle ne comprenait pas moins de quatre compagnies des gardes du corps et que même elle était accompagnée de deux pièces de canon ; il portait sur lui les insignes de la royauté, ses épaulettes ornées d'une couronne de pierreries ; ses plaques du Saint-Esprit et de la Légion d'honneur. Louis-Philippe, lui, se déguisa pour s'évader. Lorsqu'il quitta Paris, se dirigeant vers Saint-Cloud, il était vêtu en bourgeois et monté dans une carriole, qu'on avait louée pour la circonstance [2].

---

[1] Alfred de Vigny, *Les Destinées*.

[2] Même aux Tuileries, l'attitude de Louis-Philippe manqua entièrement de dignité et de grandeur. Le 23 février 1848, raconte Guizot, « nous entrâmes vers deux heures et demie dans le cabinet du roi, la reine, M. le duc de Nemours et M. le duc de Montpensier y étaient réunis. Le roi exposa la situation, s'appesantit sur la gravité des circonstances, parla beaucoup de son désir, qui était très sincère, de garder le ministère, du regret qu'il éprouvait à être obligé de se séparer de nous, ajoutant qu'il aimerait mieux abdiquer. — Tu ne peux pas dire cela, mon ami, dit la reine : tu te dois à la France ; tu ne t'appartiens pas. » La reine avait plus de cœur que le roi.

Ce fut aussi de Saint-Cloud que partit le dernier Napoléon lors de la déclaration de guerre, départ qui ressemblait déjà à une fuite, puisque le souverain n'osait traverser sa capitale. Le pronostic n'allait pas tarder à devenir la terrible réalité.

L'empereur des Français se sauva, comme s'étaient sauvés les trois souverains, ses prédécesseurs.

Pour tout esprit impartial, il est évident que l'empereur, après les premières défaites, évitait de rentrer à Paris, qu'il avait peur, non seulement des Parisiens, mais aussi des Français, que son but était de se rapprocher de l'armée ennemie où il était assuré de trouver aide et protection, enfin qu'il ne demandait qu'une chose : remettre le plus vite possible son épée entre les mains de son « bon frère Guillaume » (c'est le nom qu'il donnait au roi de Prusse lorsqu'il lui écrivit pour se constituer prisonnier). La marche sur Sedan ne peut s'expliquer autrement[1].

[1] Napoléon III lui-même l'a avoué dans la lettre qu'il écrivait de Wilhelmshœhe, le 29 octobre 1870, à sir Burgoyne, quand il disait : « *Des considérations politiques* nous ont forcé à faire la marche la plus imprudente et la moins stratégique, qui a fini par le désastre de Sedan. » Ces considérations politiques auxquelles faisait allusion l'ex-empereur, quelles étaient-elles, sinon mettre à l'abri sa précieuse personne ?

La preuve encore que là était son seul but, c'est la conversation qui eut lieu, le 17 août, à Châlons, entre l'empereur et quelques conseillers intimes. Tout le monde lui disait de retourner à Paris ; autrement, il aurait l'air d'avoir abdiqué. — « J'ai abdiqué de fait », répondit le souverain. — Et comme le prince Napoléon, présent à l'entretien, se récriait, disant : « Si nous tombons, il faut tomber comme des hommes, » l'empereur mit fin à l'entretien.

Lorsque la ligne des Vosges fut forcée et que la supériorité écrasante des armées allemandes ne fit plus de doute pour personne, il ne restait qu'une chose à faire pour sauver la campagne : c'était de se replier sur Paris avec les débris des divers corps d'armée, en train de se rallier à Châlons. Au lieu de s'arrêter à ce parti, on reprit la route de la Meuse ; on avait abandonné l'Est dans un mouvement de retraite précipitée ; on y revenait avant d'avoir eu le temps de se reformer ; et l'on allait s'acculer dans une impasse ! Ainsi le voulait l'empereur !

Lorsque arriva l'heure de la bataille, il ne se donna même plus la peine de dissimuler. Sa lâcheté s'étala à tous les yeux.

Deux fois ses généraux lui proposèrent de lui frayer une sortie à travers les lignes ennemies ; deux fois il refusa[1]. Pendant que ses soldats se font tuer pour lui, pour sa dynastie, il se tient pru-

---

Aussi Jules Favre, dans sa déposition devant la commission d'enquête parlementaire, a-t-il pu dire, sans provoquer la moindre objection : « Je savais que l'Empereur s'était rendu *par lâcheté*, pour éviter la responsabilité politique de ses fautes ; — ceux qui l'ont reçu prisonnier me l'ont dit et le tenaient à peu près de sa bouche. — Il lui aurait été facile de s'en aller en Belgique ; les Prussiens lui auraient ouvert le chemin. »

[1] Une première fois, le général de Wimpffen ayant vu une partie de notre armée écrasée à Bazeilles, et comprenant que c'était folie de s'obstiner de se maintenir dans Sedan, voulut tenter de se frayer une issue du côté de Carignan ; il fit parvenir à l'Empereur le billet suivant : « Sire, je me décide à forcer la ligne qui se trouve devant le général Lebrun et le général Ducrot, plutôt que d'être prisonnier dans la place de Sedan. Que Votre Majesté vienne se mettre au

demment loin du champ de bataille, sur une des places de la ville. Puis, au plus fort de la mêlée, ne s'y trouvant même plus en sûreté ou peut-être craignant le coup de feu qui atteint par derrière les chefs dont les soldats veulent tirer vengeance, il se réfugie dans le palais de la sous-préfecture. Enfin, n'y tenant plus, de lui-même il donne l'ordre d'arborer le drapeau blanc sur la citadelle. Il n'a même pas le triste courage d'endosser la responsabilité qu'il vient d'encourir; il exige du général de Wimpffen, un nouveau venu, innocent de la marche sur Sedan, et par conséquent du désastre qui en a été la suite, qu'il appose sa signature au bas de l'acte de capitulation [1]. Puis, lorsque le feu a entièrement cessé, il fait approcher sa calèche à quatre chevaux, une voiture toute dorée, attelée à la Daumont, et ordonne qu'on le conduise au camp prussien. Son escorte a « des uniformes battant neuf »; ses postillons sont « poudrés » comme en un jour de gala; lui-même est en « grand uniforme »: il a « la cigarette à la bouche ». Ne croyez pas qu'il pense à son armée qu'il vient de déshonorer; il ne songe qu'à

milieu des troupes; elles tiendront à honneur de lui ouvrir un passage. »

Une seconde fois, ce fut Ducrot, qui vint proposer à l'Empereur de s'enfuir la nuit, se faisant fort de lui faire traverser les lignes ennemies.

Chaque fois l'Empereur refusa.

[1] Ce général, en voulant donner sa démission au moment de la capitulation, a montré par là qu'il y était personnellement étranger, et qu'elle était le fait exclusif de l'Empereur.

« ses bagages » pour lesquels il a des craintes sérieuses[1].

C'était la quatrième fois que dans sa longue histoire la France voyait un de ses souverains fait prisonnier à la guerre. Mais quelle différence entre l'attitude du dernier Napoléon à Sedan et celle de saint Louis à Mansourah, de Jean le Bon à Poitiers, de François Ier à Pavie! Nos rois s'étaient battus comme des lions; ils furent pris de vive force sur le champ de bataille, les armes à la main et tous trois auraient pu dire, comme l'un d'entre eux : « Tout est perdu, fors l'honneur! » L'empereur des Français, lui, non seulement garda toute la journée son épée au fourreau, mais, comme un lâche, il avait couru au-devant de la captivité, il avait prémédité sa propre capitulation.

C'est que Napoléon III était un sexagénaire, tandis

---

[1] Afin de montrer que je n'exagère rien, je détache du *Journal* de l'Empereur Frédéric le passage relatif à la capitulation de Sedan :

2 Septembre. — Je suis sous l'empire de cet aphorisme : *l'histoire est le grand tribunal du monde,* que j'ai appris sur les bancs de l'école. Wimpffen fait des difficultés. Napoléon arrive; il se tient au milieu d'un champ de pommes de terre, près Donchéry. Bismarck et Moltke courent au-devant de lui; il voudrait des conditions de capitulation plus douces et le passage de l'armée en Belgique. *Moltke croit que tout cela, ce sont des prétextes, car l'Empereur n'est pas en sûreté à Sedan; il craint pour ses voitures et ses bagages.* Moltke est à la recherche d'un logement convenable. Bismarck cause avec Napoléon. Le roi insiste pour la reddition sans conditions; les officiers peuvent se retirer en engageant leur parole d'honneur. A midi, signature de la capitulation. Bismarck et Moltke reviennent de leur promenade quotidienne; ils ont parlé de tout, sauf de politique. Moltke est décoré de la Croix de fer que ni Louis IX, ni Jean II, ni François Ier n'avaient atteint la quarantaine [1].

Quelle différence aussi entre l'oncle et le neveu !

En 1814, Napoléon Ier payait de sa personne pour défendre la France envahie. Il prenait le comman-

de 1re classe. Il propose Wilhelmshœhe et demande *que Napoléon soit dispensé de se montrer sur les hauteurs devant les troupes.*

Nous allons à travers les bivouacs bavarois à Bellevue, où se trouve une calèche impériale et des *fourgons avec valets et postillons poudrés.* Nous sommes reçus par le général Castelnau. *Napoléon paraît en grand uniforme à l'entrée du pavillon vitré.* Il y conduisit le roi. Je fermai la porte et restai dehors. *Napoléon accepta le séjour de Wilhelmshœhe et apprit avec satisfaction qu'on lui donnerait une escorte d'honneur jusqu'à la frontière.* Quand, au cours de l'entretien, l'empereur émit la supposition qu'il avait eu devant lui Frédéric-Charles, le roi rectifia en disant qu'il n'avait eu que moi et le prince de Saxe. A la question où se trouvait Frédéric-Charles le roi répondit avec un accent particulier : « Avec sept corps devant Metz. » *Le roi fit l'éloge de l'armée française et de sa bravoure ; Napoléon approuva volontiers, mais ajouta qu'elle manquait de cette discipline qui distinguait notre armée.* Notre artillerie était la première du monde et les Français n'avaient pu y résister.

Après l'entrevue, qui dura un quart d'heure, l'empereur, en m'apercevant, me tendit la main, tandis que, de l'autre, il essuyait une larme coulant le long des joues. Il exprima toute sa reconnaissance pour la générosité que lui avait témoignée le roi. Je demandai s'il avait pu reposer un peu la nuit. Il répondit que l'inquiétude pour les siens lui avait enlevé tout sommeil. Sur mon observation qu'il était regrettable que la guerre eût pris un caractère aussi sanglant, il dit que cela était d'autant plus terrible qu'il n'avait pas voulu la guerre. Depuis huit jours il n'avait aucune nouvelle, ni de l'impératrice, ni du prince impérial. Il demanda à leur télégraphier en chiffres, ce qui fut accordé. Nous nous séparâmes avec un *shake-hand. Son escorte avait des uniformes battant neuf, tandis que les nôtres avaient beaucoup souffert pendant la campagne.*

[1] Saint Louis avait trente-cinq ans ; Jean avait trente-sept ans ; François Ier avait trente et un ans.

dement effectif de ses troupes, tandis que Napoléon III n'en prenait que le commandement nominal ; l'un montait à cheval, l'autre allait en landau ; l'un n'hésitait pas à se jeter dans la mêlée, l'autre se tenait loin du champ de bataille, hors de la portée du canon ; le premier couchait sous la tente comme le dernier des sous-lieutenants, le second se faisait héberger dans les châteaux du voisinage. Quel contraste entre la scène de Donchéry où l'on voit l'homme de Sedan sollicitant avant tout du vainqueur la grâce de ne point repasser devant son armée, et les adieux de Fontainebleau, où Bonaparte embrasse ses grenadiers frémissants, tout fiers encore d'obéir à un tel général, à un général trahi par la fortune, mais grand encore par le génie et la dignité.

L'âge, la vieillesse, la maladie peuvent seuls expliquer de pareilles défaillances. Car il n'était pas un lâche l'homme qui, sous le règne de Louis-Philippe, entrait à Strasbourg ou débarquait à Boulogne, payant de sa personne, risquant sa vie. Sa déchéance morale n'est venue qu'après sa décrépitude. Cet homme, à soixante-deux ans, était aussi vieux qu'on peut l'être à quatre-vingts. Les désordres de sa vie et surtout les débauches de ses dernières années, lui avaient enlevé toute énergie. Il était assiégé d'une foule de maux, de ces maux

Qui font cesser de vivre avant que d'être mort.

comme dit La Fontaine. Quatre ans auparavant,

quand la guerre avait éclaté entre l'Autriche et l'Allemagne, et que le cabinet de Vienne, rappelant à l'empereur ses promesses, le sommait de s'exécuter, il s'excusait en disant qu'il ne pouvait plus monter à cheval : c'était la vérité.

Le sens moral s'était tellement oblitéré chez lui par la dégénérescence sénile que, le 2 septembre, dans son entrevue avec Bismarck, pour s'attirer les bonnes grâces du vainqueur, il n'hésita pas à rejeter sur les Français toute la responsabilité de la guerre, disant qu'il n'y avait été contraint que par l'opinion publique, alors que tout le monde savait, — et lui mieux que personne, — que cette guerre avait été avant tout une guerre dynastique, une guerre préméditée dans l'entourage impérial, une guerre tentée pour consolider le trône chancelant du jeune prince [1]. Le chancelier, comme bien on pense, se hâta de divulguer cette conversation et d'en tirer la conséquence qu'elle comportait. Puisque c'étaient les Français qui avaient voulu la lutte, il n'y avait plus à se gêner ; le roi Guillaume qui, au début des hostilités, avait déclaré ne faire la guerre qu'à l'Empire et non à la France, se voyait dégagé de sa parole ; on pouvait désormais tenir la dragée haute aux plénipotentiaires qui viendraient entamer des négociations pour la paix. Ce qui fut fait.

[1] Le mot de l'impératrice Eugénie : « C'est ma guerre, à moi ! » est historique.

La lâcheté, cette tare de la vieillesse, n'attend même pas qu'un homme soit sur le trône, pour se montrer. Chose extraordinaire, on l'a vu apparaître chez ceux-là même qui briguent le pouvoir suprême ; on l'a vu étendre sa lèpre hideuse, non seulement sur les rois, mais sur les candidats à la royauté, sur les prétendants.

On se rappelle qu'après la guerre de 1870, les lois d'exil ayant été abrogées, les princes de la maison de France purent rentrer dans leur patrie. Le comte de Chambord, représentant officiel de la dynastie des Bourbons, et comme tel aspirant au trône, revint en France comme les autres ; mais ce fut pour en repartir presque aussitôt. Les Français virent alors l'étrange spectacle d'un prétendant s'exilant lui-même de son propre royaume, abandonnant à d'autres les champs de bataille de la politique, où l'appelaient son nom, son passé, ses partisans.

La droite légitimiste était navrée. Toutefois, comprenant ce qui arrêtait son « Roy », elle prit sur elle d'aplanir pour lui tous les obstacles. Après avoir provoqué un rapprochement entre le représentant de la branche cadette et Chambord, qui incarnait de la branche aînée, après avoir fait reconnaître officiellement par les princes d'Orléans les droits du Bourbon, elle renversa Thiers, en qui elle n'avait qu'une confiance limitée, et qu'elle soupçonnait de vouloir affermir la République à son profit ; elle mit à sa place Mac-Mahon, sous la condition expresse qu'il céderait la place au prétendant lors de son arrivée. « Sa Majesté » n'avait donc plus rien à craindre, ses ennemis s'effaçant devant lui de gré ou de force, et lui laissant le champ libre. Pourtant Sa Majesté ne trouva pas encore toutes ces précautions suffisantes, car elle ne vint pas. Ou plutôt elle vint, mais *incognito*; et après avoir tâté le terrain, ne le jugeant pas suffisamment aplani, elle s'enfuit; elle s'enfuit même très loin. La première fois, elle s'était contentée d'aller en Suisse et en Belgique; cette fois, elle partit pour l'Autriche, mettant entre la France et elle une double frontière.

Ce prétendant d'un nouveau genre trouvait le poste de roi trop périlleux. Il pensait à l'échafaud de Louis XVI, à la prison de Louis XVII, aux fuites précipitées de Louis XVIII, de Charles X, de Louis-Philippe; il venait de contempler les ruines encore fumantes de la Commune; il avait vu de près les Tuileries et le Palais-Royal incendiés : bref, tout bien pesé, il supputait que les avantages de la royauté française n'en compensaient pas suffisamment les inconvénients.

Les raisons qu'il mit en avant pour expliquer sa désertion n'ont trompé personne. Lors de sa première fuite, il avait pris comme prétexte son ardent amour de la France : il ne voulait pas, disait-il, donner « par sa présence des aliments à l'agitation des esprits ». — Si réellement Chambord avait tenu à éviter à notre pays de nouvelles perturbations, de nouvelles souffrances, après toutes celles qu'il venait d'endurer, il n'avait qu'un mot à dire : « Je renonce à la royauté. » Ce mot-là, non seulement il ne l'a jamais prononcé, mais il n'a pas cessé un seul instant, à l'étranger, de se poser en prétendant ; les lettres qu'il adressait de Genève et d'Anvers aux chefs de son parti faisaient tout l'effet de l'huile qu'on jette sur le feu pour attiser l'incendie.

Quant à la question du drapeau sous laquelle il abrita sa seconde fuite, on ne vit là qu'une échappatoire. Comment croire, en effet, qu'un homme qui avait accepté de partager le pouvoir avec des Chambres élues par la nation, qui tolérait que l'impôt fût voté par les représentants du peuple, qui d'une manière générale avait promis de respecter les garanties de notre droit public, comment croire que cet homme, après avoir ainsi consenti à sacrifier les prérogatives les plus importantes des rois, ses ancêtres, ait refusé de s'incliner devant le drapeau de la France contemporaine, devant le drapeau tricolore ? « Henri V, disait-il, ne peut abandonner le drapeau blanc d'Henri IV ! » Mais Henri IV, de qui il se recommandait, ne lui avait-il pas dicté lui-même sa conduite ? Le « Paris vaut bien une messe » ne devait-il pas avoir pour pendant : « La France vaut bien un drapeau¹ ! »

¹ Chambord lui-même avait accepté le drapeau tricolore, comme l'a raconté M. de Chesnelong, dans l'entrevue qu'ils eurent ensemble à Salzbourg. Ce ne fut qu'une quinzaine de jours plus tard que le prétendant *in partibus*, ne trouvant pas d'autre raison plausible pour expliquer sa retraite,

La vérité est que Chambord n'avait rien de son grand aïeul, le *Vert galant*. Ce n'est pas lui qui eût jamais inventé le fameux *droit du seigneur*, ce droit dont ses ancêtres ont tant usé et tant abusé¹! Il mourut sans postérité. Un sang appauvri, une constitution affaiblie, viciée dans son germe : tel était le dernier des Bourbons de

revint sur sa parole, démentant dans une lettre qu'il écrivait à Chesnelong ce qu'il lui avait dit d'abord.

« On s'est mainte fois demandé, dit Ernest Daudet, pour quels motifs, M. le comte de Chambord avait refusé la couronne qu'on lui offrait. Ce refus a donné lieu à des commentaires nombreux. Les uns ont dit que le comte de Chambord ne voulait rentrer en France et monter sur le trône qu'autant qu'il se croirait appelé par le vœu unanime des conservateurs. Les autres ont affirmé que l'influence de la douce et sainte princesse qui partage et console son exil l'aurait détourné de la destinée à laquelle il semblait appelé... Elle se serait alarmée des dangers auxquels pourrait être exposée la vie du roi, dans un pays où la nouvelle de son avènement soulevait de si vives et de si nombreuses protestations. — Votre mari, s'il rentre en France, sera assassiné, lui avait-on dit jadis, et cette parole, toujours présente à l'esprit de Marie-Thérèse, ne lui a pas permis d'envisager le trône sans effroi. » (Ernest Daudet, *L'essai de restauration monarchique*.) — Mais que Chambord ait écouté sa femme ou qu'il n'ait écouté que lui-même, il n'en a pas moins obéi, directement ou indirectement, au sentiment de la crainte ; il s'est dérobé à ses devoirs de prince ; il a trahi son parti.

¹ Si jamais Chambord était monté sur le trône, il eût été, dans toute la force du terme, le roi *pot-au-feu*. On pourra s'en convaincre en lisant le livre que de Pène a consacré à sa biographie, et dont je détache le passage suivant :

« Pendant quarante ans l'ermite de Frohsdorf a reçu la visite de miel de quantité des plus jolies filles de France, dont la fleur d'oranger venait à peine d'être effeuillée. Il les recevait avec sa bonne grâce, avec une courtoisie délicate à laquelle son aïeul Louis XIV aurait applaudi, et s'apercevait bien de la fascination que produisait le double prestige de son nom et de sa personne. Il dit un jour à ce propos au docteur Carrière : — Pendant le peu de temps que je tenais ces jeunes épousées en ma présence, je sentais que

France. Voilà ce qui explique sa conduite, sa désertion. Car on ne peut dire qu'alors il fût véritablement chargé d'ans (en 1873, il n'avait que cinquante-trois ans) ; mais, comme nous l'avons dit déjà, il y a de précoces vieillesses. Il était beaucoup plus vieux que son âge ; et la mort le guettait. Elle fit de lui sa proie onze ans plus tard.

Un homme qui n'est séparé du trépas que par un laps de temps aussi court est nécessairement un vieux.

Si la vieillesse a tous ces défauts, tous ces vices, la République sénile ne vous semble-t-elle pas être jugée d'avance ?

A priori, n'est-il pas de toute évidence que celui qui aspire à conduire les autres, doit commencer par se conduire lui-même ; que si les gouvernants ne vont plus qu'avec des béquilles, le gouvernement est forcément boiteux ; que ce qui fait mourir les particuliers ne saurait faire vivre un peuple ; que si la vieillesse est une décadence pour l'individu, la sénilité ne peut en aucune façon être un progrès pour l'Etat. Toutefois, comme la meilleure manière de raisonner, c'est encore d'observer voyons les faits ; examinons sans parti pris la manière dont fonctionne notre machine officielle. Nous jugerons ensuite.

<small>tout le reste du monde disparaissait pour elles, qu'elles m'auraient tout sacrifié, même leurs maris, qu'elles aimaient peut-être et qu'elles oubliaient devant moi, qui leur suis indifférent comme homme. Mais j'étais le Roi ! Et à de petits tressaillements imperceptibles des lèvres, des narines, à des regards, à des paroles ou à des silences, je me sentais leur maître ». (*Henri de France*, par Henri de Pène, chap. XVI.)</small>

LE MONDE POLITIQUE

CHAPITRE I

CE QU'ON EST CONVENU D'APPELER
« LES TRAVAUX PARLEMENTAIRES »

« Ne gaspillez point le temps, a dit Franklin ; c'est l'étoffe dont la vie est faite. » — Cette maxime, dont tout le monde peut faire son profit, semblerait s'appliquer tout spécialement aux hommes d'un certain âge, à ceux qui n'ont plus que quelques années à vivre. Ce qui fait le prix d'un objet, c'est sa rareté ; c'est la rareté qui donne à l'or, à l'argent, au diamant, à la perle, leur valeur. Nos hommes politiques, nos sénateurs en particulier, étant pour la plupart « au bout de leur rouleau » (il ne se passe guère de mois sans que la mort impitoyable ne vienne frapper à la porte de l'un d'eux, pour l'inviter à accomplir avec elle le grand voyage), nos sénateurs, dis-je, devraient, plus que qui que ce soit, attacher au temps un grand prix : leurs moments, étant comptés devraient être uniquement consacrés aux affaires.

Au lieu de cela, que voyons-nous ?

Le Sénat tient séance à peu près une fois tous les quatre jours[1]. Et quelles séances? Il en est qui ne durent pas une demi-heure ! — Je pose en fait qu'en mettant bout à bout les heures de présence du Sénat pendant une année, on n'arriverait pas à un total de deux cents heures : quelque chose comme une semaine de travail, sur cinquante-deux !

Avant de se séparer, la dernière Chambre avait tenu à voter une somme de 58 millions destinée à l'amélioration de notre matériel naval, lequel est dans une situation déplorable, quand on le compare à celui des autres marines militaires. Le crédit avait paru à tous les députés tellement urgent, qu'il avait réuni la presque unanimité des votants : — 461 voix, sur 473 membres présents. — Tout le monde croyait que les sénateurs allaient ratifier de suite le vote de la Chambre : ainsi l'exigeait le patriotisme le plus strict. — C'eût été mal juger les Pères conscrits : l'heure des vacances avait sonné ; ils se séparèrent, avant d'avoir acquiescé au crédit. Leur repos, d'abord ; — la défense nationale, ensuite.

Quatre mois après, le mardi 12 novembre, la « Chambre des invalides » opérait sa rentrée. Vous croyez que sa première séance va être employée à discuter le vote de la Chambre ? — Erreur profonde. — A deux heures, le président Le Royer monte à son fauteuil, déclare la séance ouverte et donne lec-

[1] Le Sénat siège en moyenne quatre-vingt-dix fois par an.

ture du décret qui convoque le Sénat. Il retrace ensuite en quelques mots la carrière des sénateurs morts dans les derniers mois ; et... c'est fini. — Non, je me trompe, le Sénat a fait quelque chose ce jour-là : il a fixé sa prochaine séance à la semaine suivante, au lundi 18 novembre. Il a tenu séance le mardi, pour décider qu'il se réunirait le lundi suivant !

Quand, par extraordinaire, de sa propre initiative, le Sénat aborde une question un peu complexe, on peut être certain d'avance que la solution n'arrivera jamais. Voilà huit ans qu'on a mis à l'étude, au Luxembourg un projet de *Crédit agricole mobilier ;* il faudra attendre encore huit autres années avant qu'il aboutisse. Ces podagres, bons tout au plus à « ramasser le crottin des chevaux de bois », travaillent à raison de 50 francs l'heure, et dans cette heure ils ne font pas à eux tous la vingtième partie de la besogne qu'abat un ouvrier gagnant 0 fr. 50.

Que serait-ce si, au lieu de considérer le corps sénatorial dans son ensemble, nous prenions un sénateur en particulier? Il n'est pas rare, au Luxembourg, de voir un vote annulé, parce que les membres présents ne sont pas en nombre ; il faut alors ajourner le scrutin à la séance suivante, où la *majorité relative suffit*. Combien de scrutins ainsi escamotés !

Et voilà les hommes qui se fâchent tout rouge quand un journaliste les traite de *moribonds*, de *rois fainéants*, ou quand un député les qualifie en bloc de *musée des antiquités!*

Il est juste de dire toutefois que les députés ne sont nullement à l'abri du reproche de paresse, et que les sénateurs seraient en droit de leur rappeler de temps en temps la fable de *la paille et de la poutre*; ils pourraient reprocher par exemple à Madier de Montjau, qui est l'inventeur du qualificatif précédent, d'avoir lui-même soixante-quinze ans, d'avoir par conséquent atteint largement l'âge de la somnolence invétérée et de la léthargie chronique.

La dernière Chambre s'est réunie cinq cent trente fois, ce qui fait environ une séance tous les trois jours. Que de fois nous a-t-elle offert le spectacle d'un budget en partie consommé avant d'avoir été intégralement voté ? On eût dit que le système des *douzièmes provisoires* allait devenir la règle de notre régime financier. La Chambre en rejetait la responsabilité sur la commission du budget, celle-ci prétendait que c'était la faute du gouvernement, chacun se renvoyait la balle, mais les affaires du pays ne s'en portaient pas mieux.

Nos députés sont à peine plus assidus aux séances que les sénateurs eux-mêmes. Il est vrai, qu'ils siègent un peu plus souvent : mais ce n'est pas là une excuse. En avril 1888, je me trouvais au Palais-Bourbon (où d'ailleurs je ne vais presque jamais) le jour où l'on discutait le projet Delattre, relatif à la sécurité du public en chemin de fer; j'eus la curiosité de compter le nombre des « honorables » qui étaient présents; j'en trouvai à peine une centaine[1].

Ce qui trompe les électeurs, ce qui leur fait croire à l'assiduité de leurs représentants, c'est qu'à chaque instant ceux-ci votent les uns pour les autres, de sorte que le nom des absents eux-mêmes figure au scrutin. Habitude déplorable : non seulement parce qu'elle favorise la pratique de l'école buissonnière, mais aussi parce qu'elle peut amener des erreurs dans les votes. Il arrive, en effet, qu'avec cette tolérance, un député absent, au lieu d'être représenté par un de ses collègues, l'est quelquefois par deux ou trois, et prend ainsi plusieurs fois part à un même scrutin : c'est ce qui fait que les chiffres annoncés en séance ne sont pas toujours conformes à ceux qui figurent le lendemain au *Journal officiel*. Dans les conseils municipaux, tout membre qui s'absente plusieurs fois de suite, sans motif valable, peut être déclaré démissionnaire; à la Chambre on a vu des députés rester des mois entiers sans paraître aux séances.

Nous savons tout cela, disent les gens qui se croient bien informés; mais où est le mal ? Est-ce que le gros du travail ne se fait pas au sein des commissions ? et ici nos représentants ne sont-ils

---

[1] C'était le 11 avril 1889.

pas d'une assiduité exemplaire ? — Bonnes gens, combien est grande votre erreur !

Nos législateurs sont moins assidus dans les *bureaux* qu'à la Chambre. Les bureaux sont des « lieux de passage où l'on vient quelques minutes avant la séance publique, et où l'on donne négligemment son vote pour un *commissaire*, en se débarrassant de son pardessus et en éteignant son cigare ». — Qui parle ainsi ? — un organe quasi-officiel, le *Temps*[1].

Le 4 juillet 1888, on comptait à peine dix membres présents par bureau, au lieu de cinquante-trois; il y avait à nommer, ce jour-là, une commission pour examiner le projet de Peytral et Leydet, tendant à abolir le monopole des allumettes et à rétablir la liberté de fabrication; les commissaires furent élus par quatre ou cinq voix seulement dans chaque bureau. — Le 12 avril 1889, il s'agissait de nommer une commission pour étudier la proposition Mesureur, qui réclamait pour les jours de fêtes officielles à l'Exposition, les prérogatives attachés aux jours fériés; comme presque tous les membres de la gauche étaient absents, les élus se sont trouvés être en majorité des députés de la droite, tous hostiles au projet. — Le 21 décembre 1889, M. Boissy d'Anglas disait à la tribune de la Chambre : « Les bureaux viennent de nommer une commission d'enquête sur l'élection de M. Vacher. Dans la plupart

---

[1] En octobre 1889.

des bureaux, il n'y avait pas le tiers des membres présents. Or, le règlement exige la présence de ce tiers pour la validité des votes. Je demande que la nomination de cette commission soit annulée. » Le travail des *commissions* vaut celui des bureaux.

Interrogez un député de bonne foi, un de ceux qui déplorent le laisser-aller du régime actuel, et il vous répondra que le nombre des membres présents aux séances d'une commission n'atteint que rarement les deux tiers des membres effectifs. Même la commission du budget, cette commission qui mâche, à la Chambre, toute la besogne et où les jeunes dominent, n'est pas toujours au complet; ce n'est que dans les grands jours qu'elle réunit l'unanimité de ses membres. Un député de la dernière législature avait demandé que les commissions fussent obligées de déposer leurs rapports dans les six mois à partir du jour où elles ont été saisies; on a refusé à cette proposition, qui ressemblait trop clairement à une invitation au travail, le bénéfice de l'urgence; en d'autres termes, on l'a enterrée.

Le temps que nos hommes politiques, députés et surtout sénateurs, devraient donner à l'Etat, ils le consacrent à la gestion de leurs propres affaires. Elus pour veiller aux intérêts généraux de la nation, ils s'occupent avant tout de leurs intérêts personnels; le bien public, l'avenir de la France sont relégués par eux au second plan;

leur propre individualité absorbe tous leurs soins. Leur vie se passe, non dans les bureaux du Parlement, mais dans ceux des ministères, à mettre en branle, pour leur propre compte, ou au profit des leurs, les rouages de la machine administrative.

N'y a-t-il pas la famille à caser, aux frais des contribuables ? Et vraiment est-ce se montrer trop exigeant que de demander au pays cette légère rémunération pour les grands services qu'on lui a rendus, en lui faisant de bonne politique et de bonnes finances ? — Aussi sur toutes les branches de l'arbre républicain voit-on s'épanouir dans tout son éclat la fleur du népotisme[1] ! Il est vrai que la Révolution a proclamé le libre accès de tous les citoyens aux fonctions publiques; mais la Révolution, on le sait, n'aimait pas la famille ; sacrifiant tout aux intérêts de l'Etat, elle n'avait pas la moindre idée des devoirs qui incombent à un père, à un oncle, à un cousin.

Je comprends très bien qu'un homme politique, sollicité à la fois par deux hommes également intelligents, également actifs, également honorables, qui, désirant entrer dans les fonctions publiques, viennent lui demander aide et protection, « appuie » de préférence celui des deux qui le touche de près, soit par les liens de la famille, soit par les liens de

---

[1] Tout récemment Rochefort reprochait au sénateur Dauphin d'avoir « placé quinze de ses parents dans des fonctions rétribuées », et au député Spuller d'avoir « créé des situations à onze membres de sa famille » (*Intransigeant*, 17 janvier 1890.)

l'amitié : tout le monde en ferait autant. Mais la question ne se pose jamais de cette façon. De deux *postulants*, — l'un capable de remplir l'emploi qu'il recherche, l'autre, entièrement incapable, mais ayant l'avantage d'être apparenté de près ou de loin à l'homme politique, ce sera toujours le second qui verra sa demande *apostillée*, et qui aura chance d'arriver. A ce degré, le népotisme devient une véritable plaie pour un pays ; car le plus souvent il il a pour effet de peupler nos administrations, de cancres et d'incapables.

Le sénateur, le député n'a pas que ses proches à contenter ; il a aussi ses électeurs ; et dans le nombre, il en est de fort exigeants.

Un jour, c'est un des gros bonnets du département qui sollicite de lui une bourse pour un lycéen ; le lendemain, c'est un électeur influent qui réclame un sursis d'appel pour un adulte appelé sous les drapeaux. Celui-ci demande un congé pour son fils, qui est militaire ; celui-là, une place de percepteur pour son frère, un sous-officier retraité. Tantôt c'est un propriétaire qui écrit, furieux qu'on ait augmenté ses contributions : il y a là un fonctionnaire maladroit auquel il faudrait faire donner sur les doigts ; on le déplacera au besoin ; tantôt c'est un aubergiste qui a eu à se plaindre d'un « gabelou » trop méticuleux ; il y a là des poursuites à éviter, un scandale à prévenir. Les *ordres mendiants* du moyen âge n'étaient rien, comparés à nos « parlementaires » d'aujourd'hui ; les premiers allaient quêter par monts et par vaux mais seulement à certaines époques de l'année ; les seconds assiègent les bureaux du matin au soir, toujours à la recherche d'un passe-droit pour un des leurs, d'une croix, ou d'une palme pour un de leurs favoris, d'une sinécure pour un de leurs protégés. Certes, il n'avait pas tort, ce farceur qui définissait la science politique chez nous : « L'art de distribuer des bureaux de tabac à ses amis et connaissances [1]. »

Et malheur à l'élu qui ne donne pas satisfaction à l'électeur! il court le risque de rester sur le carreau à la législature suivante. Il fera tout ce qu'il pourra pour éviter cet échec ; car sa plus grande préoccupation, quand il a réussi à se faire élire, est de s'assurer qu'il sera réélu. Il n'y a pas que M. de Bismarck qui chante l'hymne des propriétaires, l'hymne *beati possidentes* ; tous nos gouvernants le connaissent, cet air-là. Après tout, ils ne font que mettre en pratique ce qu'on leur a enseigné, il y a quelque quarante ans, à l'École de droit, quand on leur démontrait que la propriété, à son

---

[1] Je n'exagère rien. On se rappelle la vigoureuse campagne menée en 1885 par les membres du parti radical, notamment par Clémenceau, contre les opportunistes, auxquels ils reprochaient d'avoir mis à leur profit l'administration au pillage. Voilà que les opportunistes à présent avouent la chose. Dans le discours prononcé le 19 juin 1889 au banquet de l'association républicaine, J. Ferry a dit : « Il faut reviser les habitudes administratives de la Chambre ; car c'est l'ingérence perpétuelle, indiscrète, dissolvante... dans l'exercice de l'administration et dans l'action des pouvoirs locaux, ce qui énerve l'administration et nous a conduits là où nous sommes ! »

origine, n'a pas été autre chose que le privilège du premier occupant !

Aussi n'en est-il pas un parmi eux qui ne se croit élu pour la vie ; tous regardent leur mandat électoral comme un *fief*, et les mêmes hommes qui tonnent quelquefois contre la *féodalité financière* de l'époque trouvent bon d'inaugurer à notre barbe une féodalité d'un genre nouveau, la *féodalité politique*.

Avec de pareilles tendances, on comprend que nos « honorables » passent leur temps, bien moins à discuter sérieusement les réformes urgentes, qu'à chicaner sur des questions de procédure électorale. Ont-ils plus de chances d'être réélus au scrutin de liste qu'au scrutin d'arrondissement ? Voilà la grande affaire. On fait des pointages ; et, suivant que l'un des deux systèmes de vote donnera plus ou moins de voix, on sera pour le scrutin de liste ou pour le scrutin uninominal. On pétrit ainsi à sa guise la pâte électorale, sans même avoir demandé au suffrage universel son autorisation ; et, sans délégation aucune, on s'arroge le *pouvoir constituant*.

Être réélu, une fois, deux fois, et toujours : tel est le but commun vers lequel convergent les efforts de chacun.

C'est l'égoïsme poussé à sa suprême puissance.

Si l'on ne tenait compte que de l'intérêt général, les opportunistes non seulement ne devraient pas être réélus mais n'auraient jamais dû être élus.

Comment pourraient-ils nous expliquer leur apparition sur la scène politique, eux dont la maxime favorite est que le besoin des réformes ne se fait point sentir? Comment se fait-il qu'ils n'aient point attendu, pour sortir de la coulisse, que l'heure des réformes ait sonné? D'où vient qu'ils ont pris la place des autres avant que leur propre règne soit arrivé?

Le même égoïsme, qui fait que chaque membre du Parlement tend à se regarder comme *inamovible*, a pour effet de transformer les ministres en personnages aussi *amovibles* que possible. Ici, chacun son tour !

Tout sénateur, tout député veut être ministre.

Pour y arriver plus sûrement, on commence par décréter qu'en dehors des Chambres il n'existe pas de bons administrateurs de la chose publique, partant qu'aucun ministre ne sera pris en dehors du Parlement, à moins qu'il y ait impossibilité absolue de faire autrement. Quand je dis qu'on *décrète*, j'exagère; il n'y a là qu'une convention tacite : à quoi bon, en effet, la formuler, puisqu'on s'entend comme « larrons en foire » ?

On admet aussi, et c'est là une règle presque sans exception dans notre régime parlementaire, que si un ministre vient à se trouver en désaccord avec les Chambres sur une question concernant ses attributions spéciales, tous les autres ministres le sont également. La chute d'un secrétaire d'État entraîne celle du cabinet tout entier : cela s'appelle la *responsabilité collective*, ou encore la *solidarité ministérielle*. Pratique éminemment favorable, comme on voit, au renouvellement du personnel gouvernemental !

Les ministres s'avisent-ils de rester trop longtemps au pouvoir, on leur fait comprendre par des gestes significatifs que le temps est venu de céder la place. C'est le vulgaire : « Ote-toi de là que je m'y mette ! » Le grand moyen, pour activer la chute, est l'*interpellation*. Au lieu de poser à un ministre de simples *questions* sur les divers incidents de la vie politique, on l'interpelle ; et une interpellation, tout le monde le sait, se termine presque toujours par un *ordre du jour motivé*, sorte de filet savamment tendu dans les mailles duquel viennent se prendre les portefeuilles.

Dans cette course aux portefeuilles, c'est naturellement le Sénat qui arrive premier. Les éclopés du Luxembourg ne retrouvent un peu de leur agilité passée que pour ce *sport* d'un nouveau genre.

Pour arriver au pouvoir, tous les moyens leur sont bons. — A-t-on dans son *dossier* un passé compromettant, j'entends par là quelque idée de jeunesse, idée généreuse qui pourrait faire planer sur son auteur le soupçon de libéralisme, vite on s'empresse de la renier. On fait comme Grévy qui, en 1848 (il avait alors une quarantaine d'années), ne comprenait pas une République ayant à sa tête un président, qui déposa même comme représentant du peuple une motion en ce sens, et qui, trente ans après, loin de tonner contre la présidence, acceptait pour lui-même le mandat de président. On se convertit, sans même avoir l'air de se douter que toute conversion est une apostasie. On renie ses amis, comme on s'est renié soi-même. On s'isole d'un entourage gênant, composé parfois d'hommes avancés, de jeunes qui n'ont pas abdiqué, qui demandent des changements, qui exigent des réformes. Se séparer ainsi des turbulents, cela s'appelle *couper sa queue*, opération qui n'a rien à voir avec l'art du chirurgien et qui ne fait nullement souffrir celui qui se l'impose.

Il n'y a que le pays qui en souffre, le pays, qui ressent profondément et douloureusement les secousses multiples qu'impriment à la politique l'aridité sans bornes, l'insatiable ambition de ses représentants.

L'instabilité gouvernementale, en effet, n'a pas d'autre origine que la manière dont se recrute chez nous le personnel ministériel. Si les ministres étaient choisis en dehors des Chambres, députés et sénateurs éprouveraient moins souvent le besoin d'en changer; ils les laisseraient debout plus longtemps; car, ainsi qu'on l'a souvent remarqué, ce sont surtout les aspirants au *maroquin* qui font tomber les détenteurs de *portefeuilles* ; ce sont eux, « les chasseurs de moleskine, » comme on les appelés, qui transforment le Parlement en une sorte de

« halle aux cuirs[1]. » Cette instabilité est un des plus grands fléaux de la République actuelle. Les affaires, qui ne sont expédiées qu'avec une extrême lenteur par suite de l'inertie des législateurs, se trouvent arrêtées net par ce fait que les hommes au pouvoir n'ont pas le temps de s'y maintenir et de faire œuvre qui dure. Aujourd'hui un ministre présente à la Chambre un projet de loi, en lui demandant de l'examiner : avant que la proposition ait été mise à *l'ordre du jour*, il est renversé. Son successeur veut bien la reprendre, à la condition toutefois d'y introduire certaines modifications de détail; mais lui-même tombe au moment où la loi va être discutée. Survient un nouveau ministre, qui, lui, est entièrement opposé au projet. Celui-ci se trouve alors définitivement enterré.

Les ministres, sachant d'avance que leur pouvoir est éphémère, qu'ils seront renversés avant d'avoir pu accomplir la plus innocente réforme, ne s'occupent guère de leur ministère : comme au temps où ils étaient simples membres du Parlement, leur propre personne absorbe tous leurs soins. L'ambition est satisfaite, mais la bourse reste vide : c'est le moment de la remplir.

[1] Lors de sa visite dans les départements du Nord, le 2 juin 1889, le président Carnot ne peut s'empêcher de dire que la tâche du gouvernement serait facile « si on consentait à faire partout à la patrie le sacrifice des mesquines querelles et des misérables ambitions ». C'est la constatation officielle de l'égoïsme officiel.

A quoi bon citer des faits que tout le monde connaît des faits que tous les journaux ont signalés? — En pleine audience, sans être relevé par le président du tribunal, un avocat a pu dire : « L'arrivée aux affaires a eu des résultats remarquables chez bien des hommes politiques qui manquaient auparavant assez souvent, envers leur propriétaire, aux lois de l'exactitude et de la politesse, et qui connaissaient les vrais huissiers avant d'être salués bien bas par les huissiers des ministères. (*Rires*.) Oui, il y a eu des hommes politiques qui ont eu d'heureux changements de fortune. Mais, pas en France, messieurs (*Nouveaux rires*), — dans les pays voisins. En France, tous les hommes publics sont irréprochables..... »

Voilà en quels termes outrageusement ironiques s'exprimait M° Lenté, le défenseur de Wilson, sur le compte de nos gouvernants !

Ceci se passait sous le règne de Grévy.

On peut dire de Grévy qu'il a véritablement incarné la troisième République, — non pas seulement parce qu'il est resté au pouvoir plus longtemps que ses prédécesseurs, — mais surtout parce qu'il a laissé s'accumuler autour de la magistrature suprême tout un monceau d'accusations qui précisément coïncident avec les tares que nous sgnalons comme caractérisant le régime actuel. Dans la Rome impériale, ont disait que la femme de César ne devait jamais être soupçonnée ; dans la France républicaine, c'est César lui-même qui a été soupçonné, attaqué de mille manières et traîné dans la boue.

Comme Mac-Mahon, Grévy pratiqua avec une souveraine impudeur le : « J'y suis, j'y reste ». — Tous les vieux se ressemblent. — Lui, qui ne donnait pas signe de vie quand il s'agissait de sauvegarder les intérêts de la France et de la République, déployait une activité fébrile quand il sentait ses intérêts menacés. On se rappelle la campagne qu'il entreprit pour maintenir le scrutin d'arrondissement, que menaçait Gambetta, dans lequel il voyait un rival pour la présidence, un rival d'autant plus dangereux que le scrutin de liste aurait pu devenir pour ce dernier l'occasion d'un véritable plébiscite. Grévy fut aussi pour beaucoup dans la chute du *grand ministère*, autre coup droit porté à Gambetta.

Ce président a été le type le plus *réussi* de l'Harpagon politique.

En voilà un qui ne se gênait pas pour empocher le demi-million que les Français avaient la bêtise de mettre à sa disposition tous les ans, pour les représenter convenablement à Paris et dans les départements!

Dame, les voyages coûtent cher! Il est vrai qu'un président a ses frais d'entretien généralement soldés par les municipalités, ses frais de déplacement payés par les compagnies de chemin de fer ; mais il y a les *faux frais*. On part avec son portefeuille garni de billets de banque, et.... on le rapporte vide. Ici, c'est un orphelinat qui tombe en ruines et qui sollicite la charité officielle;— là, c'est un hôpital que l'on est en train de bâtir; —ailleurs, c'est une école, qui sera prochainement inaugurée. Visite-t-on un département maritime? — Presque aussitôt la nouvelle se répand qu'un bateau de pêche vient de faire naufrage sur les côtes de Terre-Neuve, jetant le deuil dans vingt familles. S'arrête-t-on, au contraire, dans un des départements de l'intérieur? — Voilà une explosion de grisou qui se déclare, coûtant la vie à cinquante mineurs. Partout des plaies à panser, des infortunes à soulager, des malheureux à consoler : et ainsi s'envolent une à une les précieuses vignettes dont on avait bourré son portefeuille au départ.

Le président Grévy avait en horreur de pareils gaspillages. Le seul voyage qu'il se permit, c'était le pèlerinage annuel de Mont-sous-Vaudray ; le reste du temps, il habitait Paris, du moins les journaux l'affirmaient. Car lui ne se montrait jamais.

Les méchantes langues racontent que Thiers, lorsqu'il recevait le monde politique, à Versailles, régalait ses convives de dîners à cent sous par tête et avait pris la précaution de n'offrir le vin fin que par demi-bouteilles ; Grévy, pour ne pas s'attirer le reproche de ladrerie, ne donnait ni vins fins, ni dîners. Ennemi de tout luxe, ce Spartiate d'un nouveau genre passait ses journées à jouer au billard. Entre deux carambolages, sa plus grande distraction était d'assister au repas de *Jules*, son favori, le fameux canard qui avait l'honneur de prendre ses ébats dans les jardins de l'Elysée. La République du canard avait succédé à l'empire de l'aigle, car l'empire de l'aigle avait succédé à la royauté du coq.

Jamais de fêtes, jamais de soirées. Les Parisiens en étaient venus à regretter l'Empire, où, disaient-ils, l'argent, au lieu de rester enfermé dans les caisses circulait, descendant comme une ondée bienfaisante du riche vers le pauvre. Les femmes surtout, les femmes, qui aiment les bals, les divertissements, avaient pris en horreur le règne de Grévy le *caramboleur*. Un gouvernement qui ne fait pas danser a toujours été leur mortel ennemi. De leur colère, l'homme de Mont-sous-Vaudrey se souciait fort peu. Ce vieillard, qui avait atteint « l'âge ordinairement souillé des ordures de l'avarice », comme dit Bossuet, avait autre chose à faire qu'à rendre la République symphatique aux Françaises et aux Français. Pourvu qu'il devînt riche, très riche, que lui importait le reste ?

Sous ce tenancier, l'Elysée était devenu une sorte de maison de banque, où l'on passait son temps à thésauriser, le chef de la maison remplissant ses tiroirs, — la maman, ses bas de laine, — le gendre, ses poches. Et quand je dis qu'on *thésaurisait*, je me trompe : — on *immobilisait*; on achetait des *immeubles*, des maisons de rapport, — à Paris naturellement, où l'intérêt de la propriété atteint presque toujours un taux usuraire. Toutes les sommes que l'Etat mettait à sa disposition pour

9.

nous distraire, le vieux grigou les employait à s'enrôler dans la brigade détestée des propriétaires urbains. Et malheur aux locataires récalcitrants ! Si l'argent du terme n'était pas là, le quinze, à midi sonnant, ils ne tardaient pas à recevoir la visite de l'huissier. Le président Grévy trouvait tout naturel de mettre la force publique au service du propriétaire Grévy; il assignait impitoyablement: on dit même que le *référé* ne lui faisait pas peur.

Sous ce toit peu hospitalier de l'Élysée, l'avidité, digne compagne de l'avarice, avait élu domicile.

Ancien avocat de Dreyfus, l'homme des *guanos*, Grévy continua de l'aider de ses conseils durant tout le temps qu'il occupa la présidence : du moins c'est M° Barboux qui l'affirmait en 1884, devant le tribunal de commerce de la Seine. Le président de la République resta (c'est l'avocat qui parle) « l'ami de M. Dreyfus, le confident de toutes ses pensées, l'associé de tous ses desseins... Et s'il fallait en croire les promesses, assurément mensongères (toujours l'ironie, cette figure de rhétorique qu'affectionnent les membres du barreau), d'une correspondance qu'il me répugne de livrer à la publicité de l'audience, il continuerait à donner sa coopération aux entreprises de M. Dreyfus [1] ».

Homme d'affaires, Grévy le fut dans toute la force du terme.

Durant des années le palais de la présidence s'est

---

[1] Cité par A. Chirac, *Les rois de la République*.

trouvé transformé en une véritable maison de commerce, — *Grévy et C°*, — sorte de bazar interlope, où se vendaient sans vergogne les choses qui avaient passé pour les moins vénales jusqu'alors, l'accès aux fonctions publiques, les commutations de peine pour les condamnés, et par-dessus tout la croix d'honneur. Oui, ce hochet qui n'est rien en lui-même, mais que tant de Français estiment à l'égal des joyaux les plus précieux, cette monnaie avec laquelle l'Etat paie certains services que tout l'or du monde serait impuissant à rémunérer, — le sang répandu sur un champ de bataille, une blessure reçue au feu, une jambe ou un bras emporté par un boulet ennemi, — cette chose antivénale, la croix d'honneur, était couramment négociée à l'Elysée, et livrée au plus offrant contre espèces sonnantes [1]. Sous l'œil paterne du chef de l'Etat, l'honneur et l'argent, ces deux mortels ennemis que semble séparer une haine éternelle, s'étaient réconciliés, s'étaient donné la main.

Dans un régiment, quand le capitaine commet une incartade, c'est le colonel qui est réprimandé ; dans une compagnie, quand le sergent-major « mange la grenouille », c'est le capitaine qui paie. De même ici, de l'avis de tous, le vrai coupable

---

[1] « C'est une chose lamentable d'avoir vu dans le palais de l'Elysée se constituer cette agence, avec tous ses représentants hiérarchiquement organisés, cette industrie à laquelle il ne manquait que de payer patente au Trésor ! »
Qui parlait ainsi ? — Le ministère public, dans son réquisitoire contre Wilson.

a été le président de la République : Wilson n'a été regardé que comme un comparse. C'est d'ailleurs ainsi que l'a compris le monde officiel, puisque, par l'organe de la cour d'appel, il a acquitté Wilson, tandis que, par l'organe du Parlement, il chassait Grévy de la présidence.

N'était-ce pas le président qui donnait son consentement aux nominations? N'était-ce pas lui qui prêtait à son gendre son palais? Comment eût-il ignoré l'existence de cette vaste agence, qui remplissait presque toute l'aile gauche de l'Élysée? Comment peut-on supposer qu'il n'ait jamais vu ces volumineux cartons qui composaient le matériel de cette industrie d'un nouveau genre, et où s'étalaient plus de 22,000 dossiers[1]? Comment n'aurait-il pas su ce que tout l'entourage savait, ce dont tout le monde s'entretenait à mots à peine couverts? Car le procès Limouzin n'a étonné que nos bonnes gens de province; le *Tout-Paris* était depuis longtemps au courant de ces honteux marchés, de ces turpitudes. Dernièrement une occasion s'offrait pour lui de se réhabiliter aux yeux de l'opinion publique, en montrant à tous qu'il était loin d'être l'homme d'argent que l'on croyait, que partant il était incapable d'avoir prêté la main aux tripotages dont l'Élysée avait été le théâtre. Pour sauver de la

---

[1] Le nombre exact des dossiers était de 22,922. Chacune des personnes n'eut-elle versé que cent francs à la caisse élyséenne, cela représenterait près de deux millions et demi : un joli denier, comme on voit.

déconfiture Mme Pelouze, la propre sœur de Wilson, sa parente par alliance, il lui en eût coûté à peine une année des économies qu'il réalisait lorsqu'il habitait l'Elysée : l'ancien président n'a pas voulu de cette réhabilitation.

Ce septuagénaire, dont le sens moral paraît complètement oblitéré, n'a pas compris qu'il se devait à lui-même, qu'il devait à la République qui l'avait élevé à la suprême magistrature, qu'il devait aux Français qui, durant tant d'années, lui avaient fait l'honneur de lui obéir, d'étouffer ce nouveau scandale : il a laissé déclarer la faillite.

Puisque nous venons de nommer l'ex-châtelaine de Chenonceaux, n'est-il pas curieux de voir cette grande dame, cette dame qui vivait en millionnaire, qui dépensait sans compter, s'exposer à la faillite comme un vulgaire marchand, pour avoir installé dans son palais « l'industrie et le commerce des vins champanisés » ? — Ainsi donc, dans ce château de Chenonceaux, où résidèrent François Ier et Henri II, dans cette demeure qui abrita les amours de Diane de Poitiers, duchesse de Valentinois, au milieu de ces lambris dorés où l'on voit passer comme à travers un songe les grandes ombres de Catherine de Médicis, de Louise de Lorraine et de tant d'autres reines de France, dans ce magnifique édifice où semblent se profiler encore les silhouettes de Condé duc de Bourbon, et de César duc de Vendôme, dans cet édifice sans pareil, tout plein de la vie nationale, tout frémissant des grands drames de notre histoire, on fabriquait du vin, — pas même du vin, de l'imitation de vin, — pas même du *Champagne*, du vin *champanisé!* Le palais était devenu une maison de commerce; le château n'était plus qu'un comptoir. Une pareille aventure, survenant dans la famille même du chef de l'État, ne donne-t-elle pas une triste idée de la République actuelle, république mercantile, république vénale comme il n'en fut peut-être jamais ?

Aujourd'hui Grévy est riche. Après avoir humilié la République par son avarice, après l'avoir déshonorée par sa rapacité, il tient enfin la fortune, cette fortune qui a pour lui tant d'attraits. Peut-on dire qu'il est heureux !

Il voudrait le faire croire. *Interviewé* tout récemment[1] dans son hôtel par un *reporter* à la mode[2] il lui disait : « Ne suis-je pas bien ici? J'ai, par toutes ces fenêtres, à quelque place que je sois assis, une vue splendide. Je n'entends que le bruit lointain des voitures. Même pendant l'Exposition, malgré les milliers de personnes qui se trouvaient là-bas, de l'autre côté de la Seine, il n'arrivait dans ce salon que comme un bruit de mer. »

Un pareil bonheur m'a tout l'air de ressembler à celui de la marmotte; à coup sûr, il ne sera jamais

---

[1] En décembre 1889.
[2] Chincholle, du *Figaro*.

regardé comme tel par l'homme, qui est et restera toujours, quoi qu'il dise, un être sociable.

Dans cet hôtel de l'avenue d'Iéna, qu'il s'est fait bâtir avec notre argent, l'ex-président ne reçoit à peu près personne; il a peur de sortir; il a honte d'être vu; il a fait murer par des plaques de fer la grille de sa porte d'entrée, comme pour se dérober aux regards des passants.

Il semble de son vivant porter son propre deuil.

Requiescat in pace!

CHAPITRE II

GUERRE AUX PETITS

Tout s'enchaîne. Nos gouvernants, qui ont adopté comme ligne de conduite le *tout pour soi*, sont amenés forcément à mettre en pratique la maxime : *Rien pour les autres*, ou du moins : *Rien pour le plus grand nombre;* car tout vieux trouve toujours un plus vieux avec lequel il est contraint de « partager ».

Nos Harpagons officiels sont en présence de deux sortes d'individus : — les rapaces d'abord, les forts ou soi-disant tels, qui veulent être invités au banquet, qui demandent leur part, qui l'exigent au besoin : à ceux-là, on s'empresse de donner satisfaction pour ne pas courir le risque d'être expulsé soi-même de la salle du festin ; — il y a ensuite les faibles, les modestes, les petits, les pauvres, tous ceux qui sont ou trop timides pour revendiquer leurs droits, ou trop débiles pour les faire respecter : avec ceux-ci on ne se gêne pas pour jouer au potentat, ou ne se fait aucun scrupule de les traiter en *parias*. Aplatissement devant les puissants du jour, dureté envers tous ceux qui ne peuvent se défendre : telle est la manière de procéder de la vieillesse, telle est aussi la manière d'agir de notre gouvernement.

Voyez-le, ce gouvernement, dans ses relations avec ses propres fonctionnaires ! Toutes les fois qu'il y a à sévir, il réserve ses colères pour les humbles ; il se garde bien de molester ceux qui touchent de près au pouvoir, agents supérieurs ou hauts dignitaires, lesquels sont aussi presque tous des vieux, double raison pour n'avoir jamais rien à redouter des foudres officiels.

Le Seize-Mai a donné l'exemple de la persécution dans la campagne qu'il a dirigée contre les fonctionnaires suspects de *républicanisme*, choisissant ses victimes parmi les subalternes, s'attaquant aux employés les plus modestes, aux cantonniers, aux gardes municipaux, aux expéditionnaires, aux commis infimes des diverses administrations : à tel point que cette campagne politique a été qualifiée de « guerre aux petits ». Tel sera aussi son nom dans l'histoire. Le gouvernement actuel a-t-il agi autrement à l'égard des *boulangistes ?* Pendant qu'il frappait sans pitié les faibles, il donnait l'ordre de ne pas inquiéter les forts chefs de service, hauts fonctionnaires, coupables de s'être laissés aller à des sentiments de sympathie envers le général. Tirard, *l'horloger*, reniant ce jour-là ses humbles origines, n'a pas hésité à marcher sur les traces du duc de Broglie et à singer les aristocrates *pur sang* ou soi-disant tels.

Les mêmes tendances se sont fait jour dans la croisade dirigée contre le clergé depuis un certain nombre d'années. Au lieu de s'en prendre au pasteur du troupeau, à l'évêque, on s'en est pris à la brebis, à l'humble prêtre : — le premier, qui est presque toujours un sexagénaire, quand il n'est pas un septuagénaire ou un octogénaire, on se contente, pour la forme, de le déférer au conseil d'État qui, d'ailleurs, ne peut l'atteindre ; — le second, qui est presque toujours un jeune, et qui n'a fait, en somme, qu'exécuter les ordres inscrits dans les mandements épiscopaux, on le frappe avec la dernière rigueur ; on va jusqu'à le priver de ses appointements, lui dont le traitement est le seul moyen d'existence. A voir nos gouvernants à l'œuvre, on dirait des araignées qui tissent leur toile de telle façon que les grosses mouches passent au travers, tandis que les petites restent seules agglutinées au filet visqueux de l'insecte.

Lors des dernières élections, le ministre des cultes adressait aux évêques une circulaire pour les rappeler à la neutralité pendant la période électorale. Il fallait voir de quel air arrogant « Nos SS. les évêques » accueillaient cette circulaire et sur quel ton hautain ils y répondaient ! « Vous *paraissez soupçonner*, écrivait l'évêque de Séez au ministre, son supérieur hiérarchique, vous paraissez soupçonner mon clergé de n'être pas dévoué à la République ? Je n'ai pas à répondre à *cette insinuation ;* mais je puis certifier que le gouvernement qui nous assurera la liberté, la *liberté vraie, pour tous,* sans exception, celui-là *n'aura rien à craindre* de la grande majorité du clergé français, et *s'il vous est donné d'en être témoin,* monsieur le ministre, *vous n'aurez pas à lui adresser ces avertissements* que contient votre circulaire, n° 551, du 4 septembre 1889... » Un vicaire qui se fût permis pareille incartade eût été immédiatement « mis à pied » : mais un vicaire n'est pas un évêque. En septembre dernier, le desservant d'une humble commune de la Savoie fut privé de l'indemnité attachée à son titre pour avoir lu en chaire un mandement de l'évêque d'Angers : celui-ci, le vrai coupable, continua d'émarger au budget de l'Etat, comme par le passé.

Toujours deux poids et deux mesures.

Chaque année, à la Chambre, lors de la discussion du budget des cultes, la question du Concordat revient sur l'eau ; et l'on voit nos hommes politiques, au lieu d'aborder de front la difficulté, chercher à l'atteindre par des moyens détournés. Les uns en veulent aux séminaristes, les autres aux vicaires ; ceux-ci réclament à grands cris la restitution des locaux occupés depuis nombre d'années par tel établissement diocésain, ceux-là demandent qu'on supprime par voie d'extinction les traitements des desservants[1] : toutes attaques dirigées contre ceux qui ne peuvent se défendre. Manière de se battre des vieux, à qui la mêlée répugne parce qu'ils ont peur des coups !

Sous la troisième République, chaque fois qu'un litige s'élève entre le riche et le pauvre, entre celui qui possède et celui qui n'a pas, entre le propriétaire et le locataire, entre le créancier et le débiteur, on peut être sûr d'avance que le faible sera sacrifié. Durant « l'année terrible », de nombreuses dettes avaient dû être contractées par les petites bourses pour faire face aux nécessités de la situation ; on ne travaillait plus, mais on mangeait toujours. Il fallait bien nourrir la femme et les enfants, pendant qu'on allait soi-même remplir son devoir de citoyen ! Comme la guerre dura plus longtemps qu'on l'aurait cru d'abord, il arriva qu'au jour de l'échéance on ne fut pas en mesure de rembourser ce que l'on avait emprunté. Devant cette situation, les membres de la Commune n'hésitèrent pas ; ils accordèrent aux débiteurs parisiens un sursis de trois ans pour se libérer ; ils firent aux locataires la remise de trois termes (ce qui correspondait à

---

[1] Cette dernière proposition était faite encore en décembre 1888 par M. Dupuy, député de l'Aisne, qui pourtant est loin d'être vieux. Ces traitements, il est vrai, ne sont pas concordataires ; mais comme l'usage les a consacrés, il n'y a qu'une loi qui puisse les abolir, ce semble.

peu près à la durée de la guerre); ils donnèrent l'ordre à l'administration du Mont-de-Piété de restituer aux pauvres les objets qu'ils avaient engagés (tous ceux correspondant à des prêts n'atteignant pas vingt francs). Ce n'était que juste. Pendant que que les jeunes combattaient, les vieux, — propriétaires ou rentiers, — qui se contentaient de contempler de loin la lutte sans y prendre part, pouvaient-ils exiger décemment que les loyers de leurs maisons, que l'intérêt de leur argent leur fussent servis comme en temps ordinaire ? Les pauvres avaient payé de leur sang : quoi de plus équitable que les riches payassent de leur argent ? Les sexagénaires de l'Assemblée nationale ne furent point de cet avis. Eh quoi ! on voulait les faire participer aux charges de la guerre, eux, les vieux ! Jamais l'on avait vu cela. Les décrets de la Commune furent cassés ; et le 10 mars 1871, le législateur décida que les *effets de commerce* échus en août, septembre, octobre 1870, seraient tous exigibles dans le courant de juin. Comme presque personne ne pouvait payer, il y eut à Paris près de cent cinquante mille protêts.

Aujourd'hui que la République est devenue la forme légale du gouvernement, on n'en continue pas moins d'exploiter les faibles comme par le passé. Lorsque les pauvres, après avoir réalisé péniblement quelques économies, apportent leur argent à l'État, celui-ci, réservant toutes ses faveurs aux banquiers milliardaires, ne leur donne que

3 p. 100 d'intérêt : — c'est le taux de la caisse d'épargne [1]. Lorsqu'au contraire les pauvres, dans un moment de besoin, demandent de l'argent à l'Etat, celui-ci exige d'eux 7 p. 100 : taux du mont-de-piété de Paris, institution quasi-officielle, comme on sait. Non seulement le gouvernement donne l'exemple de l'usure, mais il laisse l'usurier exploiter impunément les misérables, dans ces agences interlopes, où s'opère le soi-disant *achat des reconnaissances du mont-de-piété*, achat qui n'est qu'un prêt déguisé, un prêt dont le taux atteint le chiffre fabuleux de 120 p. 100 par an. Nous ne sommes pourtant plus au moyen âge !

Ces coutumes sont d'autant plus déplorables qu'il s'agit ici de pauvres parmi les plus pauvres, de gens pour qui une pièce de cent sous est une fortune [2]. Dans un des derniers comptes rendus que publie chaque année l'administration du mont-de-piété de Paris, on constate avec étonnement, dit Thomas Grimm, « qu'un gage déposé en 1838, pour un prêt de six francs, a été vendu, après avoir payé l'intérêt à 9 et demi p. 100 pendant quarante-sept ans ; —

---

[1] Le montant des sommes déposées à la caisse d'épargne ne pouvant dépasser 2,000 francs, il en résulte que cette caisse est alimentée à peu près exclusivement par les petites bourses.

[2] Il n'y a pas longtemps que le mont-de-piété prenait 9 1/2 p. 100 d'intérêt. Or, sa clientèle est surtout composée de pauvres gens. La preuve, c'est qu'en 1886, sur 1,110,000 articles engagés, 938,000, c'est-à-dire près des deux tiers sont des prêts au-dessous de 10 francs. Les avances supérieures à 50 francs ne portent que sur 135,000 objets, qui ne comprennent même pas le dixième de la totalité des gages.

qu'un autre gage, déposé en 1842, pour une somme de vingt francs, a également été vendu après avoir payé l'intérêt pendant quarante-trois ans. — Le rapport administratif dit dans sa laconique précision : « *Les emprunteurs ont abandonné leur gage.* » C'est une erreur. On n'abandonne pas, après quarante-sept ans d'efforts, une illusion aussi énergique, aussi tenace. L'espoir est resté le même, mais la mort est venue interrompre ce rêve de reprendre le souvenir des jeunes années, le témoignage d'une affection semi-séculaire.

« N'est-ce pas cruel pour une somme de six francs, de percevoir 26 fr. 80 d'intérêts, et, pour une autre de vingt francs, d'avoir reçu 81 fr. 70 d'intérêts, puis, lorsque la dîme cesse d'être payée, de vendre les gages qui produisent un boni de 1 fr. 30 pour le premier, de 2 fr. 80 pour le second, bonis qui viendront s'ajouter aux intérêts perçus ? Les emprunteurs ne se présenteront pas, hélas ! Ils ont vécu.

« N'y a-t-il pas une solution à des misères semblables ? Ne peut-on restituer leur gage aux malheureux qui auront acquitté l'intérêt pendant quinze ans au moins, vingt ans au plus, sans leur réclamer le prêt ? Ils auront, au taux actuel, payé, au maximum, 177 p. 100, au minimum, 105 p. 100.

« Ce sera une prime à la fidélité des souvenirs, à la persévérance tenace dans le malheur ; et, quand on songe qu'il faudra, au moins quinze ans pour la gagner, on peut être certain que le nombre n'en sera pas considérable[1]. »

Mais où l'Etat étale au grand jour sa dureté, sa partialité, c'est dans la manière dont il comprend l'assiette de l'impôt et son mode de répartition. Qu'il s'agisse des contributions directes ou indirectes, des patentes ou des octrois, les charges sont distribuées chez nous de telle façon qu'elles pèsent beaucoup plus sur le pauvre que sur le riche.

Un créancier vient-il à poursuivre un débiteur gêné, un propriétaire exécute-t-il un locataire qui n'a pu payer son terme, l'Etat, au lieu de rester neutre dans le litige, choisit ce moment pour frapper le pauvre diable d'un impôt, sous forme de droits de timbre et d'enregistrement. Il s'associe aux poursuites ; il s'identifie avec le créancier, avec le propriétaire ; il entend même passer avant eux, faisant vendre la maison du débiteur, s'il en a une, son mobilier, ses vêtements, prélevant sa part dans la saisie, et contribuant ainsi à jeter sur le pavé la femme et les enfants. Il suit pas à pas le pauvre, dans ses procès avec le riche ; il le suit chez l'huissier, chez l'avoué, chez le greffier, dont il se fait les complices ; il transforme ainsi la justice, cette chose qui devrait être à la portée de tous sous un gouvernement républi-

[1] *Petit Journal*, 10 février 1887. Il s'agit des opérations de l'année 1885.

cain, en une matière de luxe, en une denrée précieuse, à la portée des seuls millionnaires.

Nos impôts sont surtout des impôts de consommation, c'est-à-dire des impôts qui visent le consommateur, qui n'atteignent pas le producteur, qui le protègent par conséquent. Or, qui est consommateur? — Tout le monde, aussi bien le pauvre que le riche. — Et qui est producteur, ou plutôt qui bénéficie de la production? — Une imperceptible minorité, prise exclusivement dans la catégorie de ceux qui possèdent. — Nos vieux parlementaires étant les premiers à profiter de ces iniquités, parce que ce sont les vieux principalement qui détiennent la fortune publique, font tout ce qu'ils peuvent pour maintenir les choses dans l'état actuel. Au temps de la dernière Chambre, n'ont-ils pas refusé de s'associer au projet d'impôt sur le revenu, qu'avait présenté Peytral? Ils n'ont pas voulu entendre parler davantage du projet d'Yves Guyot, relatif à l'abolition des octrois.

Et pourtant quoi de plus criant que les taxes d'octroi? Quoi de plus anti démocratique que de voir, à l'entrée de Paris, l'employé prélever les mêmes droits sur une pièce de vin d'Auvergne, estimée à cent francs, et sur une barrique de Romanée, qui en a coûté deux mille! — les mêmes droits sur la *poitrine de bœuf*, et sur le *filet*, qui vaut trois et quatre fois plus? — On exige la même redevance des aliments grossiers, comme la morue et le hareng, destinés à être consommés par le pauvre, que des articles de luxe, tels que les truffes qui iront figurer sur la table du riche ; on taxe celui qui n'a pas même le nécessaire pour vivre, autant que celui qui a le superflu.

Notre régime des patentes est compris de telle sorte que les petits commerçants paient pour les gros. Les grands magasins de Paris, comme le Louvre, le Bon Marché, — les grands bazars, comme celui de l'Hôtel de Ville, comme la Ménagère, — les grandes banques, comme la maison Rothschild, le Crédit Lyonnais, paient des impôts dérisoires, dix fois, cent fois inférieurs à ceux qu'ils devraient payer, s'ils étaient soumis au système de la dîme proportionnelle. Les notaires, les avoués, les huissiers, les greffiers, qui font rapporter à leur charge, bon an mal an, 20, 30 et 50 p. 100, ne paient point patente : à côté d'eux, une femme, une boutiquière, qui a toute une famille à élever, une mercière, une corsetière, une modiste, voit le plus clair de son bénéfice absorbé par le fisc.

On semble oublier que le mot *équité* vient d'un mot latin qui signifie *égalité*, et que toute inégalité dans l'impôt est une criante injustice.

La *loi Griffe*, ainsi appelée du nom de son auteur, frappe les débitants de vin, coupables de vendre à leurs clients des liquides frelatés ou mouillés ; et en cela, elle n'a pas tort. Mais, par une étrange conception de la justice, au lieu de remonter au négociant en gros, à celui qui a fourni le vin empoisonné ou la liqueur falsifiée, elle limite ses investigations et ses châtiments à l'humble détaillant, lequel est loin d'être toujours le vrai coupable. Disons, en passant que Griffe est sénateur, et qu'il a 65 ans.

Hélas! il y a des sénateurs partout.

On laisse à quelques gros bonnets de la finance toute latitude pour se syndiquer, dans le but avoué d'accaparer les farines, l'huile, les métaux, et de déterminer ainsi la hausse factice des denrées les plus indispensables à la vie, et l'on met les gendarmes aux trousses des ouvriers, — mineurs ou autres, — qui tentent de se coaliser pour résister à la rapacité des patrons. Lors de la grève des terrassiers, à Paris, le parquet avait eu un bon mouvement; il avait décidé de ne pas poursuivre les embaucheurs; mais ce mouvement fut vite réprimé par le gouvernement, qui ordonna l'envoi des grévistes en police correctionnelle, où ils furent condamnés.

Non seulement la République ne protège point l'ouvrier contre le patron, mais elle laisse celui-ci pratiquer impunément le meurtre du prolétaire. La lettre suivante, que le docteur Magitot adressait au directeur du *Temps*, en novembre dernier, à propos du renouvellement du monopole des allumettes chimiques, en dit plus à ce sujet que de longs chapitres :

« *Au directeur du* Temps.

« On n'a pas oublié sans doute la vive émotion qui

s'est répandue dans la presse et dans le public lorsqu'on apprit, il y a une année à peine, que le préfet de police venait d'être informé que les ouvriers d'une usine d'allumettes des environs de Paris étaient frappés d'accidents graves, quelques-uns même mortels, dus aux émanations que répand le phosphore employé à cette fabrication. Nous avons, ici même, consacré déjà plusieurs articles à cette question, qui touche à la salubrité de nos établissements industriels, c'est-à-dire à la santé et à la vie de notre personnel ouvrier. (Voir le *Temps* des 10 et 21 février 1889.)

« La fabrication des allumettes, telle qu'elle est autorisée en France, expose en effet ceux qui manient le phosphore à divers accidents dont le plus redoutable consiste dans la destruction des os des mâchoires et de la face; c'est ce que les ouvriers appellent le *mal chimique* et les médecins la *nécrose phosphorée*.

« C'est un fléau terrible, entraînant chez ceux qui en sont atteints une mortalité de plus de 25 p. 100 et laissant à ceux qui survivent d'effroyables mutilations.

« Toutes les précautions prises jusqu'à présent : assainissement et ventilation des ateliers, mesures de propreté imposées aux ouvriers, emploi de machines spéciales, obligations et règlements, etc., paraissent être restés sans effet, car la nécrose sévit plus que jamais dans les usines. Un seul hôpital de Paris, l'hôpital Saint-Louis, a reçu, depuis le commencement de cette année 1889, sept ouvriers gravement atteints de nécrose et provenant d'une même usine des environs de Paris.

« Et pendant ce temps, nos conseils d'hygiène, nos académies, nos sociétés savantes, après avoir longuement et patiemment étudié la nécrose phosphorée, sont unanimes à reconnaître qu'il existe une solution radicale, absolue, capable de supprimer immédiatement de la fabrication des allumettes tout danger quelconque : danger d'incendie, danger d'empoisonnement, danger de nécrose. Cette solution consiste à substituer au phosphore blanc, qui répand des vapeurs dangereuses et qui est vénéneux, le phosphore rouge, qui n'est ni volatil ni toxique.

« Cette solution nous conduirait à l'obligation généralisée et légale de l'allumette dite *suédoise*, à frottoir spécial, et telle qu'elle a été en usage exclusif dans plusieurs pays d'Europe, la Suède et le Danemark par exemple, telle aussi qu'elle a été ordonnée dans notre armée, où il est interdit de se servir d'un autre type d'allumette que la suédoise.

« C'est encore à cette solution que s'est arrêtée l'Académie de médecine en décembre dernier, lorsque, prenant précisément en considération l'échéance prochaine du monopole, elle semblait convaincue que le gouvernement n'oublierait pas à cette occasion de sauvegarder pour l'avenir les ouvriers des allumettes des dangers qui les avaient si cruellement frappés dans le passé.

« Ce n'était là qu'une vaine illusion.

« En effet, ni l'avis d'adjudication, ni le cahier des charges rédigé par les soins de l'administration ne contiennent une clause quelconque relative à cette question d'hygiène industrielle.

« M. le ministre ignore-t-il donc l'état de cette question ?

« N'a-t-il pas eu connaissance de la décision émise, sur la requête du préfet de police, par le conseil d'hygiène de la Seine, en octobre 1888 ?

« N'a-t-il pas eu connaissance du vote émis par l'Académie de médecine, en novembre 1888, et qui concluait, de même que le conseil d'hygiène, à la nécessité d'imposer administrativement l'obligation du phosphore rouge dans la confection des allumettes ?

« Quoi qu'il en soit, nous adjurons encore une fois le ministre de ne point laisser échapper cette occasion de donner satisfaction aux revendications si légitimes des ouvriers d'une de nos industries les plus dangereuses, celle des allumettes, qui, du jour au lendemain, sur une simple décision de sa part, peut devenir la plus salubre et la plus inoffensive.

« D' E. MAGITOT,
« *Membre de l'Académie de médecine.* »

CHAPITRE III

LE PROGRÈS A RECULONS

L'*adaptation* (on entend par là l'harmonie qui se manifeste entre l'être vivant et le milieu dans lequel il se développe) est une des grandes lois de la nature. C'est ainsi que le poisson est adapté à l'eau, que l'oiseau est adapté à l'air, le ver à la terre, l'homme à la société.

Le vieillard, lui, est adapté au passé.

L'individu, quand il a cessé de grandir, quand il a atteint l'apogée de sa croissance, le point culminant de sa force, — aussi bien au moral qu'au physique, — s'identifie avec les hommes au milieu desquels il vit : il modèle ses idées sur les idées en cours, il conforme ses habitudes aux usages et aux coutumes du jour, il obéit aux lois existantes, il épouse les opinions régnantes, il accepte sans arrière-pensée les préjugés à la mode. En un mot, il est de son temps et de son pays. Mais au bout de quelques années tout change. — Pendant que l'homme a continué de vivre, c'est-à-dire de vieillir, la société s'est modifiée de fond en comble par l'avènement d'une autre génération, qui apporte avec elle de nouvelles idées, de nouvelles opinions, et aussi, il faut bien le dire, de nouveaux préjugés. Le vieillard, étant resté ce qu'il était au temps de sa maturité, se trouve par là même en retard sur ses contemporains : cantonné dans le passé, il devient réfractaire aux choses du présent. Et plus il avance en âge, plus il s'isole de ses concitoyens, de plus en plus étranger aux siens, de plus en plus dépaysé dans le pays qui l'a vu naître.

Le vieux est donc conservateur, conservateur du passé, j'entends. Comme dit Boileau, Géronte

<small>Toujours plaint le présent et vante le passé.</small>

Pour lui, la moindre réforme est révolution ; pour lui, le plus humble novateur devient un perturbateur. Lui, dont l'esprit ne va plus qu'avec des béquilles, il ne conçoit pas que les autres fassent preuve d'initiative ; lui, qui passe sa journée engourdi dans la torpeur d'un demi-sommeil, il ne peut plus comprendre que d'autres aiment l'activité, recherchent le mouvement.

Veut-on une preuve directe, palpable, authentique, de ce fait que la vieillesse est conservatrice, tandis que la jeunesse est réformatrice, qu'on jette un coup d'œil sur l'histoire de Paris, et l'on verra que toujours la grande ville a été l'ennemie du gouvernement, l'adversaire déclaré de la monarchie, c'est-à-dire du régime existant, à la face duquel elle ne craignait pas d'étaler ses tendances provocatrices et frondeuses.

« Depuis la révolte qui eut lieu sous Philippe le Bel, dans laquelle vingt-huit bourgeois de la cité furent pendus, les Parisiens n'ont laissé échapper aucune occasion de témoigner leur aversion à la royauté.

« Lors de la captivité du roi Jean, la rébellion prend, avec Etienne Marcel, les proportions d'une véritable guerre civile, et Charles V, pour se protéger, en est réduit à flanquer Paris de deux énormes forteresses, le Louvre et la Bastille ; l'insurrection se poursuit par la révolte des Maillotins contre Charles VI, qui traite la capitale en ville conquise ; elle renaît dans la sanglante querelle des Bourguignons et des Armagnacs : ces derniers, représentants de la royauté, sont vaincus, et lorsque Jeanne d'Arc se présente devant Paris, au nom de Charles VII, elle est repoussée et contrainte de lever le siège.

« Durant les guerres de religion, les Parisiens sont avec le duc de Guise contre Henri III, avec Mayenne contre Henri IV, qui ne parvient à s'emparer de la ville qu'en l'affamant ; les victimes se vengent par dix-sept tentatives d'assassinat, dont la dernière réussit : ce roi, que l'on nous représente comme si populaire en France, vivait exécré dans sa capitale. En 1648, Paris recommence ses agissements et s'attaque à la régente, mère de Louis XIV. Ce dernier, la guerre de la Fronde apaisée, se venge de Paris en lui enlevant ses franchises municipales et en transportant la cour à Versailles.

Vains efforts. Cent ans après, le peuple de Paris ramène de force le roi au palais des Tuileries.

« Qui fit la Révolution ? Qui détrôna Louis XVI ? Paris. On le vit bien au 14 juillet 1789, au 20 juin 1792, au 10 août enfin, où la foule demande à grands cris la déchéance.

« Paris fit à l'Empire la même opposition qu'il avait faite à la royauté ; et, alors que toute la France était aux pieds du soldat couronné, la capitale demeurait hostile au tyran. L'opposition s'accentua encore sous la Restauration, comme on put s'en apercevoir lors des funérailles du général Foy. Les journées de Juillet sont l'œuvre des Parisiens, qui firent la Révolution de 1830, comme ils firent celle de 1848, comme ils firent celle de 1870[1]. »

Nous avons vu comment la Commune, qui n'était autre que la révolution des Parisiens, avorta : mais, victorieux ou vaincu, Paris est le centre et le boulevard de la révolution. Comme la grande ville est aussi le rendez-vous des jeunes[2], il ressort de là que la tendance au progrès et la jeunesse sont deux faits indissolublement liés, et aussi que l'esprit conservateur et la vieillesse, — qui sont leurs vivantes antithèses, — ne font qu'une seule et même chose.

Suivez un homme politique dans sa carrière,

[1] Paul Mougeolle. *Les Problèmes de l'histoire*, p. 20.
[2] Voyez ch. I.

vous le verrez évoluer d'après cette formule, presque toujours la même : fougueux radical dans sa jeunesse, conservateur quand il a franchi l'âge de la maturité. « Le diable se fait ermite en vieillissant. »

C'est ainsi que la plupart des radicaux de l'Empire sont devenus opportunistes sur leurs vieux jours.

Je sais que la doctrine opportuniste se pare d'un semblant de vernis scientifique ; je sais qu'elle invoque, à l'appui de sa thèse, le grand principe de Linné que nous avons déjà eu l'occasion de citer, — *la nature ne fait pas de saut*, — principe hors de doute dans sa généralité, principe s'appliquant aussi bien au développement des sociétés humaines qu'à la croissance des êtres vivants. — Mais il y a là une confusion grossière. Non, la nature ne procède pas par bonds, — non, elle n'affecte pas des allures désordonnées — ; mais de là à conclure qu'elle n'avance, ni ne bouge, il y a un abîme ; entre sa manière de procéder et la façon dont les opportunistes entendent le gouvernement d'un État, il y a la même différence qu'entre le mouvement et l'immobilité.

Presque toutes les questions qui à l'heure actuelle passionnent et irritent l'opinion publique ont été soulevées, il y a quelques dizaines d'années, par les opportunistes d'aujourd'hui, lors de leurs débuts dans la vie politique ; et quand, après leur arrivée au pouvoir, ils ont été à même de leur donner une solution, de mettre en pratique leurs théories, presque toujours ils se sont récusés, ils se sont dérobés. Voilà des années qu'il nous fatiguent les oreilles en agitant autour de nous la question des rapports de l'Église et de l'État ; ils répètent sur tous les tons qu'une réforme est nécessaire, que le Concordat a fait son temps, que tout le monde a intérêt à ce qu'il soit dénoncé et remanié ; les met-on en demeure de prendre une mesure définitive, aussitôt ils deviennent muets : le perroquet se métamorphose en carpe.

Le coryphée du parti, le trop fameux Jules Ferry, est un des exemples les plus probants que l'on puisse citer des effets de la rétrogradation sénile.

« Faites bien entendre, disait-il à ses amis dans un discours récent, faites bien entendre que vous ne voulez pas toucher au régime des cultes, et vous aurez avec vous l'immense majorité du pays, qui est plus fatiguée des querelles religieuses que de toute autre chose [1]. » L'orateur qui prononçait ces paroles est le même que celui qui, vers la fin de l'Empire, réclamait d'un air si hautain, d'un ton si convaincu, ce qu'il appelait « les destructions nécessaires », et avant tout, celle du Concordat ! — Il en est arrivé à proclamer officiellement que « le péril est à gauche » ; il en est venu à prendre la défense du Sénat contre la Chambre, contre cette Chambre débile et impuissante (c'est de la

[1] Discours prononcé le 19 juin 1889 au banquet de l'Association républicaine.

dernière qu'il parlait), dans laquelle il voyait « une Convention au petit pied [1]. »

J'ai entendu dire que si « l'affameur de Paris » retournait ainsi sa veste, c'était pour ne pas avoir à la remporter, — que, s'il cherchait à accroître encore les pouvoirs déjà si étendus de la Chambre-haute, c'est qu'il voyait dans le Sénat une sorte de maison de retraite pour les invalides de la Chambre-basse, et que lui-même, sentant monter autour de lui le flot de l'impopularité, ayant conscience de son échec dans les Vosges, et désespérant de finir ses jours au Palais-Bourbon, n'ambitionnait plus qu'une *chaise curule*, d'où il commanderait en maître aux députés. — Sans contester le vrai de cette remarque, je ferai observer d'autre part que l'homme a vieilli, et, qu'ayant vieilli, il est tout naturel qu'il prenne le parti des vieux, mettant en pratique la devise : « L'union fait la force. » — Mais que l'on s'arrête à l'une ou à l'autre hypothèse, il n'en est pas moins vrai que l'attitude de Jules Ferry tient à un commencement de sénilité. Entre l'homme de 1869 et l'homme de 1889, il y a un écart de vingt années. — Vingt années. — Mais la nature n'en met pas davantage pour faire d'un enfant un homme : pourquoi lui en faudrait-il plus pour faire d'un homme un enfant?

---

[1] Il s'agit toujours du discours du 19 juin 1889. « Il nous faut, dit-il en propres termes, un Sénat moins modeste et moins effacé ; il nous faut une Chambre moins indiscrète, moins disposée à empiéter sur les attributions d'autrui. »

Quiconque n'avance pas, recule ; c'est forcé, dans un monde où tout est en évolution perpétuelle. Si mon voisin reste en place, pendant que je fais un pas, je pourrai dire, ou que j'ai avancé par rapport à lui, ou qu'il a reculé par rapport à moi, puisque dans les deux cas l'intervalle d'un pas nous sépare. A force de pratiquer la politique de l'immobilité, à force de s'entêter à ne tenir aucun compte de cet élément tout-puissant qu'on appelle le temps, élément qui transforme tout, renouvelle tout, le chef de l'opportunisme s'est trouvé de plus en plus distancé par l'armée libérale, de plus en plus dévoyé dans le camp républicain.

L'évolution politique de Jules Ferry, ou pour parler plus exactement sa décadence, nous montre, non seulement que l'esprit réactionnaire et l'esprit conservateur sont de la même famille, — l'un et l'autre étant le lot des maturités sur le déclin, — mais aussi que l'élément sénile et l'élément rural ne font qu'un, ou du moins que, s'ils ne constituent pas une seule et même chose, ils ont entre eux des points de contact intimes et nombreux. En 1869, Jules Ferry est avec la fraction la plus avancée du parti de l'opposition, il est avec les Parisiens qui veulent renverser l'Empire, contre les paysans qui dressent à l'empereur le piédestal du plébiscite ; quinze ans après, nous le retrouvons parmi les retardataires, ennemi juré des Parisiens, ne voulant plus entendre parler de la mairie de Paris, — lui l'ancien maire de Paris, —

proclamant bien haut « la République des paysans ».

C'est que durant ce laps de temps tout a progressé autour de lui, tandis que lui-même est resté stationnaire. — La capitale, incessamment rajeunie par l'arrivée de nouvelles générations, par l'apport de nouvelles couches, a marché; les paysans eux aussi ont marché, mais comme ils étaient en retard et qu'ils s'avancent moins vite que les citadins dans la voie du progrès, la distance qui les séparait les uns des autres sous l'Empire s'est, à peu de chose près, maintenue. Quant à Jules Ferry, il s'est pétrifié en chemin; comme autrefois la femme de Loth, il s'est transformé en un bloc rigide; il est resté à cinquante ans ce qu'il était à trente-sept : il s'est trouvé alors devancé par les habitants de Paris, et rejoint par les habitants des campagnes. Voilà pourquoi il s'est mis avec ceux-ci, contre ceux-là; voilà pourquoi, après avoir fait ses premières armes politiques avec le peuple de la capitale, il a été demander aux Vosgiens, ses compatriotes, un appui pour sa vieillesse.

A l'heure présente, le candidat rural n'est même plus d'accord avec ses électeurs ruraux : ceux-ci le repoussent. Qu'il ne s'en prenne qu'à lui-même !

Je le crois de bonne foi quand il s'écrie : « Ayons le courage de le dire; non, la France de 1888 n'est pas, comme sa glorieuse aînée d'il y a cent ans, animée de passions réformatrices[1] ! » Je le crois

[1] Paroles prononcées à l'hôtel Continental, le 23 décembre 1888.

de bonne foi, parce que tous les vieux en sont là, parce que tous prêtent aux autres leur amour de l'immobilité, leur soif d'inertie ; parce que, n'étant plus partisans des réformes, ils en concluent que le pays tout entier en a horreur. Ils ne voient plus le monde avec les mêmes yeux qu'au temps de leur jeunesse.

« J'étais l'autre jour, dit l'auteur des *Lettres persanes*, dans une maison où il y avait un cercle de gens de toute espèce : je trouvai la conversation occupée par de vieilles femmes qui avaient en vain travaillé tout le matin à se rajeunir. — Il faut avouer, disait une d'entre elles, que les hommes d'aujourd'hui sont bien différents de ceux que nous voyions dans notre jeunesse : ils étaient polis, gracieux, complaisants ; mais à présent je les trouve d'une brutalité insupportable. — Tout est changé, dit pour lors un homme qui paraissait accablé de goutte ; le temps n'est plus comme il était ; il y a quarante ans, tout le monde se portait bien, on marchait, on était gai, on ne demandait qu'à rire et à danser. A présent, tout le monde est d'une tristesse insupportable [1]. »

Le chef de l'opportunisme, ayant été longtemps grand-maître de l'Université, doit connaître ses auteurs ; je n'en livre pas moins à ses méditations ces quelques lignes de Montesquieu. Il y trouvera la cause de son erreur. Il verra que si la France a

---

[1] Montesquieu, *Lettres persanes*, lettre 59.

cessé à ses yeux d'être « animée de passions réformatrices », cela tient tout simplement à ce que lui-même a cessé d'être réformateur.

Floquet, le chef du parti radical, s'est effondré comme Jules Ferry.

Un pur, à ce qu'il paraît, celui-là, dans sa jeunesse : « beau comme Saint-Just, incorruptible comme Robespierre », dit la légende ! Devenu vieux, il a fait comme les autres. Tout récemment, le *Temps* disait de lui : « Ce radical a dans ces derniers temps rendu à la politique de modération et d'union d'éminents services... Depuis la Constitution du cabinet Tirard, il s'est toujours placé résolument du côté du gouvernement pour appuyer toutes les mesures défensives que celui-ci a cru devoir prendre. Enfin, il est pour beaucoup dans la sagesse et la modération dont les radicaux ont fait preuve dans la dernière crise. Son exemple et sa parole ont toujours été pour la politique de sagesse et de conciliation [1]. »

Ce radical à l'eau de rose n'a tenu aucune de ses promesses.

L'homme qui inscrivait en gros caractères en tête de ses programmes de député la suppression du Sénat, la dénonciation du Concordat, le rétablissement de la mairie centrale de Paris, a trouvé tout naturel d'inscrire sur son programme de mi-

[1] *Le Temps*, 13 novembre 1889.

nistre la conservation du Sénat, le maintien du Concordat, la continuation de l'état de choses actuel dans la vie municipale comme dans tout le reste. Président du conseil, chef du gouvernement, Floquet, non seulement n'a pas fait de la *politique radicale*, mais il n'a pas même fait de l'*administration radicale*; il a laissé en place tous les fonctionnaires des régimes antérieurs, les employés de Fourtou, les magistrats de Dufaure, les consuls de Decaze.

Le parti radical se suicide, en se donnant de pareils chefs. Se figure-t-on un radical « à tous crins » sous la forme d'un ancêtre, au crâne dénudé? Pour représenter une génération, il faut choisir un homme appartenant à cette génération, un homme qui la connaît, parce qu'il a vécu avec elle; il ne faut pas aller chercher les résidus des générations antérieures. Le Floquet qui reçoit aujourd'hui à sa table l'ambassadeur de Russie peut-il ressembler en quoi que ce soit à celui qui, il y a vingt-trois ans, jetait à la face du czar le cri insultant de : « Vive la Pologne, Monsieur » ?

Les vieux abusent de notre crédulité en s'intitulant les « vétérans des luttes parlementaires ». De quelles luttes entendent-ils parler? A-t-on jamais vu le sang couler dans une enceinte législative? En fait de sang, on n'y déverse que de la salive, — les plus rageurs, de la bile. Quant au mot *vétéran*, il avait chez les Romains une signification très nette : il servait à désigner les soldats qui avaient passé de longues années dans les légions, les *chevronnés* qui comptaient dix ans, quinze ans, vingt ans de service. De pareils soldats formaient véritablement une troupe d'élite, parce qu'à la force de l'âge mûr ils joignaient l'expérience qu'ils avaient acquise à la guerre. Chez nous, les prétendus vétérans de la politique sont des hommes qui vont atteindre la soixantaine comme Ferry, quand ils ne l'ont pas dépassée comme Floquet, — des hommes qui, loin d'être les éclaireurs de l'armée républicaine, n'en sont que les retardataires, — des hommes qui, loin de pousser à la marche en avant, auraient eux-mêmes besoin d'être vigoureusement poussés, — des hommes qui sont arrivés à l'âge où l'on foule aux pieds les idées de sa jeunesse, à l'âge où l'on fait litière de toutes ses convictions, de tout son passé, de toute sa vie, à l'âge enfin où l'on est forcément conservateur et bien près de devenir réactionnaire. On ne saurait trop le répéter : les vieux ne peuvent pas être des radicaux ; ceux qui l'ont été, ne le sont plus ; ceux qui prétendent l'être encore, se trompent, ou nous trompent.

C'est sous la conduite de pareils chefs que les soldats du parti radical en sont arrivés à ne faire qu'un avec les chevaliers de l'opportunisme. Presque tous, dans la dernière Chambre, brûlant ce qu'ils avaient adoré, adorant ce qu'ils avaient brûlé, en étaient arrivés à s'incliner, à faire la génuflexion devant celui qu'ils avaient flétri du nom de *Tonkinois*. Grâce à eux, la Chambre était devenue en majorité opportuniste. On aurait pu comparer le banquet législatif à un de ces dîners du faubourg Saint-Germain, où il est formellement interdit, sous peine d'encourir les foudres du monde élégant, de tremper son pain dans la sauce, de toucher quoi que ce soit du bout des doigts, mais où il est licite, toléré, et même « bon genre », quand arrive la fin du repas, de se rincer le palais devant tout le monde, et de déverser ostensiblement, dans le récipient préparé pour cet usage, le produit des déjections buccales.

Oui, cette Chambre, qui avait couvert d'applaudissements Madier de Montjau le jour où il avait crié : « Sus au Sénat », cette Chambre ne pouvait plus supporter qu'on dit du mal de sa sœur aînée, la Chambre haute ; elle sévit avec la dernière rigueur contre Laguerre, quand le jeune porte-drapeau du boulangisme émit cette idée que la haute cour de justice pouvait bien n'être qu'une « parodie de la justice ». Elle ne se rappelait plus ou feignait de ne plus se rappeler que le Sénat a été créé spécialement pour enrayer toute marche en avant : — « les intérêts conservateurs réclament impérieusement cette institution, » avait dit Mac-Mahon quelques jours avant le vote de la Constitution ; — elle ne voyait plus dans le Sénat le frein qui empêche le char d'avancer, le sabot qui l'oblige à piétiner sur place [1].

[1] Chaque fois que la Chambre accouchait péniblement de

A l'heure actuelle, l'union est plus vivace que jamais. Marchant la main dans la main, les deux Chambres semblent n'en faire qu'une.

Le parti radical est mort[1].

Il y a quelques jours, l'*Estafette*, organe de Jules Ferry, célébrait son enterrement en ces termes :

« Sauf la forme du langage, il se trouve que les radicaux demandent ce que nous réclamons et consentent à différer ce que nous avons jugé prudent d'ajourner nous-mêmes. Qu'il nous soit donc permis de sourire quand on nous parle des républi-

---

quelque réforme, on a vu le Sénat peser de tout son poids pour la faire avorter, tantôt rejetant en bloc la proposition, tantôt l'altérant par une série d'amendements tous plus réactionnaires les uns que les autres. On n'a pas oublié les incidents qui se produisirent lors de la discussion de la loi sur les syndicats professionnels, en 1880. La Chambre avait voté pour les ouvriers et les patrons d'une même profession l'autorisation de s'associer entre eux, en remplissant certaines formalités. Au Sénat, on fit semblant d'accepter la loi ; mais on la tuait dans l'œuf, pour ainsi dire, en prétendant lui appliquer l'article 416 du Code pénal, article meurtrier, qui mettait les syndicats à l'entière discrétion du gouvernement, à la merci de l'arbitraire administratif ; avec ce procédé jésuitique on retirait d'une main ce qu'on avait donné de l'autre. Finalement l'article 416 fut mis de côté; mais après combien de tergiversations !

[1] Dans le texte d'une proposition de révision présentée à la Chambre par les membres de l'extrême gauche, le 29 mars 1888, on pouvait lire cette phrase, qui confirme tout ce que nous avons dit relativement aux empiétements du Sénat : « En face du suffrage national, conquis en 1848, on a placé le suffrage restreint, en lui donnant des pouvoirs supérieurs, et l'on a vu les tendances et les mœurs du suffrage restreint s'imposer peu à peu aux représentants du suffrage universel. »

11.

cains avancés et de ce qu'ils accompliraient de grand s'ils avaient leurs coudées franches. »

Ah! si M. Prudhomme était encore de ce monde, il ne pourrait plus dire que « le char de l'État navigue sur un volcan »; il est bel et bien embourbé, le char de l'État; il patauge en pleine fondrière.

NOS FONCTIONNAIRES

CHAPITRE I

UN NOUVEAU DROIT D'AINESSE

> « Au pays des bossus
> Il faut l'être,
> Ou le paraître »,

dit la chanson; dans le royaume des gérontes, il faut, pour devenir quelqu'un, être soi-même géronte, ou tout au moins le paraître. De même que le Dieu de la Bible a créé l'homme à son image, de même nos sénateurs et nos ministres se sont taillés des fonctionnaires à leur ressemblance; ils ont voulu avoir un personnel dans lequel ils pussent se mirer sans rougir, un personnel dans lequel chacun d'eux pût retrouver à chaque instant sa mine renfrognée, sa figure parcheminée et ridée.

Ils y ont réussi.

A l'heure actuelle, en France, le monde administratif est comme un reflet du monde politique : dans l'un et dans l'autre, le degré de pouvoir dévolu à chaque individu croît avec l'âge, est proportionné au nombre des années.

Ainsi, dans la magistrature, les conseillers à la cour d'appel sont plus âgés que les juges composant les tribunaux de première instance; ils ont aussi un pouvoir plus étendu, puisqu'ils prononcent en dernier ressort sur les affaires en litige. Leurs arrêts ne peuvent être réformés que par la cour de cassation, qui est à la fois le tribunal suprême et le tribunal des vieux : de sorte que, par une singulière ironie, la juridiction qui chez nous a tout pouvoir pour casser les sentences des juges et les juges eux-mêmes[1], la juridiction *cassante* en un mot, recrute son personnel parmi les hommes *cassés*, cassés par l'âge, cassés par la maladie.

Il en est de même dans l'armée, dans la marine, dans l'Université, dans le clergé, dans les administrations, dans tous les grands corps de l'État : partout les hauts emplois sont entre les mains des vieux. Officiers généraux ayant pour fonction d'assurer notre sécurité en temps de guerre, professeurs chargés d'élever et d'instruire notre jeunesse, administrateurs ayant à gérer et à réglementer la chose publique, directeurs de ministère, grands dignitaires de la Légion d'honneur, ambassadeurs et ministres plénipotentiaires, tous sont des vieux; tous sont d'autant plus haut placés, qu'ils sont plus vieux.

[1] Les magistrats, à l'exception des juges de paix et des membres du parquet, lesquels sont révocables par simple décret, sont justiciables de la cour de cassation, qui a sur eux droit de censure, et qui peut les suspendre et même les casser.

Oui, cette France, que nos artistes se plaisent à figurer sous les traits d'une femme jeune encore, pleine de sève, aux mamelles fécondes, aux formes puissantes, nos gouvernants, eux, trouvent tout naturel de l'incarner à l'étranger dans des gérontes, dans des invalides, dans de pauvres êtres tout cassés, tout ridés, perclus, gâteux, dans des individus comme Waddington, dont les soixante-quatre ans incarnent notre République à Londres, dans des vieillards comme Emmanuel Arago, qui, à soixante-dix-huit ans, est encore notre ambassadeur en Suisse!

En relevant les âges de nos principaux fonctionnaires, il est facile de se convaincre que presque tous sont des sexagénaires, quand ils ne sont point des septuagénaires.

Le grand chancelier de la Légion d'honneur, le général Faidherbe, qui vient de mourir, avait soixante et onze ans; le général Février, son successeur, en a soixante-six. Soixante-six ans, c'est aussi l'âge de Magnin, le gouverneur de la Banque de France. Le gouverneur du Crédit foncier, Christophle, a dépassé la soixantaine.

Le premier président de la cour de cassation, Mazeau, a soixante-cinq ans; il a remplacé Barbier, qui en avait soixante-quinze. La même cour comptait, il n'y a pas longtemps, parmi ses présidents de chambre, Larombière, qui venait d'atteindre ses soixante-quinze ans, et qui avait été nommé président à la cour d'appel de Paris à soixante-deux ans. Le président du tribunal de première instance de la Seine, Aubépin, a soixante ans. Humbert, qui vient d'être nommé premier président à la cour des comptes, a soixante-huit ans. Il est vrai que le vice-président actuel du conseil d'État, Laferrière, n'en a que quarante-neuf; mais l'exception n'est qu'apparente, puisque le véritable président ici est le ministre de la justice, qui est généralement un homme âgé, presque toujours un sénateur[1].

Tout notre haut enseignement, toutes nos grandes écoles, tous nos établissements d'instruction supérieure, sont dirigés par des vieux.

Gréard, le recteur de l'Académie de Paris, a soixante-deux ans. Frémy, qui est à la tête du Muséum, a soixante-seize ans; le colonel Laussedat, au Conservatoire des arts et métiers, a soixante-douze ans; l'amiral Mouchez, à l'Observatoire, a soixante-neuf ans. H. Faye, le président du Bureau des longitudes, a soixante-seize ans.

A l'école des Hautes-Études, on trouve comme directeurs ou comme présidents de sections, Berthelot, qui a soixante-trois ans, — Waddington, qui en a soixante-quatre, — Boissier, qui en a soixante-sept, — Hermite, qui en a soixante-huit, — Maury, qui en a soixante-treize, — Hébert, qui en a soixante-dix-huit.

[1] L'âge moyen des ministres de la justice, depuis 1871, est de cinquante-huit ans.

Le Collège de France est administré par Renan, un homme de soixante-sept ans, l'école Normale est dirigée par un homme de cinquante-huit ans, G. Perrot; l'école française d'Athènes par un homme de cinquante-quatre ans, Foucart. — Ceci est relativement de la jeunesse. — Mais le directeur du Conservatoire de musique, Ambroise Thomas, a soixante-dix-neuf ans; le directeur de l'école des Beaux-arts, Paul Dubois, a soixante et un ans; le directeur de l'école française de Rome, Geffroy, a soixante-dix ans.

L'école Polytechnique, l'école de Saint-Cyr, l'école d'application d'artillerie et du génie, l'école de guerre, qui représentent notre enseignement militaire supérieur, sont commandées par des généraux de brigade ou de division, c'est-à-dire par des hommes approchant de la soixantaine, quand ils ne l'ont pas dépassée.

Veut-on des chiffres? — Le moins âgé de nos généraux de brigade a cinquante et un ans[1]; le moins âgé de nos divisionnaires, Brugère, a quarante-neuf ans; l'âge moyen de nos généraux est de soixante et un ans.

Depuis que fonctionne le gouvernement de la troisième République, le grade de général de division, — qui est le grade le plus élevé dans l'armée française, — n'a été donné que très rarement à des hommes ayant moins de cinquante ans. Il est

[1] Les généraux Noellat, Grisot, de Boisdeffre, ont tous trois cinquante et un ans.

vrai que Galiffet a conquis ses *trois étoiles* à quarante-cinq ans, — que Davout et Wolf les ont obtenues à quarante-huit ans, — que Miribel les a eues à quarante-neuf ans; en revanche, Billot, Saussier n'ont été promus qu'à cinquante ans, — Cornat, à cinquante et un an, — Berge, à cinquante-deux ans, — Blot, Jamont, de Cools, à cinquante-quatre ans, — Février, Japy, Thomassin, Bréart, Carrey de Bellemare, à cinquante-cinq ans, — Lewal, Hanrion, à cinquante-sept ans. Notez qu'il s'agit ici des officiers généraux qui ont été le plus en vue dans ces dernières années, et qui, pour ce motif, sont aussi ceux dont l'avancement a été le plus rapide! — Si l'on jette un coup d'œil sur les dernières promotions de divisionnaires, on verra que le plus jeune d'entre eux avait cinquante-six ans, lors de sa nomination [1].

Rien n'égale l'éloquence des chiffres; elle s'impose par sa brutalité même. Ceux qui précèdent montrent avec la dernière évidence que les hauts cadres de notre armée sont entièrement *sénilisés*.

L'homme qui est désigné comme notre futur généralissime, dans la guerre prochaine, Saussier, a soixante-deux ans. Le chef d'état-major général, Haillot, a à peu près le même âge. Le plus jeune de nos trois inspecteurs d'armée, Billot, a également

---

[1] Dans la promotion de juillet 1889, figurent les généraux Mercier, cinquante-six ans, — Saint-Mars, cinquante-sept ans. — Quénot, cinquante-huit ans, — Coste, cinquante-neuf ans. Dans la promotion d'octobre, figurent les généraux Jessé et Vaulgrenant, qui avaient tous deux cinquante-six ans.

soixante-deux ans. Le plus jeune de nos vingt commandants de corps, Négrier, a cinquante et un an.

Dans la marine, c'est encore pis. Il me serait facile de montrer que nos amiraux sont plus vieux que nos généraux ; mais, pour ne pas fatiguer le lecteur, je ne pousserai pas plus loin cette comptabilité des âges. Les chiffres que je viens de citer suffisent amplement à prouver que, sous la République de Thiers, de Mac-Mahon et de Grévy, les vieux dirigent tout, administrent tout, sont tout. Chez nous, plus on perd en force individuelle, plus on gagne en puissance sociale ; plus on s'approche de la mort, plus on est reconnu apte à diriger la vie.

Il ne faudrait pas croire que la *gérontocratie* (c'est le nom que l'on a donné au gouvernement des vieux) fît corps avec la République, et que la coterie sénile eût attendu le Quatre Septembre 1870, pour lever la tête. Le mal sénile, le mal dont nous souffrons, est bien antérieur au gouvernement actuel ; je dirai plus, c'est un mal inhérent au régime monarchique lui-même. Et voici comment.

Un des principes du gouvernement monarchique est que le roi a le pouvoir sa vie durant. Si donc il arrive qu'un souverain soit doué d'une grande longévité, le trône se trouvera être occupé pendant un certain temps par un vieillard, et ce vieillard imprimera nécessairement à la royauté des allures séniles plus ou moins accentuées : non seulement parce que lui-même est vieux, mais encore parce qu'il en est ainsi de ceux qui l'entourent, reine, ministres, confidents, favorites, qui tous ont vieilli en même temps que le maître. Vieux roi, vieux serviteurs. C'est forcé.

Or, tel a été précisément le caractère de la monarchie française, dans les cinquante dernières années de son existence. Rappelons-nous que Louis XVIII mourut à soixante-neuf ans, — que Charles X était encore roi à soixante-treize ans, — que Louis-Philippe perdit sa couronne à soixante-quinze ans, — que Napoléon III avait soixante-deux ans dans l'année terrible. Ces quatre souverains, au déclin de leur vie, avaient naturellement conservé autour d'eux les conseillers de la première heure, c'est-à-dire des hommes de leur âge, des hommes souvent même plus âgés qu'eux, tous « plus royalistes que le roi ».

Ainsi, pour les généraux, nous avons vu que les hommes qui avaient mené à la victoire les soldats de la Révolution et du premier Empire étaient tous des jeunes. Alors on était général à vingt-cinq ans, maréchal à trente ans[1]. — Avec la Restauration, tout changea. Louis XVIII, en revenant de l'exil, ne pouvait avoir qu'une con-

---

[1] Si l'on consulte l'annuaire militaire de 1805, on verra que, sur quatorze maréchaux de l'empire, cinq seulement, Berthier, Moncey, Davout, Kellermann, Sérurier, avaient plus de seize ans de grade.

fiance médiocre dans les officiers de Napoléon ; d'ailleurs il ne rentrait pas seul en France; il ramenait avec lui les émigrés, une foule de nobles avides, qui, prétendant « avoir été à la peine », demandaient d'être « à l'honneur ». On leur donna en pâture les grands commandements militaires et comme la plupart de ces « parvenus » avaient à peu près l'âge du roi leur maître, l'armée se trouva subitement vieillie dans ses hauts cadres.

Dans la suite, la tendance sénile ne fit que s'accentuer, la vieillesse du souverain allant en augmentant d'un règne à l'autre. Elle fut enrayée un instant par l'avènement de Napoléon III[1]; hélas le rajeunissement fut de courte durée. Les officiers de l'Empire se firent vieux comme l'empereur lui-même; et il arriva qu'en 1870, Napoléon, qui avait dépassé la soixantaine, était entouré de généraux ayant eux-mêmes dépassé, ou à peu près, la soixantaine. Les moins âgés, comme Bazaine, Failly, Wimpffen, entraient dans leur soixantième année; — Le Bœuf, Canrobert, avaient soixante-un ans ; — Mac-Mahon, Ladmirault, en avaient soixante-deux ; — Frossart, soixante-trois ; — Cousin-Montauban, que l'impératrice-régente prit comme ministre de la guerre, avait soixante-qua-

---

[1] Ainsi Canrobert, qui commanda en chef en Crimée, n'avait que quarante-cinq ans.

torze ans; — le maréchal Baraguey-d'Hilliers, à qui fut confié le commandement de Paris au début de la campagne, en avait soixante-quinze.

Il arriva pour tous les hauts postes officiels ce qui était arrivé pour les commandements militaires. Les cadres de la magistrature se remplirent de goutteux et de rhumatisants, comme les cadres de l'armée.

Si nous prenons par exemple les premiers présidents à la cour d'appel de Paris depuis le commencement du siècle, nous verrons que l'âge des titulaires a toujours été en augmentant.

Séguier, qui occupa ce siège à deux reprises différentes, une première fois sous l'Empire, une seconde fois sous la Restauration, n'avait que trente-quatre ans quand il fut élevé à ce poste. On raconte qu'ayant été présenté à Napoléon Ier par son oncle, Cambacérès, l'empereur lui dit :

— « N'êtes-vous pas bien jeune pour être placé à la tête de la cour ?

— « Sire, repartit Séguier, je suis né le même jour que le vainqueur de Marengo. »

Il fut nommé. Gilbert des Voisins, qui prit sa place pendant les Cent-Jours, avait quarante et un ans. Séguier revint ensuite, à l'âge de quarante-sept ans. Il eut pour successeurs Troplong, qui avait cinquante-trois ans lors de sa nomination, — Delangle, qui en avait cinquante-cinq, — Devienne, qui en avait cinquante-six, — Gilardin, qui en avait soixante-quatre[1].

Trente-quatre ans, quarante et un ans, quarante-sept ans, cinquante-trois ans, cinquante-cinq ans, cinquante-six ans, soixante-quatre ans : il y a dans la série de ces âges une progression parfaite; et dans cette progression, tout un enseignement. On trouve là, pris sur le vif, non seulement le fait lui-même, — qui est ici l'accaparement des hautes charges par les vieux, — mais l'évolution du fait, le mode de croissance de cet accaparement, sa gestation rapide, précipitée.

Géronte a pris modèle sur la boule de neige, qui, roulée dans son élément, grossit de plus en plus. — Ne parle-t-on pas à chaque instant de la « neige des ans », des « glaces de la vieillesse » ? — Il s'est approprié la métaphore et l'a transformée en une vulgaire réalité. Il n'y a que la vieillesse qui sache ainsi changer la poésie en prose !

L'accaparement des hauts cadres administratifs s'est effectué avec trop de régularité chez nous, pour qu'on puisse dire qu'il ait été l'œuvre du hasard. Bien au contraire, le monopole a été voulu, prémédité, combiné par les intéressés.

---

[1] Le siège de premier président à la cour d'appel de Paris fut occupé par Séguier, de 1802 à 1814 ; — par Gilbert des Voisins, en 1814, — par Séguier, une seconde fois, de 1814 à 1818 ; — par Troplong, de 1848 à 1852 ; — par Delangle, de 1852 à 1858 ; — par Devienne, de 1858 à 1869 ; — par Gilardin, de 1869 à 1875.

Ce serait mal connaître les vieux que de supposer un seul instant qu'ils sont hommes à abandonner les intérêts de leur secte, l'avenir de leur coterie, aux caprices d'un souverain. Ils se sont dit avec raison que les rois sexagénaires ne vivent pas toujours, et qu'à un monarque âgé peut succéder un jeune souverain, qui d'un coup de balai fera place nette, chassera les gérontes des ministères et les enverra soigner leurs rhumatismes à l'hôtel des Invalides : aussi, pour parer aux retours de la fortune, ont-ils imaginé un système d'avancement aux fonctions publiques, qui, sous les apparences de l'équité, leur donne invariablement le pas sur les jeunes. Désormais plus de privilèges, plus d'injustices ; une règle générale pour tous. Désormais chacun à son tour gravira les degrés qui mènent au pouvoir : *on montera à l'ancienneté.*

Avec ce système, les vieux n'ont qu'à se laisser aller pour arriver, sans effort, par la seule force de la routine, aux emplois supérieurs. Une fois parvenus, ils s'y maintiennent indéfiniment ou à peu près. Ne sont-ils pas généraux jusqu'à soixante-cinq ans[1], ingénieurs jusqu'à soixante-dix[2], magistrats jusqu'à soixante-quinze[3] ?

Ils se sont bien gardés d'ailleurs de supprimer

---

[1] Il s'agit des généraux de division et des vices-amiraux.

[2] Cet âge de soixante-dix ans est relatif aux inspecteurs de 1re classe du corps des mines ou des ponts et chaussées.

[3] On peut être conseiller à la cour de cassation jusqu'à cet âge.

entièrement l'ancien mode d'avancement, l'*avancement au choix*, arme puissante entre leurs mains ; mais ils ont eu soin de mettre des entraves aux avancements trop rapides, de manière à fermer aux jeunes l'entrée des hauts emplois, de manière à leur interdire l'accès des grasses sinécures. Ainsi, dans l'armée, pour être nommé lieutenant, il faut avoir été au moins deux ans sous-lieutenant ; — pour être promu capitaine, il faut avoir été deux ans lieutenant ; — pour être promu commandant, il faut avoir été quatre ans capitaine ; — il faut trois ans du grade de commandant pour être porté lieutenant-colonel, — deux ans de ce dernier grade pour être colonel, — trois ans du grade de colonel pour arriver à celui de général de brigade, — trois ans du grade de brigadier pour être nommé divisionnaire. En tout, dix-neuf ans d'étapes forcées ! Si l'on ajoute à ce temps, — qui n'est notez-le, bien, qu'un minimum, — le nombre d'années requises pour devenir officier ; si, d'autre part, on remarque que nos chefs de corps ne sont choisis que parmi les divisionnaires ayant déjà plusieurs années de grade, on verra qu'en suivant cette filière, il est extrêmement difficile, sinon impossible, d'arriver chez nous, aux hautes positions militaires avant l'âge de cinquante ans. Ce système nous donne des capitaines de quarante-cinq ans, des officiers supérieurs de cinquante-cinq ans, des généraux de soixante ans et plus¹. C'est le triomphe de la sénilité².

Au droit d'aînesse, qui était la règle au temps de la noblesse, a succédé un droit nouveau, le droit d'ancienneté : le premier donnait aux aînés le pas sur leurs cadets, le second donne aux vieux le pas les jeunes. L'un et l'autre ont ceci de commun qu'ils confèrent un privilège à l'homme plus âgé relativement à celui qui l'est moins ; — ce qui établit entre eux une différence, c'est que l'on s'applique à l'enfant dès l'instant de sa naissance, au lieu que l'autre n'a de réalité que pour l'individu parvenu au milieu de sa carrière. En somme rien de changé : toujours l'antique droit du propriétaire, le droit du premier occupant !

On comprend maintenant pourquoi les gagas qui ont confisqué à leur profit le gouvernement de la troisième République, n'ont touché qu'aux rouages politiques, et pourquoi ils ont laissé à peu près intacts les engrenages de la machine adminis-

---

¹ J'ai relevé l'âge moyen de nos colonels de l'armée de terre en 1889 : il était de cinquante-huit ans. Le plus jeune, le colonel Dominé, avait quarante-deux ans.

² On pourrait trouver des traces du nouveau mode d'avancement dans « l'ordre du tableau », institué par Louvois, lequel n'accordait les grades supérieurs de l'armée qu'aux officiers ayant séjourné quelque temps dans les grades inférieurs. Mais cette innovation était plutôt bonne que mauvaise, et n'a rien de comparable aux institutions actuelles. D'ailleurs elle fut loin d'être toujours exécutée. Même, après le décret de Louvois, le fils de Mme de Sévigné fut nommé d'emblée colonel, à dix-sept ans.

trative. Pour triompher, ils n'ont eu qu'à continuer la tradition si bien inaugurée par les régimes monarchiques antérieurs, en la généralisant, en la renforçant.

Aujourd'hui *le grand principe* de l'ancienneté, a pénétré partout. De l'armée il s'est déversé sur toutes les administrations, sur toutes les classes de fonctionnaires. Il a envahi la diplomatie. Il est en train d'en finir avec l'instruction publique[1].

On n'a pas osé toucher au règlement des *limites d'âge;* mais on a essayé maintes et maintes fois de le tourner, et on l'a tourné effectivement.

Mac-Mahon, quand il a donné sa démission de président de la République, n'a-t-il pas eu l'aplomb de dire qu'il se retirait parce qu'il ne pouvait consentir à ce que lui demandait son ministre de la guerre? — Or, sait-on ce qu'il demandait, ce ministre de la guerre plein d'audace ? Il insistait pour faire mettre à la retraite dix commandants de corps d'armée qui avaient dépassé l'âge de soixante-cinq ans. — Le maréchal, qui avait alors soixante et onze ans, et qui, malgré Wœrth, Freschwiller, Mouzon, Sedan, se croyait toujours un foudre de guerre, ne pouvait admettre que des généraux qui étaient ses cadets de plusieurs années

---

[1] L'enseignement secondaire avait eu la bonne fortune d'échapper aux sucoirs de l'insecte ; une circulaire du ministre Fallières vient d'établir pour les professeurs des lycées et collèges la part du choix et celle de l'ancienneté.

fussent, pour cette raison, regardés comme impropres aux grands commandements!

Et lors de la création des *inspecteurs d'armée*, n'avons-nous pas entendu le ministre de la guerre lui-même, proposer à la tribune de la Chambre de reculer pour eux la limite d'âge de soixante-cinq ans? Battu, Logerot se vengea en choisissant les inspecteurs parmi les commandants de corps les plus âgés [1].

Au ministère de la marine, on n'y regarde pas de si près; et l'on trouve tout naturel de maintenir en activité les « grands chefs », bien au delà des limites légales. Cette administration n'avait-elle pas l'honneur de compter dans ses hauts cadres, il y a quelques années (c'était, si je ne me trompe, en 1886), plusieurs *commissaires généraux* âgés de soixante-cinq ans [2], et un *inspecteur général du service de santé* touchant à ses soixante-neuf ans [3]? N'est-ce pas le cas de dire, avec le fabuliste,

> Laissez leur prendre un pied chez vous,
> Ils en auront bientôt quatre.

Une des clauses les plus curieuses de ces limites

---

[1] On nomma à cet emploi le général Lewal, qui entrait dans sa soixante-cinquième année, le général Carrey de Bellemare, qui avait soixante-quatre ans; le plus jeune était le général Billot, qui avait soixante ans.

[2] L'âge de la retraite pour les commissaires généraux est de soixante-deux ans.

[3] M. Rochard. Il aurait dû avoir sa retraite sept ans auparavant.

d'âge, — clause qui met en pleine lumière la vanité de nos Mentors, — consiste dans ce fait que la limite est d'autant plus reculée que le grade du titulaire est plus élevé. Ainsi l'âge de la retraite, qui sonne à soixante-dix ans pour les magistrats des cours d'appel et pour les juges aux tribunaux de première instance, ne sonne qu'à soixante-quinze ans pour le conseiller en cour de cassation. Un ingénieur ordinaire au service de l'État ne peut conserver ses fonctions au delà de soixante ans ; mais un ingénieur en chef pourra les conserver jusqu'à soixante-deux ans, un inspecteur général de seconde classe jusqu'à soixante-cinq ans, et un inspecteur de première classe jusqu'à soixante-dix ans.

Dans l'armée, on admet qu'à partir de quarante ans, on n'est plus propre à faire un soldat[1], mais qu'on est alors éminemment propre à être ce soldat perfectionné qu'on appelle un *officier* ; — on admet qu'après soixante ans, on ne peut plus faire un colonel, mais qu'on peut faire un bon général, c'est-à-dire qu'à l'âge où l'on n'est plus habile à commander un régiment, on est apte à en commander deux[2] ; — on admet qu'après soixante-deux ans, on ne peut plus être un général de brigade passable, mais que l'on peut encore être un excellent général de division, ce qui revient à dire qu'à l'âge où l'on est incapable de diriger une bri-

[1] Un général de brigade commande deux régiments.
[2] Avec la nouvelle loi, c'est quarante-cinq ans qu'il faut dire.

12.

gade, on est encore capable d'en diriger plusieurs.

Il en est de même dans la marine.

En résumé, notre législation admet cette théorie singulière, qu'à l'âge où l'on ne peut plus occuper un poste subalterne, on est reconnu apte à gérer le poste supérieur. Au temps de la scolastique, on disait : « Qui peut le plus, peut le moins » ; aujourd'hui, on dit : « Qui peut le moins, peut le plus. » Que voulez-vous? Les temps sont changés.

Cette stupéfiante théorie reçoit chaque jour de nouvelles consécrations. Il n'y a pas longtemps que le ministre de l'instruction publique rendait un décret dont l'article 1er était ainsi conçu :

« Le personnel des Archives nationales de la Bibliothèque nationale, des bibliothèques Sainte-Geneviève, Mazarine et de l'Arsenal, sera mis d'office à la retraite d'après les règles suivantes :

« 1° Les commis, employés et hommes de service, à l'âge de soixante ans ;

« 2° Les sous-chefs de section, les archivistes, les conservateurs-adjoints, les bibliothécaires et les sous-bibliothécaires, à l'âge de soixante-cinq ans ;

« 3° Les fonctionnaires d'un grade supérieur à ceux qui sont énoncés au paragraphe précédent, à l'âge de soixante-dix ans. »

Et dire que les vieux accusent la jeunesse d'être présomptueuse !

CHAPITRE II

L'ADMINISTRATION QUE L'EUROPE NOUS ENVIE

Il y a, dans ce simple relevé des âges de nos principaux fonctionnaires, dans cette grossière arithmétique sociale dont nous venons d'ébaucher les premiers éléments, il y a là, dis-je, les bases d'une véritable philosophie de l'histoire, — j'entends de l'histoire contemporaine, — philosophie réelle et de bon aloi, dont on ne saurait trop recommander l'étude à ceux qui se proposent d'écrire les faits et gestes de la génération actuelle. Nous avons éprouvé une première fois l'efficacité de ce moyen d'investigation, en passant en revue notre monde politique; nous avons vu que, grâce à ce procédé, bien des choses, réputées inexplicables, pouvaient être facilement expliquées. De même ici, à la lumière des chiffres, tels qu'ils résultent des âges officiels, certains faits qui caractérisent l'administration française, et qui provoquaient à un haut degré l'étonnement des contemporains (je parle ici surtout des étrangers), cesseront de paraître bizarres, sembleront même tout naturels, parce que la cause qui les engendre aura été mise en lumière.

Cette cause, on la devine : c'est toujours la même ; c'est la vieillesse.

Dire, en effet, que le personnel de nos hauts fonctionnaires, est tout imprégné de l'élément sénile, et que pour cette raison leur gestion doit se ressentir des tares de la vieillesse, n'est-ce pas là exprimer une vérité de M. de La Palisse ?

La première des tares, que nous avons signalées comme inhérentes à l'âge, est la paresse. Or, nos fonctionnaires échappent encore moins à ce reproche que nos hommes politiques.

Tous les Parisiens savent que l'on rencontre plus souvent nos préfets, nos commandants de corps d'armée, sur « le boulevard » qu'à leurs postes officiels. Ils font la navette entre Paris et les départements, encombrant les voies ferrées de leur remuante personne. Rappelons-nous le préfet de l'Eure assassiné en wagon ! Rappelons-nous ce qui se passa lors de l'élection du président Carnot, où beaucoup de nos grands chefs militaires se trouvaient à Paris, à tel point qu'il fallut un ordre exprès du ministre de la guerre pour leur enjoindre de quitter la capitale et de regagner au plus vite le siège de leurs commandements.

Nos ambassadeurs surtout en prennent à leur

aise. Ah! sans doute si l'on jugeait des services qu'ils nous rendent au chiffre de leurs traitements, on pourrait les croire considérables; car de tous les fonctionnaires de la République, ce sont eux qui ont les plus forts appointements. Le moindre de nos ambassadeurs a le traitement d'un ministre [1]; celui de Saint-Pétersbourg a le traitement de quatre ministres [2]. Mais leur utilité est loin d'être en rapport avec ce qu'ils nous coûtent. On ne s'aperçoit que trop par les résultats négatifs de leurs « campagnes », qu'ils ont passé l'âge des ardeurs juvéniles; aussi maintes fois au Parlement a-t-on agité la question de savoir si l'on ne se priverait pas de leurs services. Lors des complications qui survinrent à la frontière allemande dans les dernières années, Herbette, notre ambassadeur à Berlin, n'était-il pas tranquillement en villégiature en France ? Mais, — ce qui dépasse tout, — c'est qu'au lieu de regagner son poste à la première alerte, et sans perdre un instant, il trouva plus simple de ne pas donner signe de vie, continuant, comme si rien n'était, de savourer en paix les douceurs d'un repos si bien gagné !

Herbette, qui a habité longtemps au quai d'Orsay, est mieux que tout autre, initié aux habitudes nonchalantes de notre diplomatie: c'est même sans doute la raison qui l'a fait choisir pour le poste

[1] Notre ambassadeur à Berne a 60,000 francs par an.

[2] Notre ambassadeur à Saint-Pétersbourg a 250.000 francs par an.

de Berlin, où un ambassadeur trop actif pourrait porter ombrage à M. de Bismarck. Le ministère des affaires étrangères est, en effet, un véritable palais des escargots.

Notre *Livre Jaune*, qui renferme, comme on sait, la collection des documents diplomatiques concernant les diverses affaires traitées avec les puissances, n'est jamais publié que très tard, beaucoup plus tard, par exemple, que le *Livre bleu* des Anglais, qui pourtant ont à leur disposition un personnel admnistratif moins nombreux que le nôtre.

Dans tous les ministères, c'est la même chose.

Le ministère du commerce met six ans pour faire paraître la statistique agricole de la France, et à peu près autant pour faire paraître la statistique générale de notre pays, deux publications qui pourraient être terminées en six mois[1]. — A cela, on me dira que les statisticiens peuvent attendre ! Peut-être, mais il y a d'autres cas plus intéressants.

Les établissements publics auxquels Mme Boucicaut a laissé des dons n'ont pas encore été mis en possession de ces legs. La brave dame est morte en 1887 ; et il s'agit ici de nécessiteux, de personnes qui attendent avec impatience un soulagement à leurs maux !

[1] La statistique agricole relative à l'année 1882 a paru en 1886. Les résultats du recensement de la population, opéré en mai 1886, n'ont paru qu'en septembre 1888 ; encore n'est-ce là que la première partie !

Des faits analogues à celui-là, on pourrait en citer par centaines.

Quelques personnes se souviennent peut-être de l'accident dont le port de Lisbonne fut le théâtre, il y a quelques années, je veux parler de la collision qui eut lieu entre deux navires, la *Ville-de-Victoria* et le *Sultan*, l'un appartenant à notre marine, l'autre à la marine anglaise. Le navire britannique ayant coulé le bateau français, dut lui payer une indemnité, et le montant de cette indemnité fut versé à notre gouvernement par le gouvernement de la Reine. Croirait-on que, depuis vingt-huit mois que l'argent est dans les caisses du Trésor, l'administration n'en a pas encore terminé la répartition ?

C'est le ministère de la marine qui est en cause ici, le ministère dans lequel les vieux dominent[1], et aussi celui que l'on a toujours le plus accusé de paresse. Quiconque a eu l'occasion de pénétrer une seule fois dans les bureaux de la rue Royale rapporte de cette première visite, instinctivement, l'impression d'une profonde incurie ; à voir la disposition intérieure de l'édifice, ces corridors étroits et tortueux, véritables boyaux où ne pénètrent ni l'air, ni la lumière, où employés et visiteurs ne circulent que difficilement, on dirait que le monument a été conçu de manière à exclure toute idée d'activité, de mouvement.

[1] Voyez p. 196.

Qui ne connaît l'histoire de ce fonctionnaire colonial qui trouva le moyen de faire le tour du monde aux frais des contribuables ? — C'était, il y a une douzaine d'années, sous le ministère de l'amiral Pothuau. Il y avait alors à la Martinique un fonctionnaire qui s'ennuyait (ils s'ennuient tous là-bas) et qui d'ennui tomba malade. Une fois rétabli, l'idée lui vint de demander un congé de convalescence, avec l'autorisation de venir le passer en France. On le lui accorda, et jusque-là rien d'anormal. Le piquant de l'affaire, c'est que, durant son séjour à Paris, il fut nommé à Taïti, tout au fond de l'Océanie. Son congé expiré, il se rend donc à Taïti, siège de son nouveau poste. Mais à peine était-il arrivé à destination, qu'il reçut la nouvelle de son avancement. Cette fois, on l'envoyait en Cochinchine. Il se rembarqua ; et comme il voyageait aux frais de l'État, il prit naturellement pour revenir la voie la plus longue, la voie de l'Amérique ; il traversa le Pacifique et l'Atlantique, revit la France, où il se reposa quelque temps de ses pérégrinations ; finalement il prit le paquebot à Marseille, pour aller rejoindre son poste dans l'Extrême-Orient. — Que pensez-vous de ce petit voyage ? — J'oubliais de dire que ce fonctionnaire n'était pas seul, qu'il traînait avec lui sa famille, composée, je crois, de huit personnes, laquelle, durant une année, parcourut avec lui les mers, aux frais de l'État. Les bureaux de la marine, dans ce seul cas, et par leur faute, ont causé au Trésor un préjudice d'une centaine de mille francs. Une bagatelle, comme on voit !

On remplirait un volume à énumérer les faits où notre administration, cette administration « que l'Europe nous envie », est prise en flagrant délit de paresse. — Après la dernière Exposition, un certain nombre de décorations furent distribuées aux industriels et aux commerçants qui y avaient participé, comme c'est l'usage en pareil cas. Il se passa à ce sujet des choses extraordinaires. Plusieurs des personnes décorées virent leur nom estropié au *Journal officiel ;* on éleva à la dignité de *chevaliers de la Légion d'honneur* des hommes qui l'étaient depuis longtemps : il y eut des erreurs commises non seulement dans les noms, mais dans les grades et dans les emplois des nouveaux titulaires [1]. Ces erreurs n'étaient nullement imputables aux typographes ; ce n'étaient pas de ces *coquilles*, qui se glissent si facilement dans tout ce qui s'imprime, dans les livres comme dans les journaux : elles provenaient de l'administration elle-même, — du ministère du commerce d'abord, qui, proposant certains noms pour la décoration, aurait dû faire une enquête sur la personnalité de l'exposant, afin d'être certain qu'il méritait en tous points la dignité qui allait

---

[1] Citons MM. Gallé, Capitain-Gény, Rey, qui étaient déjà chevaliers, au moment de leur nomination, et que le gouvernement a nommés officiers le lendemain.

lui être conférée, — et aussi de la chancellerie de la Légion d'honneur, qui, pour chaque nomination, doit vérifier au préalable le grade du titulaire admis.

Le public sait tout cela, et, chose plus grave, il ne s'en étonne même plus. On lui a dépeint tant de fois le bureaucrate comme un individu nonchalant, comme un individu auquel il ne manque plus que des nerfs et des muscles pour être un homme, qu'il ne se le figure plus possible autrement. Il se le représente, tantôt dormant, à demi couché sur son pupitre, tantôt bâillant, regardant l'heure d'un air ennuyé, peu soucieux de maculer d'encre la feuille de papier à grand format placée devant lui : un bureaucrate laborieux, donnant des signes d'activité, faisant preuve d'énergie, serait pour lui un contre sens, une monstruosité.

Il y a longtemps qu'on l'a dit : l'accoutumance est une seconde nature. A l'heure actuelle, le public français est tellement habitué à l'inertie de ses fonctionnaires, que, quand par hasard il les voit rompre pour un moment avec leurs habitudes traditionnelles, il ne peut en croire ses yeux. — Lorsque le sous-secrétaire d'Etat Etienne décida que dorénavant les informations économiques venues des colonies seraient publiées tous les mois, et qu'un exemplaire en serait régulièrement envoyé aux chambres de commerce, aux chambres des arts-et-manufactures, aux chambres syndicales, il s'éleva de toute part à son adresse un concert de louanges, dont l'administration eut sa part. Et pourtant, quoi de plus naturel que de ne pas laisser enfouis dans des cartons des documents que l'on a pris la peine de réunir et de centraliser, et qui n'ont aucune raison d'être, s'ils ne sont pas communiqués aux intéressés ? Voilà des années que les choses se passent ainsi dans les autres pays ; il n'y avait que chez nous que ce travail n'était pas exécuté!

Vraiment il est heureux pour le peuple français que ce ne soit pas la machine administrative qui ait à moudre le grain dont il fait son pain de chaque jour ; car il lui arriverait souvent, à ce bon peuple, d'en manquer, et maintes fois il courrait risque de mourir de faim ! Chose incroyable, ce peuple de travailleurs, ce peuple qui hait les oisifs et donne à tous l'exemple des vertus laborieuses, ce peuple qui peine du matin au soir, mettant à chaque instant en pratique la maxime du bonhomme Richard : — « ne remets jamais au lendemain ce que tu peux faire la veille », — ce peuple, dis-je, a pris, pour gérer ses affaires, pour administrer ses intérêts, un tas d'hommes auxquels la besogne fait peur, et pour qui le travail est la plus ennuyeuse corvée qui soit au monde ! Pendant que lui est à la tâche douze heures par jour, suant et soufflant ses employés, qui devraient être ses serviteurs, mais qui sont bel et bien ses maîtres, trouvent que six heures c'est beaucoup trop, — six heures, remarquez-le bien, non de travail effectif, mais de simple présence. Car dans toutes les administrations il est admis que travailler, c'est paraître. Messieurs les employés se croient encore à l'époque des coches et des diligences ; ils n'ont pas l'air de douter le moins du monde que nous sommes au siècle de la vapeur et de l'électricité, au siècle des chemins de fer, des télégraphes, des téléphones, au siècle où les limaces ont des jambes et les escargots des ailes.

Le grand coupable, c'est Géronte lui-même.

Les vieux auront beau dire que tout le travail dans les administrations étant fait par des employés subalternes (parmi lesquels on compte beaucoup de jeunes), c'est à ceux-ci, et non à eux-mêmes, qu'il faut s'en prendre des lenteurs avec lesquelles s'accomplit la besogne. — Un capitaine n'est-il pas responsable de la tenue de sa compagnie ? Un colonel n'est-il pas responsable de son régiment, — un général, de son armée ? Si les gérontes ont de mauvais soldats, c'est qu'ils sont eux-mêmes de mauvais chefs. Un employé respectueux doit régler sa montre sur celle de son supérieur : est-ce sa faute, à lui, si celle-ci retarde toujours ?

L'exemple est comme le soleil en plein midi : il vient de haut. Ce n'est que lorsque l'astre radieux a atteint le point culminant de sa course qu'il déverse sur nous dans toute leur plénitude sa chaleur et sa lumière ; de même, l'exemple descend du supérieur vers l'inférieur, de ceux qui détiennent les hauts postes vers ceux qui ont en partage les grades moins élevés. Tant vaut le patron, tant vaut l'ouvrier.

Or, chez nous, les bons exemples, loin de venir d'en haut, viendraient plutôt d'en bas. Plus on s'élève le long de l'échelle administrative, plus on trouve celle-ci pourrie ; seuls les échelons qui touchent au sol sont encore en bon état. Dans les diverses administrations, on travaille d'autant moins qu'on occupe au service de l'État une place plus en vue.

Quel exemple plus frappant à citer que celui du personnel enseignant? — Au lycée, le professeur d'une classe de grammaire a régulièrement ses deux cours à faire tous les jours; — le professeur des classes supérieures, celui de mathématiques spéciales entre autres, n'en a plus qu'un ; — le professeur de faculté, lui, ne paraît guère à sa chaire qu'une fois ou deux par semaine.

Je n'entends point défendre ici le personnel du bas enseignement. Ce personnel compte dans son sein beaucoup de vieux professeurs qui terminent là leur carrière, et qui sont loin de faire étalage de qualités laborieuses. J'en appelle à tous ceux qui ont passé par là. Quant à moi, je me souviens que le temps de l'*étude* se passait à apprendre des textes latins auxquels nous ne comprenions goutte : on appelait cela, *apprendre par cœur*, sans doute parce que la tête ne jouait aucun rôle dans ce genre d'exercice. Le professeur ne s'occupait guère de nous. Il regardait sa mission comme terminée quand, durant les deux tristes heures de *classe*, il nous avait fait débiter les vers du *Jardin des racines grecques* (jardin qui n'avait rien de fleuri, je vous assure), ou que, sous prétexte de nous initier aux mystères de la géographie, il nous avait fait réciter, comme on ferait égréner les perles d'un chapelet, toute une interminable série de noms de villes, de rivières ou de montagnes, dont nous ignorions entièrement l'importance relative et la position sur la carte [1].

Mais passons. Car notre enseignement secondaire est dans une situation presque florissante, si on le compare à notre enseignement supérieur ! Celui-ci, les vieux l'ont à peu près tué. — Aux *Universités* allemandes, pleines de force, débordantes de sève, nous n'avons à opposer que des *Facultés* dégénérées, pauvres corps exsangues, d'où la vie semble s'être retirée. Presque partout les cours de nos facultés des lettres et des sciences sont déserts : à tel point qu'il a fallu, pour les peupler un peu,

---

[1] Un professeur de l'Université, envoyé en mission en Allemagne, il y a quelques années, faisait remarquer que la somme des heures de *classe* est moindre dans nos collèges que dans les gymnases d'outre-Rhin, et que les heures d'*étude* y sont plus longues : ce qui veut dire que, chez nous, l'élève est abandonné plus longtemps à lui-même, que le contact du professeur et du disciple est moins prolongé ; en somme, que le professeur ne se donne pas assez de peine.

distribuer des *bourses* aux étudiants pauvres ou soi-disant tels. Messieurs les professeurs en sont réduits à payer leurs auditeurs [1] ! Ils prétendent que les élèves leur font défaut ! Ne seraient-ce pas les professeurs qui feraient fuir les élèves, parce qu'ils ne sont plus à la hauteur de leur tâche ???

Je me rappelle qu'à l'école Polytechnique, dont l'enseignement est pourtant si renommé, nous avions à chaque instant sous les yeux des scènes de *gâtisme*. Je revois toujours ce professeur, qui, soit qu'il fût impuissant à préparer son cours, soit qu'il ne voulût plus s'en donner la peine, n'avait rien trouvé de mieux que de le lire. D'une voix monotone il débitait sa prose filandreuse, sans changer un seul mot du texte ; et comme ce texte, imprimé depuis des années, était sous les yeux de chaque élève, vous voyez l'utilité d'une pareille leçon !

Il y en avait un autre qui avait l'habitude d'arriver devant nous sans préparation aucune, sans même savoir ce qu'il allait dire. Il pataugeait régulièrement. Après quelques minutes, il se trouvait arrêté net, et dans l'impossibilité de continuer ; ce n'est qu'à force de barboter, qu'il parvenait à se ressaisir, et finissait par achever son cours. Mais

---

[1] Même à Paris, il ne faudrait pas croire à l'affluence des auditeurs, à la Sorbonne, au Collège de France, ou ailleurs. A la Faculté des lettres, il est certains cours qui réunissent à grand'peine vingt auditeurs ; quelquefois même personne ne se présente pour recueillir la manne intellectuelle.

quel gâchis ! Nos jeunes cerveaux sortaient de là troublés, humiliés, honteux pour le professeur. Aussi, quand un de ces invalides était souffrant (et le cas était assez fréquent, vu leur âge), ne montrions-nous pas grande tristesse ; la leçon était alors donnée par un suppléant, par un jeune : c'est dire qu'elle était faite consciencieusement.

Et pourtant ce n'était pas la besogne qui les étouffait, ces « fossiles » ! Deux cours par semaine, d'une heure et demie chacun, pendant six mois : voilà leur travail de toute une année ! Quelque chose comme soixante-dix à quatre-vingts heures en trois cent soixante-cinq jours ! — Il en est ainsi d'ailleurs dans la plupart des établissements d'instruction supérieure.

A ne sortir qu'aussi rarement du fourreau, la lame finit par se rouiller ; à la longue, elle ne sort plus du tout, et l'arme se trouve être hors d'usage. Les vieux professeurs, après avoir paressé pendant longtemps, en arrivent à l'inaction absolue. Dernièrement le rapporteur du budget de l'instruction publique : la Chambre faisait remarquer que le *Bureau des longitudes* avait entièrement suspendu, depuis plusieurs années, la publication des *tables de la lune*, tables qu'il a pour mission de calculer et de reviser sans cesse, dans l'intérêt de la navigation !

De tous nos fonctionnaires, ceux qui ont le privilége de rester le plus longtemps en place, ceux pour qui l'âge de la retraite est le plus reculé, sont les magistrats ; de tous, ce sont aussi ceux dont la gestion laisse le plus à désirer au point de vue de l'expédition des affaires.

Tout le monde connaît, au moins de nom, la *Cour des comptes*, ce tribunal de comptables qui a pour mission de vérifier les dépenses faites par nos ministres. Mais ce qu'on ignore généralement, c'est le temps que mettent ces vieux magistrats pour mener à bonne fin leurs « travaux ». — Pas moins d'une dizaine d'années !

Ce n'est pas une plaisanterie. Les comptes des années 1876, 1877, 1878, 1879 n'ont été présentés qu'au mois de mars 1888, c'est-à-dire huit ans, neuf ans, dix ans, onze ans après l'exercice écoulé. Entre autres irrégularités, la cour en relevait une qui avait été commise par M. Buffet, lorsqu'il était ministre : de l'histoire ancienne, comme on voit !

Avec cette manière de procéder, nos vieux ministres ne sont justiciables que de leur propre conscience ; car ils peuvent avoir abandonné depuis longtemps la scène politique, et même la scène du monde quand sont dénoncés les abus qu'ils ont pu commettre dans l'exercice de leurs fonctions.

Les mêmes magistrats viennent à peine de terminer leur rapport sur les comptes de l'Exposition de 1878 ; il leur a paru bon d'attendre que l'Exposition du Centenaire fût ouverte, pour juger celle qui l'avait précédée. L'apurement des comptes, il est vrai, n'a signalé aucun virement à la charge de ceux qui ont eu en main les clés de la caisse ; mais dans le cas où tout ne se serait pas passé régulièrement, quel eût été le recours de la partie intéressée contre les délinquants ? Est-ce qu'on condamne des morts [1] ?

Tout dernièrement, le président de la cour, Humbert, voulait bien reconnaître publiquement que les affaires n'étaient pas expédiées avec toute la rapidité désirable, que même certaines d'entre elles traînaient pendant des années avant d'être examinées. Mais la faute n'en était point aux conseillers : le seul coupable ici, c'était..... le local. Oui, si les dossiers s'accumulent et s'entassent les uns sur les autres, cela tient à l'exiguïté du Palais-Royal, où l'on a logé la Cour des comptes; que l'on rebâtisse le palais du quay d'Orsay, et tout ira « comme sur des roulettes » [2].

Le *Conseil d'État* ne le cède en rien à la Cour des comptes pour la lenteur. Comme sa sœur aînée, comme toute l'administration française, il semble avoir pris pour emblème l'escargot ; il met plus de temps à faire une loi, qu'un marin n'en mettrait à

---

[1] Il ne faudrait pas croire que je cite à dessein quelques faits isolés; ces retards sont la règle à la Cour des comptes. On a accusé un receveur municipal de Marseille, M. Sauvaire-Jourdan, d'avoir commis dans le règlement de l'emprunt 1877 une erreur d'environ un demi-million. La cour des comptes a donné son avis sur cette affaire en juin 1885, douze ans après l'événement.

[2] Séance du Sénat, 7 mars 1890.

faire cinq ou six fois le tour du monde : à coup sûr il ne comprend pas la portée du proverbe *Times is money*, qui depuis si longtemps a cours chez nos voisins les Anglais.

En mars 1887, une loi votée par les Chambres confia au gouvernement le soin de sauvegarder nos monuments historiques, d'assurer de leur conservation sur toute la surface du territoire, de faire étayer ceux qui menaçaient ruines et restaurer ceux qui étaient en train de se délabrer, de rendre leur aspect primitif à tous ceux dont la destination avait été méconnue et dénaturée. Croirait-on qu'il n'a pas fallu moins d'un an et demi aux conseillers d'État pour élaborer la loi ? Dix jurisconsultes, pour confectionner un grimoire législatif, ont mis autant de temps qu'un auteur en mettrait pour écrire trois livres !

C'est surtout dans la partie dite du *Contentieux* qu'il faut voir à l'œuvre le conseil d'État. Il y a là des procès pendants qui durent depuis quatorze ans. — Quatorze ans : c'est la durée d'un gouvernement chez nous ! Avec ces habitudes nonchalantes, les représentants de l'autorité, en France, ont beau jeu ; quand sonne pour eux l'heure où ils se voient assignés en abus de pouvoir, il y a longtemps qu'ils ont « passé la main » à d'autres.

Nos tribunaux civils, pour être un peu moins lents que nos tribunaux administratifs, n'en ont pas moins des allures de limaces. Le moindre procès chez nous traîne deux ans[1] ; il en peut durer huit ou neuf.

Tous les Parisiens ont encore présent à la mémoire l'affreux accident de la rue François-Miron, cette explosion de gaz qui blessa plusieurs personnes et mit quelques-unes d'entre elles hors d'état de travailler à l'avenir. Cela se passait en juillet 1882. Les victimes de la Compagnie du gaz ont naturellement assigné devant les tribunaux la toute-puissante société[1] pour la mettre en demeure de réparer les dommages qu'elle leur avait causés. Voilà plus de huit ans que le procès dure, que le papier timbré succède au papier timbré, et les malheureux estropiés, incapables de gagner leur vie, attendent toujours. Ils attendront longtemps encore.

Dans l'antiquité, on représentait la justice avec un bandeau sur les yeux ; il est, en effet, conforme à l'équité que les magistrats rendent leurs arrêts, les yeux fermés, c'est-à-dire sans se préoccuper de la personne, ni de la situation des demandeurs. Nous, nous avons fait, non plus une aveugle, mais une boiteuse, une infirme qui ne peut plus avancer et qui profite de tous les détours du chemin pour

---

[1] Le procès intenté par Sardou au journal le Gil Blas, en novembre 1887, parce que ce journal avait publié in extenso le drame de la Tosca avant sa représentation, n'a été jugé par la première chambre du tribunal civil qu'en novembre 1889 ; ce qui fait deux ans pour un litige en première instance.

se reposer. — Cela tient à « l'encombrement du rôle », disent nos magistrats. — Mais pourquoi laisse-t-on le rôle s'encombrer? Pourquoi s'en va-t-on en vacances quand les procès sont en suspens? Pourquoi trouve-t-on bon d'interrompre un mois, deux mois par an, la vie judiciaire? Est-ce que la vie sociale s'arrête, elle? Est-ce que les affaires en France chôment plus à la fin de l'été qu'au commencement, plus à l'automne qu'au printemps? Pourquoi? si ce n'est parce que nos premiers magistrats, ceux qui mettent en branle la machine judiciaire, sont des vieux? — Dame, à soixante ans on n'a plus le feu sacré!

Au moment où j'écris ces lignes, la Cour d'appel de Paris vient de lever l'interdit dont le malheureux commandant Hériot, le directeur des magasins du Louvre, avait été frappé. Entre le jour où le tribunal civil de la Seine a rendu son arrêt et le jour où la Cour d'appel l'a infirmé, il s'est écoulé toute une année. — Ainsi, les magasins du Louvre, « les plus vastes et les plus beaux du monde, » comme ils s'intitulent, sont restés durant toute une année sans maître! Ainsi, cet établissement colossal, où se brassent dix millions d'affaires par mois, a été le jouet des intrigants durant toute une année! Supposez que la maison ait été moins solidement assise, et qu'elle ait succombé dans ce tragique entr'acte : qui eût été, je ne dis pas légalement, mais équitablement responsable du désastre, — liquidation ou faillite ? — La Cour d'appel évidemment, qui a mis onze mois à rendre un jugement qu'elle eût pu rendre en quelques semaines.

On le voit, l'indolence de nos magistrats peut avoir sur la marche des affaires une influence des plus pernicieuses.

Combien de fois n'arrive-t-il pas qu'un homme, profondément lésé dans ses intérêts, hésite à attaquer son adversaire, par crainte des lenteurs d'un procès ? Encore, ici ce ne sont que les affaires qui pâtissent ! Pour ce qui est du ressort de la juridiction criminelle, c'est l'homme lui-même qui souffre, et qui souffre dans ce qu'il a de plus cher au monde, son indépendance.

Il n'est pas rare de voir un juge d'instruction garder à sa disposition pendant des mois entiers un homme sur qui planent des soupçons. On cite des cas de prison préventive qui dépassent un an et même un an et demi. A qui fera-t-on croire qu'un laps de temps aussi long soit nécessaire à un magistrat aussi laborieux, à un homme jeune et actif, pour instruire un procès, si compliqué qu'on le suppose? Le procureur Quesnay de Beaurepaire, lui, n'a mis que trois mois pour formuler contre le général Boulanger, contre Rochefort et contre Dillon, un des plus volumineux réquisitoires que l'on ait vu, — preuve que, quand il le faut, on sait aller vite en besogne. Les lenteurs auxquelles nous a habitués la procédure criminelle sont donc imputables à la paresse et à l'incurie des juges : paresse d'autant plus blâmable, incurie d'autant plus coupable que les magistrats chargés de l'instruction ont souvent devant eux des innocents!

En février 1888, une sage-femme de Paris, Mme Thomas, dénoncée pour avoir pratiqué des manœuvres abortives ayant occasionné la mort, fut arrêtée à son domicile et conduite à Saint-Lazare. Elle y resta six mois, et elle y mourut, en juillet, avant d'avoir été jugée. On a dit que, se sentant innocente, elle était morte de chagrin ; la chose est possible ; je n'en sais rien. Mais n'est-il pas vrai que ce régime barbare de la détention arbitraire est loin de faire honneur à la magistrature? N'est-il pas vrai que des préventions aussi longues sont sans excuse dans une grande ville comme Paris, à la veille du xx° siècle, sous un régime qui se dit républicain et qui prétend garantir la liberté à tous ?

La liberté? sous le régime actuel? — Les représentants de l'autorité, du plus grand au plus petit, s'en moquent ouvertement. — A Paris, il n'est pas rare de voir un individu arrêté par un agent de police, rester au *Dépôt* sept ou huit jours avant d'être mis en présence du juge d'instruction qui, en l'interrogeant, reconnaît qu'on a eu tort de l'incarcérer et ordonne sa mise en liberté. La semaine de prison n'en a pas moins été faite [1] !

---

[1] Consultez *la Police*, par Yves Guyot.

Le 20 février dernier, à onze heures du soir, les agents étaient en train d'opérer une rafle aux abords des Halles Centrales. Une servante employée dans un *bouillon Duval* passait par là, regagnant son domicile, la journée terminée ; tout à coup elle se voit brutalement arrêtée, et malgré ses supplications on l'emmène au poste. Là, elle a beau dire son nom — Monnier — donner son adresse, montrer ses papiers, on ne l'écoute même pas. La malheureuse fut envoyée au Dépôt, où on la laissa enfermée pendant cinq longs jours. Ce laps de temps écoulé, on daigna l'interroger et l'on reconnut que sa conduite était à l'abri de tout soupçon !

Dans l'administration française, le meurtre par imprudence, l'assassinat involontaire, l'accident ayant causé mort d'homme, tous faits imputables à la négligence, à l'apathie, à la paresse des chefs de services, sont choses assez communes.

On n'a pas oublié le nom de ce gouverneur du Sénégal qui, en octobre 1888, envoyait quatre nègres prendre possession de l'île Alkatras, île entièrement déserte, mais que l'on croyait riche en gisements de guano[1]. Cette terre ne pouvant offrir aucune ressource, puisqu'elle était inhabitée et inculte, on avait promis aux nègres de les ravitailler au bout de deux mois (ils n'avaient pas

---

[1] Il s'agit de M. Genouille, ex-gouverneur du Sénégal.

de vivres pour plus longtemps). Les deux mois écoulés, ils ne virent rien venir : il paraît que le gouverneur ne pensait plus à eux. Ce ne fut que six mois après qu'un navire, abordant sur les côtes de l'île constata leur décès. Les colons officiels, Robinsons malgré eux, étaient morts de faim. Le gouverneur fut révoqué et même condamné par les tribunaux ; mais cela n'a pas rendu la vie à ces quatre malheureux, victimes de son incurie, abandonnés par lui au plus affreux des supplices.

Il ne se passe guère d'années qu'on n'ait à déplorer la mort d'un de nos soldats, due à la négligence des médecins militaires chargés de les soigner. Ceux-ci, dans la grande majorité des cas, ne se donnent même pas la peine d'examiner le malade qui se plaint ; et, au lieu de le faire transporter soit à l'infirmerie, soit à l'hôpital, ils trouvent plus commode de l'envoyer à la salle de police. Diagnostic d'une simplicité enfantine et à la portée de tous ! Mais aussi qu'arrive-t-il ? — C'est que, quelques jours après, de pauvres diables ont payé de leur vie l'incurie du docteur. De temps en temps, on fait un exemple, comme il est arrivé en juin 1889 pour le chef du service de santé au 36e de ligne[1] : mais à côté de ces faits connus, où le ministre de la guerre a pour ainsi dire la main forcée par l'opinion publique, combien nous échappent ?

[1] Il s'agit du médecin-major de première classe, Bienvenu.

Ce genre de faits est d'autant plus étonnant, qu'un médecin, — tout le monde le sait, — est l'activité même, le dévouement incarné. C'est le médecin qui, de tous ses confrères adonnés aux professions libérales, a la vie la plus courte, parce que c'est lui qui a l'existence la plus pénible, parce que c'est lui qui mène la vie la plus fatigante. De lui surtout on peut dire : « L'homme ne meurt pas, il se tue » ; et c'est pour ses semblables qu'il se tue ! — Eh bien ! cet homme si actif, si intrépide, cet homme auquel ni la contagion, ni l'épidémie ne font peur, cet homme qui passe, sans murmurer, toute une nuit au chevet de celui qui souffre, transformez-le en médecin militaire : il deviendra aussi somnolent qu'il était infatigable, aussi apathique qu'il était laborieux, aussi nonchalant qu'il était ardent au travail; il ne s'occupera pas plus de ses malades que s'ils n'existaient pas.

Et cela est vrai de tous les fonctionnaires. Il suffit qu'un homme entre au service de l'État chez nous, pour qu'il se transforme à son désavantage. A la vérité, l'air qu'il respire, l'eau qu'il boit, le pain qu'il mange, ne diffèrent point de l'air, de l'eau, du pain qui sont à l'usage de tout le monde : mais bon gré, mal gré, il subit l'influence du contact sénile; il vieillit par le seul fait qu'il s'enrégimente dans l'armée des vieux.

CHAPITRE III

LES TARES DU MONDE ADMINISTRATIF

Tous les vices qui font cortège à la paresse, toutes les défaillances que nous avons signalées chez nos hommes politiques, toutes les tares qui sont le triste apanage de la vieillesse, il faut nous attendre à en retrouver la trace chez nos hauts fonctionnaires.

Dans le monde administratif, comme dans le monde gouvernemental, on pratique cette vilaine politique, qui consiste à ménager le fort et à sacrifier le faible, à caresser le tigre et à écraser la fourmi.

N'avons-nous pas vu, sous prétexte d'hygiène, le préfet de la Seine enlever aux chiffonniers de Paris le droit d'exploiter librement les détritus ménagers, quand il laisse à quelques gros industriels de la banlieue l'autorisation d'empoisonner la capitale par toutes sortes d'émanations délétères et de rendre ainsi irrespirable le peu d'air que les Parisiens ont à leur disposition [1] ?

---

[1] En 1888, d'après les documents officiels, sur 760,000 tonnes embarquées et débarquées sur le canal Saint-Denis,

Les tribunaux poursuivent avec la plus impitoyable rigueur le pauvre diable qui a fait usage de *fausse* monnaie; ils laissent en paix les notables commerçants qui vendent à leurs contemporains de *faux* vin ou de *fausse* eau-de-vie. Ils condamnent à plusieurs mois de prison le père de famille, qui, à bout de ressources, a dérobé un pain dans la boutique du boulanger pour nourrir ses enfants; quant au boulanger, qui triche sur le poids du pain, et qui vole sans avoir pour lui l'excuse du besoin, il en est quitte pour quelques francs d'amende. L'escroc qui soustrait trois ou quatre millions au public n'est pas plus puni que l'homme qui prend un litre de vin à la devanture de l'épicier. — Appropriez-vous le bien d'autrui, semble-t-on dire aux voleurs; mais opérez en millionnaires; les naïfs qui lésineront sur la somme à empocher se verront appliquer le maximum de la peine[1].

Le 12 janvier 1888 comparaissait devant la justice un riche fabricant de sucre du département de la Somme, accusé d'avoir introduit clandestinement dans son usine une grande quantité de betteraves, et cela, de concert avec le receveur de la régie de l'endroit; on évaluait à 80,000 francs le

---

524,000, c'est-à-dire près des trois quarts, sont remplies de matières fécales, destinées à être transformées en engrais ou en autres produits, dans les usines d'Aubervilliers.

[1] En novembre 1889, la cour d'assises de la Sarthe condamnait un nommé Louis Terrien à vingt ans de travaux forcés, pour avoir volé une pièce de cent sous.

montant du préjudice que cette fraude causait au fisc. La cour rendit un verdict d'acquittement. — Le même jour, à Moulins, un capitaine de la garnison, poursuivi pour avoir fait entrer, sans les avoir déclarées à l'octroi, vingt barriques de vin, destinées, notez-le bien, à la consommation des soldats de son escadron, se voyait condamné par le tribunal à 4,000 francs d'amende, sans compter les « dommages et intérêts » envers le Trésor et envers la ville. — La presse de toutes nuances n'a pas manqué, en signalant ces deux jugements, de les livrer à l'appréciation du public.

Lorsqu'il arrive à un homme ayant quelque influence ou quelque notoriété d'être condamné en police correctionnelle, s'il vient à faire appel à une juridiction supérieure, on remarque que la rigueur du verdict, en passant d'un tribunal à l'autre, se trouve presque toujours, ou entièrement annulée, ou du moins notablement atténuée; les choses se passent comme si les ménagements envers l'accusé étaient en raison de l'âge des juges. C'est ainsi que Carvalho, l'ancien directeur de l'Opéra-Comique, qui avait été condamné à trois mois de prison pour n'avoir pas observé les règlements de police à l'intérieur de son théâtre, a été absous par la chambre des appels correctionnels. C'est ainsi que Wilson, condamné à deux ans par la 10ᵉ chambre, a été acquitté.

On se rappelle pourtant de quels « considérants » flétrissants les magistrats de la 10ᵉ chambre avaient fait précéder leur jugement. — « Attendu, disaient-ils, que la conduite de Wilson, en raison de sa grande situation de fortune, en raison aussi et surtout de sa haute situation politique et de famille, est inexcusable;

« Qu'il a non seulement compromis par ses agissements son honneur et sa dignité personnelle, mais qu'il a, à raison même de la position qu'il avait près du chef de l'État, offensé la conscience et la moralité publiques;

« Qu'il a failli même compromettre l'honneur et la dignité nationale;

« Que c'est donc le cas pour le tribunal de lui faire l'application de la loi sans lui accorder le bénéfice des circonstances atténuantes... » — Voilà ce qu'on peut appeler un arrêt motivé. Il n'en fut pas moins cassé par les vieux magistrats de la cour d'appel, qui déclarèrent non punissables des faits que leurs confrères, moins âgés, avaient cru devoir frapper avec la dernière rigueur, et qui affirmèrent que Wilson était, aux yeux de la justice, blanc comme neige. Quant aux femmes qui avaient servi d'intermédiaires à ces négociations louches, quant aux employés qui avaient mis la plume à la main pour libeller des traités inavouables, ils furent condamnés sévèrement et leur peine fut maintenue.

« Malheur aux vaincus! » clamaient les anciens Gaulois; « Malheur aux faibles »! disent les

Français d'aujourd'hui, du moins les Français du monde officiel.

Un spectacle plus écœurant encore, — parce qu'ici ce n'est plus l'argent, ni même l'honneur, mais la vie humaine elle-même qui est en jeu, — est celui que nous donnent trop souvent les présidents de cours d'assises, lorsqu'ils procèdent à l'interrogatoire d'un criminel. A leur air satisfait, à l'extrême désinvolture avec laquelle ils posent leurs questions, on ne se douterait pas qu'ils ont devant eux un homme qui va mourir. Il n'y a pas longtemps qu'on a enlevé aux présidents de cour d'assises la prérogative de clore les débats, parce que leur discours était toujours un réquisitoire, qui pesait d'autant sur le verdict des jurés. Ils s'en vengent en retournant de toutes les manières le patient sur le gril, durant l'interrogatoire. Tout le monde a encore présentes à la mémoire les réflexions déplacées qui sortirent de la bouche du président, dans l'affaire Pranzini. Ce magistrat auquel était dévolu un « pouvoir discrétionnaire », cet homme qui représentait la société dans sa toute-puissance vengeresse, jouait avec la victime comme un chat avec une souris. « Cet âge est sans pitié », a dit le fabuliste en parlant des enfants ; il eût pu en dire autant des vieillards, ces grands enfants.

Le prétoire, ce jour-là, avait été transformé en une sorte de théâtre en miniature, dans lequel les amateurs d'exhibitions curieuses, les blasés, et surtout les blasées, depuis la grande dame du *high-life* jusqu'à la cocotte *distinguée* (d'autant plus distinguée qu'elle met tous ses soins à se *distinguer*), venaient contempler le sinistre amant de madame de Montille. La cour d'assises, ce lieu vénéré, où dans l'intérêt même de la justice, tout le monde a le droit de pénétrer, avait été changé en une salle de spectacle, dont l'entrée était réservée à quelques privilégiés. On n'y pénétrait qu'avec des cartes (c'étaient des numéros d'omnibus empruntés pour la circonstance à un bureau voisin du Palais de Justice), et les chiffres inscrits sur la carte indiquaient le rang assigné à chacun d'eux. Pranzini avait cessé d'être un assassin, les magistrats avaient cessé d'être des juges : on n'avait plus devant soi que des acteurs et des *impresarios*.

Nous avons dit ce qu'était devenu l'Elysée sous le règne de Grévy, — un bazar où l'on vendait des croix d'honneur, — une banque où l'on escomptait les nominations aux hauts postes de l'Etat, — une boutique où la signature officielle s'échangeait couramment contre espèces sonnantes, — une maison de commerce interlope où l'on faisait à la fois *le gros* et *le détail* du trafic administratif.

Faire acte de commerce, n'est-ce pas acheter les denrées à bas prix pour les revendre ensuite à des prix plus élevés? Or ces deux tendances, consistant, l'une à dépenser le moins possible, l'autre à gagner le plus possible, n'étaient-elles pas aussi celles de la maison Grévy et Cⁱᵉ? On économisait sur les dîners, sur les soirées, sur les bals, sur les fêtes, sur les voyages; en revanche, on cotait à des prix surélevés tout ce que l'on y vendait et l'on faisait consciencieusement danser l'anse du panier républicain.

De l'Elysée, l'avarice, l'avidité, la vénalité se répandirent comme une lèpre sur le monde officiel. On vit nos hauts fonctionnaires modeler leur conduite sur celle du chef de l'Etat.

On vit nos ambassadeurs représenter la France, devant l'étranger à peu près comme Grévy représentait la République chez nous. On les vit empocher sans scrupule, pour s'en faire des rentes, l'argent que le gouvernement leur allouait pour frais de représentation; on les vit, sans souci de la grande nation qu'ils avaient pour mission de personnifier au dehors, restreindre leur train de maison, lésiner sur les soirées à offrir. L'un d'entre eux n'avait-il pas réduit son personnel domestique au couple classique, « le mari, valet de chambre, et la femme, cuisinière »? Un autre, affichant un mépris intéressé pour les carrosses de gala, avait pris l'habitude de se rendre en *omnibus* au palais du gouvernement auprès duquel il était accrédité. Les abus en arrivèrent à un point qu'un député de la dernière Chambre émit la proposition de supprimer à nos ministres plénipotentiaires leurs allocations extraordinaires, et d'acquitter simplement, sur la présentation de la note,

14

les dépenses qu'ils auraient pu faire pour frais de représentation.

On vit bien d'autres choses encore.

On vit le premier président de la cour de cassation *jeter sa toque aux orties*, à la suite de la débâcle d'une société de chemin de fer dont il était administrateur ; et des esprits malintentionnés (il y en a partout) ne manquèrent pas de voir dans la coïncidence de ces deux faits — la démission du magistrat et la déconfiture de la compagnie — matière à scandale. Conclusion évidemment peu logique : de ce que les fonds publics baissent à la Bourse, en même temps qu'un orage se déclare dans le ciel, il ne s'ensuit pas que c'est le tonnerre qui a provoqué l'effondrement des cours !

On vit un gouverneur de l'Indo-Chine accusé par son propre successeur d'avoir accepté trop facilement des présents de ses subordonnés ? — La dépêche adressée par Richaud au ministre de la marine avait les proportions d'un véritable réquisitoire, à en juger par l'extrait suivant :

« *Empressement Constans recevoir riches présents, exemple funeste et démoralisateur dans pays indigènes toujours prêts corrompre.*

« *En résumé, situation actuelle ne peut durer ; indispensable, impression personnelle, direction nouvelle basée sur discipline, honneur, justice, ramener l'harmonie entre pouvoirs civil et militaire, consacrer efforts, organiser administration Tonkin, rétablir pour cette année finance, s'il est temps.*

« *Coïncidence accepter gros présents souverain avec autorisation jeu Trente-six Bêtes très commentée.* »

On eût dit que l'armée elle-même, jusqu'alors gardienne jalouse des traditions chevaleresques et de l'honneur national, n'allait pas échapper à la contagion. Un général-sénateur, d'Andlau, jugea à propos de s'enfuir. Un autre, Caffarel, chef d'état-major, fut cassé de son grade, rayé des tableaux de la Légion d'honneur, flétri par le ministère public, condamné comme un vulgaire délinquant.

A vrai dire, ces deux hommes étaient pauvres, ils avaient des dettes : ils furent les boucs émissaires chargés des péchés d'Israël. C'eût été les riches qu'il eût fallu poursuivre. Alors on en eût vu de belles !

CE QUE LES VIEUX
ONT FAIT DE LA RÉPUBLIQUE

CHAPITRE I

UNE RÉPUBLIQUE NON RÉPUBLICAINE

« Ce n'est pas, disait naguère le chef de l'opportunisme, quand le désaccord règne dans tous les esprits, quand le scepticisme pénètre les cœurs, quand le découragement est partout, quand les Français sont plus que jamais divisés entre eux-mêmes, ce n'est pas, dis-je, le moment où l'on convoque une Constituante, parce que ce serait le prélude de l'anarchie dans les idées, c'est-à-dire peut-être de la guerre civile et de la dictature. » — A quoi on serait en droit de répondre à Jules Ferry que, si le désaccord, le scepticisme, le découragement sont partout, la faute en est, ce semble, à ceux qui ont accaparé le pouvoir, se disant assez forts pour faire régner, en ce beau pays de France, la concorde, la confiance, l'espoir, — à ceux qui veulent à tout prix conserver entre leurs mains débiles le gouvernail politique, qu'ils sont entièrement impuissants à manœuvrer.

La République actuelle a contre elle presque tous les républicains véritablement dignes de ce nom.

Telle mère, telle fille. — La République des vieux, née d'une Assemblée anti-républicaine, ne pouvait être elle-même qu'anti-républicaine. Les édentés de 1875 avaient été élus pour liquider la situation avec l'Allemagne, et non pour donner une Constitution à la France : mais comme ils professaient pour les droits du peuple un mépris tout aristocratique, ils ne s'en érigèrent pas moins en Assemblée Constituante. N'ayant pu tuer « la gueuse » (c'est le nom que gaga Changarnier donnait à la République), ils essayèrent de la bâillonner, de la ligotter, de la mettre dans l'impossibilité d'agir.

Des marchés furent conclus entre les monarchistes et les prétendus démocrates d'alors, marchés par lesquels les uns s'engageaient à voter pour la forme républicaine, à la condition que les autres garderaient fidèlement toutes les traditions de la royauté et ne toucheraient à aucune des institutions du passé. « Je ne voudrais pas, disait Gambetta en août 1871, d'une république créée par une Assemblée incompétente » : en 1875, tous les purs avaient changé d'avis; la plupart acceptèrent les termes du contrat, et l'observèrent fidèlement dans ses clauses fondamentales.

Non contente d'avoir attenté au suffrage universel en se transformant en *Constituante*, l'Assemblée nationale poussa le mépris de la légalité et du droit jusqu'à livrer aux vieux, à perpétuité, le pouvoir constituant. Les deux Chambres n'ont qu'à se réunir à Versailles, dans le local dit du *Congrès*, pour se transformer en Assemblée Constituante : la formalité, on le voit, n'est pas difficile à remplir.

On enlève ainsi au peuple le pouvoir constituant, auquel seul il a droit.

On lui enlève bien d'autres choses encore.

Nos hommes politiques affectent de ne parler qu'avec respect de la souveraineté populaire ; en réalité, ils n'y croient pas plus qu'au mystère de la Sainte-Trinité ou de l'Incarnation. Chaque fois que les intérêts de la coterie l'exigent, ils trouvent tout naturel de porter la main sur le suffrage universel, qui, sous leurs doigts agiles, est en train de devenir un souverain singulièrement malléable (tout comme l'or lui-même, le roi du jour). Après l'avoir muselé, ce souverain bon enfant, par le retour au scrutin d'arrondissement, qui rétrécit le champ des électeurs, les parlementaires de la dernière législature ont fait tous leurs efforts pour l'étrangler par la loi contre les candidatures multiples, qui rétrécit le champ des élus. Ils ont été jusqu'à proclamer, en pleine enceinte législative, la légitimité de l'émeute. « Aujourd'hui, a dit Brisson en propres termes, la majorité déposera son bulletin dans l'urne, et demain, si c'est nécessaire, elle prendra son fusil » ; en d'autres termes, si les mesures qu'on prend contre la volonté populaire ne suffisent pas, on aura recours aux mesures violentes¹.

Le même Brisson, dans une des séances de la législature actuelle, dans celle où fut prononcée la validation de Joffrin comme député de Montmartre, a accentué encore ses tendances belliqueuses en disant : « Il faut que les factieux qui rôdent autour de nos institutions puissent se dire : *Il n'y a pas de brèche, et la garnison veille.* » — Voilà du même coup l'assiette au beurre transformée en

---

¹ Ceci se passait dans cette triste séance où fut votée la loi contre les candidatures multiples. Heureusement que, pour l'honneur des jeunes députés, l'un d'entre eux, Jaurès, se présenta pour défendre le régime de la liberté. Brisson, en lui répondant, prit soin de faire remarquer que lui-même n'était plus un jeune, ce dont on se doutait un peu. « Cher collègue et ami, disait-il en s'adressant à Jaurès, lorsque vous faisiez tout à l'heure appel à la confiance, rien qu'à la confiance vague et générale, qui témoigne de plus de générosité que d'expérience, permettez-moi de vous dire, moi qui ne suis pas tout à fait un ancien, mais qui depuis longtemps ne suis plus un jeune, que vous me rappelez de semblables élans, qui furent bien funestes, pas moins (*sic*) que ne le serait le vôtre, si vous pouviez être écouté. » — L'orateur, qui a le privilège de l'austérité, mais qui n'a pas celui de l'orthographe, faisait allusion au coup d'État du 2 Décembre. Or entre les deux dates, il n'y a pas la moindre comparaison à établir; et Brisson, qui citait Michel de Bourges en cette circonstance, aurait mieux fait de citer Gambetta, et de s'inspirer de ses paroles : « Vous pouvez vous ingénier contre le suffrage universel, disait le tribun aux réactionnaires de l'Assemblée nationale, et vraiment, dans vos discours, il n'est question que de lui imposer des digues ; vous parlez d'inondations, de torrents déchaînés. C'est la rhétorique habituelle des ennemis du suffrage universel ! Vous le regardez comme un torrent et vous voulez le perdre dans les sables. Malheureux ! Il en a submergé bien d'autres que vous ! »

citadelle, les fourchettes métamorphosées en baïonnettes!

Mais, ô Brisson, étonnant Brisson, ne trouvez-vous pas que, sous prétexte de déclarer la guerre à un dictateur, vous en êtes arrivé à faire vous-même de la dictature? Ne voyez-vous pas qu'en prenant votre fusil, votre « austère » fusil, vous partez en guerre contre le suffrage universel, contre ce personnage dont vous vous êtes si longtemps dit le serviteur et auquel aujourd'hui vous parlez en maître? Singulière manière de comprendre la république! — Une république qui a pour souverain, non le Peuple, mais le Parlement, — non un Parlement quelconque, mais le Parlement de 1889, — cela s'appelle, dans toutes les langues du monde, une *oligarchie;* à coup sûr, ce n'est pas une *démocratie.*

Habitués à toujours se tailler la part du lion, bien qu'ils ne soient pour la plupart que des chacals, les carnassiers qui nous gouvernent n'ont pas l'air de se douter de ce qu'est au fond une république. C'est la royauté qu'ils ont organisée chez nous : royauté anonyme, royauté collective tant qu'on voudra, mais royauté réelle, royauté à laquelle ne manque aucun des attributs qui constituent la souveraineté.

Pouvoir constituant, pouvoir législatif, pouvoir fiscal, pouvoir exécutif, pouvoir national, pouvoir communal, notre Parlement a tout. Lui qui ne fait rien, il veut être tout. Au banquet politique les Gérontes n'admettent pas d'invités ; et c'est à peine si de temps en temps ils laissent aux jeunes un os à ronger, ou s'ils les autorisent à ramasser les miettes tombées par mégarde de la table. Ils interdisent aux conseils généraux, aux conseils d'arrondissement, aux conseils municipaux, de s'occuper d'autre chose que des questions locales ; ils ne les tolèrent qu'à cette condition. L'autonomie communale, l'autonomie provinciale, sont de leur part l'objet d'une aversion profonde ; il leur faut la centralisation à outrance, il leur faut cette gigantesque machine inventée par le despotisme, cette énorme pompe aspirante et foulante, qui amène jusqu'à eux toutes les affaires du pays, auxquelles ensuite ils sont libres de donner la solution qui leur convient.

Ceux qui ont l'habitude de lire dans les mots auxquels ils attribuent une vertu cabalistique, prétendent qu'il ne pouvait en être autrement sous la république des *Jules*, sous la république de Jules Favre, de Jules Grévy, de Jules Simon, de Jules Ferry, tous *Césars* par le prénom ! Nous qui ne croyons pas à la fatalité des mots, mais qui avons foi en l'enchaînement des faits, en la nécessité des choses, nous pensons tout simplement que si notre république a versé ainsi dans l'ornière oligarchique, c'est qu'elle a eu pour meneurs à peu près exclusivement des vieux, et que les vieux, tout pétris d'égoïsme, se considèrent comme de vrais souverains, et prétendent garder toute leur vie un pouvoir qui leur a été dévolu pour un instant.

« La république, avait dit le vieux Thiers, sera conservatrice, ou elle ne sera pas. » La république a été conservatrice, et... elle est en train d'en mourir. La preuve, c'est qu'aujourd'hui elle se défend.

Que tout autre gouvernement cherche à se défendre, je le comprends : c'est un propriétaire qui s'efforce de garder le plus longtemps possible la terre, la maison sur laquelle il a mis la main. Mais la république, elle, n'est pas un gouvernement comme un autre ; elle est le gouvernement de tous par tous, ou au moins de la majorité par la majorité. Étant le nombre, elle est la force. Une république qui en est réduit à lutter n'est plus la république ; ce n'est plus que le gouvernement d'une minorité, d'une faction.

Notre république se défend comme le ferait une monarchie. Elle exile ceux qui la gênent. Elle ne comprend pas que ce qui est naturel pour l'empire et pour la royauté, qui par essence sont des gouvernements à poigne, ne l'est plus pour la république, laquelle, ne pouvant exister que par le consentement permanent de la majorité, ne doit rien avoir à redouter de ses adversaires.

Ceux qui ont fait tout le mal commencent à convenir que la situation est mauvaise.

Un sénateur ou un député *sortant*, un homme qui a fait distribuer à ses amis et connaissances des places, des bourses, des croix, des bureaux de tabac, un homme qui a pour lui les fonctionnaires de la circonscription, lesquels pour la plupart, du préfet au cantonnier, sont ses obligés ou ses créatures, cet homme, dis-je, ne peut être regardé, au point de vue de l'éligibilité, comme l'égal d'un candidat encore vierge : il a beaucoup plus de chances d'être élu que son rival ; et à moins qu'il n'ait contre lui une immense impopularité, à moins que le nouveau venu n'ait pour lui une écrasante supériorité personnelle, il est presque toujours sûr de triompher. Nos vieux représentants, en s'obstinant à garder leurs sièges, en ne renonçant pas d'eux-mêmes aux bénéfices que leur crée une situation acquise, en ne comprenant pas que, s'ils ont plu à une génération, il ne s'ensuit pas nécessairement qu'il doivent plaire aux générations nouvelles, tendent ainsi à exaspérer de plus en plus l'armée des jeunes, qui ne les a jamais élus, qui n'a jamais voulu d'eux pour la représenter. En empêchant ainsi le personnel parlementaire de se renouveler régulièrement, ils fomentent dans les masses une opposition permanente, ils entretiennent à l'état latent la période révolutionnaire.

Gogo lui-même commence à trouver qu'on le trompe.

Il se voit gouverné par les même lois, à très peu

de chose près, que sous la monarchie ; et il ne comprend pas en quoi le despotisme de plusieurs, sous sa forme anonyme et hypocrite, est préférable au despotisme avoué d'un seul.

On va à l'école pour rien, c'est vrai : mais la justice est chère. — Et puis, la gratuité de l'école, quelle bonne farce! L'enfant du pauvre ne paie pas ses mois d'école, mais l'enfant du riche ne les paie pas davantage. Or, qui fait vivre l'instituteur ? — L'État. — Qui entretient l'État? — L'impôt. — Sur qui pèse le plus lourdement l'impôt ? — Sur le pauvre. — Mais alors, dit Gogo, les mois d'école de l'enfant riche sont en grande partie payés par le père de famille pauvre !

Et Gogo énumère les diverses libertés dont on l'a gratifié. Il trouve qu'on ne lui a donné ni les libertés politiques, ni les libertés communales, ni les libertés scolaires, ni les libertés économiques. La liberté de la presse existe, c'est vrai : mais à quoi sert de pouvoir tout dire, tout écrire, s'il est à jamais interdit de rien faire ? Or, la liberté des actes, la vraie liberté en somme, n'existe guère plus en l'an du centenaire 1889, qu'elle n'existait en l'an de grâce 1789. Au dos de la société actuelle on a collé une étiquette, sur laquelle on a écrit en caractères dorés trois mots cabalistiques: *liberté, égalité, fraternité*, et l'on a fait croire aux badauds que « c'était arrivé ». Mais en réalité nous vivons toujours sous l'ancien régime. La liberté n'existe pas, puisqu'on incarcère les personnes sans jugement préalable. L'égalité n'existe pas, puisque les uns naissent riches, les autres naissent pauvres. La fraternité n'existe pas, puisque certaines gens nagent dans l'opulence, à côté d'autres qui crèvent de faim. — Alors, dit Gogo, ce n'était pas la peine de changer de gouvernement ! et Gogo a raison.

Le jour où Gogo ne voudra plus de Gaga, la France sera sauvée.

CHAPITRE II

A L'HEURE DU PÉRIL

Le jour de la grande débâcle approche.

Les républicains officiels ont contre eux deux forces redoutables, les jeunes et les humbles : — les jeunes, qui sont l'avenir ; — les humbles, qui sont presque tout le présent.

Il y a vingt ans, la France a été écrémée par la guerre. Des milliers de jeunes ont péri, victimes de la fatuité de leurs vieux gouvernants. Paris surtout a été éprouvé, ayant eu à subir les horreurs de la guerre civile, après avoir eu à supporter les humiliations de la guerre étrangère : c'est ce qui explique son long silence politique ; c'est ce qui explique aussi l'impunité sans égale avec laquelle le clan des gérontes exploite la France depuis tant d'années. Aujourd'hui, la génération nouvelle a grandi; comme son aînée, elle demande sa place au soleil ; elle demande qu'on fasse la république, non de quelques-uns, mais de tous; elle demande que le gouvernement s'occupe un peu moins des gouvernants, et un peu plus des gouvernés. Ce ne sont pas les artichauts de fer dont le vieux Madier de Montjau a fait garnir les murs du Palais Bourbon qui l'empêcheront de se montrer.

Déjà aux dernières élections, Paris a fait entendre sa grande voix, et la province a répondu par d'éloquents échos : le grand justicier populaire commençait ses exécutions. Jules Ferry, le grand pontife de l'opportunisme, — Goblet, l'un des chefs du parti que l'on est convenu d'appeler *radical*, — et plusieurs autres meneurs de la *gérontocratie*, sont restés sur le carreau.

Les vieux s'étonnent de ces défections; ils feignent de ne pas comprendre pourquoi la république leur échappe. — Et pourtant, quoi de plus naturel? La république a reconnu qu'elle avait conclu avec eux un marché de dupes; elle le dénonce.

Je vois bien ce que tous ces gens ont gagné avec elle : je ne vois pas ce qu'elle a gagné avec eux.

Que lui ont-il donné ?

— Leur jeunesse ? — Ils étaient vieux.

— Leur fortune ? — La plupart n'en avaient pas.

— Leur intelligence ? — Emoussée ou médiocre.

— Leur temps ? — Nous savons à quoi ils l'emploient.

Et quand pour se disculper, ils viennent nous dire qu'ils nous ont enrichi, en nous creusant des canaux ou en nous construisant des voies ferrées, véritablement ils nous font rire. — A qui feront-ils croire que ces chemins de fer ne se seraient pas terminés sans eux, étant donné le tourbillon vertigineux qui emporte l'industrie contemporaine ? — Je ne parle même pas ici de toute une catégorie de voies ferrées, qui ont été construites (la chose est prouvée), non pour le plus grand bien des Français, mais dans l'intérêt de certains hommes politiques, lesquels ont trouvé tout naturel d'arrondir leur fortune électorale avec la bourse des contribuables.

Et puis, avec quel argent ont été construits nos chemins de fer ? De quel coffre-fort sont sorties les sommes nécessaires pour parfaire tous ces travaux ? De leur caisse à eux, ou de nos poches à nous ? — Ils ont amélioré notre outillage national, à peu près comme Thiers a libéré le territoire : avec notre argent.

Je n'étonnerai personne, en disant que plusieurs d'entre eux se sont fait des rentes.

Qui ne se rappelle les accusations qui ont surgi de toutes parts, sous la dernière législature, contre nos hommes publics, accusations, dont plusieurs, heureusement pour l'honneur national, n'étaient que d'affreuses calomnies ? Chose triste à dire, ces attaques loin de se dissimuler au coin de quelque feuille obscure, loin d'être formulées à mots couverts, loin d'être l'œuvre de quelques réactionnaires s'étalaient crûment le long des colonnes de la presse républicaine ! — Tantôt c'était le *Journal des Débats*, qui affirmait que nos hommes politiques « exploitent leur influence comme on exploite un fonds de commerce »; tantôt c'était le *Siècle*, qui osait écrire que « Wilson a fait en grand, ce que la plupart de ses collègues ont fait en petit »; — tantôt c'était Jules Simon, qui (toujours dans un journal républicain), — après avoir longuement flétri les mœurs du jour, lançait cette injurieuse apostrophe au régime actuel : « République, veux-tu donc que l'on dise que ton nom est Vénalité ? » — Bref, l'opinion publique a été tellement remuée, qu'il a fallu, pour la calmer, édicter tout exprès une loi contre les sénateurs et contre les députés qui auraient trafiqué de leur influence[1].

Tous ces scandales ont été habilement exploités

---

[1] Voici cette loi : « L'article 177 du Code pénal est complété par l'adjonction des paragraphes suivants :

« Sera punie des mêmes peines toute personne investie d'un mandat électif, qui aura agréé des offres ou promesses, reçu des dons ou présents pour faire obtenir ou tenter de faire obtenir des décorations, médailles, distinctions ou récompenses, des places, fonctions ou emplois, des faveurs quelconques, accordées par l'autorité publique, des marchés, entreprises ou autres bénéfices résultant des traités conclus également avec l'autorité publique, et aura ainsi abusé de l'influence réelle ou supposée que lui donne son mandat.

« Toute autre personne qui se sera rendue coupable de faits semblables sera punie d'un emprisonnement d'un an au moins et de cinq ans au plus, et d'une amende égale à celle prononcée par le premier paragraphe du présent article.

« Les coupables pourront en outre être interdits des droits mentionnés dans l'article 42 du présent Code, pendant cinq ans au moins et dix ans au plus, à compter du jour où ils auront subi leur peine. »

par les ennemis de la démocratie, qui n'ont pas manqué de rejeter sur la république elle-même la responsabilité des méfaits commis par les prétendus républicains qui l'exploitent.

Dans le manifeste publié le 20 juin 1889 par les droites de la Chambre, on faisait ressortir, entre autres griefs, « le trafic scandaleux de croix, de places, de bénéfices d'Etat, qui a entraîné la déchéance d'un président de la République. Durant les dernières élections, le cri : « A bas les voleurs ! » était devenu le mot de ralliement des partis hostiles. Le ministre, qui présidait à ces élections, était quotidiennement traîné dans la boue :

> « Il était habillé d'une étrange façon,
> Ayant une lévite en peau de saucisson,
> Qu'une ceinture en or retenait à la taille,
> Avec ça, sur la tête, un casque de bataille,
> Fait d'un fort pot-de-vin savamment retourné,
> Qui lui raclait la nuque et lui râpait le nez .»

Voilà comment on osait parler d'un des chefs du gouvernement ! On allait répétant que, si la monarchie orléaniste avait inventé le *pot-de-vin*, la république opportuniste avait inventé le *saucisson*, le saucisson de Lyon. Voyez, disait-on, cette république, qui ne veut plus entendre parler de royauté, comme elle s'incline bien bas devant la royauté de l'argent ; voyez-la se prosternant jusqu'à terre devant le *roi dollar* et la *reine guinée!*

Par sa conduite, par ses excès, la chose est certaine, Géronte sape lui-même les fondements de sa propre maison ; et il finira par s'en apercevoir un jour. Le temps est proche où le clan des vieux se verra contraint de remettre à de plus dignes la direction politique de ce pays qu'il détient depuis si longtemps[1].

Nous autres qui déplorons amèrement les abus du régime actuel, il semble que nous n'ayions qu'à nous réjouir du danger qui menace le parti des Gagas. Pourtant ne nous hâtons pas trop de nous réjouir. Chez nous, malheureusement, le peuple ne va pas toujours au fond des choses ; trop souvent il identifie, dans sa simplicité naïve, le gouvernement et ceux qui ont réussi à l'accaparer. Là est le danger de la révolution prochaine.

J'ai peur que les manifestants, en voulant balayer les faux républicains qui avilissent le pouvoir, ne jettent en même temps à terre la République elle-même, la République qu'ils ne reconnaîtront plus

---

[1] Le 15 novembre dernier, la *Gazette nationale* de Berlin, à l'occasion de l'ouverture de la session des Chambres françaises, s'exprimait ainsi :

« La première question qui se pose, c'est de savoir si la victoire de la République parlementaire n'a pas été trop grande et trop décisive, si les républicains, unis en présence du danger boulangiste, n'oublieront pas trop vite la leçon que le boulangisme leur a donnée en définitive.

« Si la nouvelle Chambre devait tomber dans les fautes de la précédente, si toute l'activité des chefs de parti devait se concentrer dans l'intrigue et la chasse aux portefeuilles, si toute l'activité des députés devait consister à lutter afin d'obtenir des places et des faveurs pour leurs amis, il se trouverait bientôt une nouvelle personnalité pour jouer avec plus de succès le rôle essayé par le général Boulanger. »

sous les honteux travestissements dont on l'a affublée ; j'ai peur qu'il arrive à la République française ce qui est arrivé à la Royauté française, ce qui est arrivé à la Révolution française, lesquelles, nous l'avons vu, ont été toutes deux victimes des vieux.

Il se peut qu'alors la République n'ait plus à compter sur les prolétaires, parce qu'au temps de sa puissance (puissance nominale du moins) les prolétaires n'auront pu compter sur elle ; il se peut que, pour passer du gouvernement des vieux au gouvernement des jeunes, nous ayions à traverser quelque aventure. Si la fatalité des choses voulait qu'il en fût ainsi, il faut que les jeunes sachent dès maintenant qu'ils seront seuls, en ce moment critique, pour défendre la République menacée, et qu'ils ne doivent pas fonder sur les vieux la moindre espérance. Ce serait folie de croire que ceux-ci chercheront à se dévouer pour elle, en lui faisant un rempart de leur corps, un fossé de leur sang. Après avoir tiré de la République tout ce qu'elle peut leur donner, après l'avoir sucé jusqu'aux moelles, ils la laisseront, à l'heure du péril, épuisée, gisante, inanimée, pleins de cajoleries pour le régime qui leur donnera des garanties. Ainsi le veut l'égoïsme sénile ; et là n'est pas un des moindres inconvénients du gouvernement des vieux.

Partout où le danger apparaît, que la forme du gouvernement soit la monarchie ou la république,

que le maître de l'État soit un souverain ou simplement le chef du pouvoir exécutif, on voit la lâcheté sénile se faire jour. Elle sue par tous les pores de la vieillesse[1]; et la république actuelle en a déjà fait la triste expérience.

La retraite de Thiers devant la Commune, n'a-t-elle pas été une véritable désertion? — Impossible de qualifier d'un autre nom l'abandon de Paris, au 18 mars 1871 (je me place ici au point de vue du parti dont Thiers était le chef). — Ce jour-là, il s'en fallait de beaucoup que la Commune fût maîtresse de Paris! Elle avait beau tenir ses séances à l'Hôtel de Ville; elle n'occupait pas l'édifice, au sens propre du mot. Quand les fédérés apprirent que les membres du gouvernement venaient de se sauver à Versailles, sans combat, ils ne pouvaient en croire leurs oreilles; ils étaient tellement surpris de l'événement, qu'aucun d'eux n'eut l'idée d'aller prendre possession des différents ministères, qui restèrent deux jours sans maîtres.

Notez que Thiers avait alors derrière lui le gros de la nation, qui, moitié par haine de Paris, moitié par haine de la liberté, ne voulait pas entendre parler de l'autonomie communale; il avait pour lui l'armée, laquelle, rompue à la pratique de l'obéissance passive, recevait aveuglément les ordres des vieux généraux placés à sa tête; qu'il était maître des forts de Paris, lesquels de leurs feux conver-

---

[1] Voyez chap. v.

gents pouvaient immédiatement foudroyer la ville et la réduire à merci ! En voilà beaucoup plus qu'il n'en aurait fallu, je pense, pour donner du courage à celui qui n'en a pas naturellement !

Mais Thiers, qui n'avait jamais été un brave, et que les années contribuaient à rendre de plus en plus poltron, perdit entièrement la tête. Il s'enfuit sans prévenir personne; il alla jusqu'à faire évacuer par ses troupes les forts que n'occupaient plus les Allemands et qu'il avait en sa possession[1].

[1] Le comte d'Hérisson raconte ainsi la fuite de Thiers, de ce *brave à trois poils*, comme il l'appelle :

« Le 18 mars, dans les salons du ministère des affaires étrangères, il (Thiers) délibérait avec ses ministres, pendant que, dans la cour, dont les grilles étaient fermées, stationnaient les chevaux du général Vinoy et ceux de son état-major, autour desquels était massé un escadron de cavalerie légère servant d'escorte. A chaque minute, les portes s'ouvraient devant les porteurs de mauvaises nouvelles, devant des témoins oculaires du désastre. Tout à coup, du côté de l'Esplanade, on entend des cris : c'est un bataillon de garde nationale de Grenelle qui se rend à l'Hôtel de Ville avec le drapeau rouge, en hurlant : *Vive la Commune!*

« Thiers n'hésite plus. Il donne l'ordre d'évacuer Paris, d'évacuer les forts. Il dégringole les escaliers en criant au général Vinoy : « Général, je vous prends votre escorte. » Et il saute dans un coupé. Là, comme un homme qui a oublié quelque chose, il tire son calepin et écrit au crayon l'ordre d'abandonner le Mont-Valérien, c'est-à-dire un obstacle imprenable entre Paris et Versailles. Puis il commande le départ, *ventre à terre*.

« Entouré de cavalerie, le coupé file par les quais. Plus heureux que son maître Louis-Philippe, qui dut se contenter d'un fiacre. Thiers avait deux bons chevaux. Mais ils avaient beau dévorer l'espace, il leur trouvait une allure de tortue. A chaque instant, il passait la tête par la portière en criant : « Marchez donc! marchez donc! Tant que nous ne serons pas au pont de Sèvres, il y aura du danger. » Le capitaine qui commandait l'escadron et qui galopait à côté du coupé avait beau répondre : « Nous ne pouvons pas

Chez nous, le jeune soldat, placé en sentinelle, qui abandonne son poste est traduit devant un conseil de guerre lequel prononce impitoyablement contre lui la peine de mort; chez nous, le médecin qui fuit devant une épidémie de choléra, est l'objet de la réprobation universelle. Comment se fait-il qu'aux chefs de peuple qui se sauvent devant le danger, qu'à ces hommes qui n'ont pour eux ni l'excuse de l'inexpérience, ni l'excuse de la nécessité, puisque par toutes sortes de manœuvres ils ont sollicité l'honneur de nous gouverner, comment se fait-il qu'à ces hommes on élève des statues? La logique, comme la vertu, ne serait-elle qu'un vain mot? On n'a pas encore osé dresser à Napoléon III un piédestal; mais Thiers, Thiers le fuyard, a eu plusieurs fois sur nos places publiques les honneurs du bronze. — Allons, jeunes, continuez de verser votre sang pour défendre les vieux; les vieux ne verseront pas le leur pour vous défendre!

Mac-Mahon, comme son prédécesseur, déserta son poste. Il montra, il est vrai, un peu plus de dignité que le « sinistre vieillard » : sa désertion ne fut pas une fuite au sens propre du mot, mais

---

aller plus vite, tous nos chevaux vont être fourbus. » Thiers répétait toujours : « Marchez donc! marchez donc! »

« Le bienheureux pont de Sèvres fut passé sans encombre, et on laissa souffler les chevaux à la montée de Chaville. Thiers était plus calme. Il se voyait déjà en sûreté à Versailles, et ruminait d'ailleurs l'idée de l'évacuer, à la première alerte, pour se sauver au Mans. (*Nouveau journal d'un Officier d'ordonnance.*)

elle fut une véritable trahison envers son parti.

Le maréchal, tout le monde le sait, était légitimiste. Son vœu le plus cher, en 1873, était le retour du « Roi » à Paris. — Son roi, il l'attendait avec impatience : « Le lendemain, disait-il, je lui demanderai un petit commandement militaire. » — Le roi n'étant pas venu, les espérances du royaliste s'étant effondrées, que devait faire Mac-Mahon ? — Inféodé qu'il était au parti conservateur, il ne lui restait plus qu'à faire de la politique conservatrice.

Mais quand sonna pour lui l'heure des résolutions viriles, quand son propre parti vint le prier de se mettre effectivement à sa tête, lui qui était déjà le chef nominal de la réaction, il prit peur ; en décembre 1877, on vit celui qui avait été le héros de Magenta « pleurer comme un veau ». Le mot est historique. — On ne lui demandait pourtant pas à ce soldat de descendre dans la rue, ni d'affronter la meute populaire, ni de faire le coup de feu contre les républicains, n'y d'aller planter le drapeau monarchique au faîte d'une barricade. Qu'il dît simplement : — « Oui, j'approuve ; oui, je reste ; oui, je reste avec ceux qui m'ont élevé ; oui, je soutiens ceux qui m'ont soutenu. » — Voilà tout ce qu'on exigeait de lui. Le maréchal trouva que c'était encore trop ; il avait une peur effroyable des 363. Finalement, après avoir affirmé qu'il ne se démettrait ni ne se soumettrait, un beau jour il s'est à la fois démis et soumis.

Grévy, lui aussi, s'est retiré devant des menaces.

Les tripotages dont l'Elysée avait été le théâtre, ou plutôt les scandales qui en avaient été la suite, avaient attiré sur lui les colères du Parlement, lequel, à la vue de toute cette boue remuée, craignant d'être sali à son tour (ce qui d'ailleurs n'a pas manqué d'arriver), intima à celui qu'il avait élevé sur le pavois l'ordre d'en descendre.

Jules Harpagon, qui tenait à son traitement de président, et qui d'ailleurs avait encore plusieurs immeubles à acheter, résista bien quelques jours : mais n'osant braver plus longtemps les menaces de ses électeurs, il fit annoncer son prochain déménagement.

Voilà donc les jeunes prévenus. Ils savent où les mène cette politique de gâteux ; ils savent qu'au premier coup de fusil l'attitude de nos gérontes politiques sera celle de Grévy devant le Parlement, celle de Mac-Mahon devant les 363, celle de Thiers devant la Commune, — de même qu'elle a été celle de Chambord devant le parti légitimiste, celle de Napoléon III devant l'invasion, celle de Louis-Philippe devant les révolutionnaires de février, celle de Charles X devant les insurgés de juillet, celle de Louis XVIII devant Bonaparte, celle du Sénat devant la tyrannie impériale, celle de l'Assemblée nationale devant le 2 Décembre. Ils les verront, ces « honorables », lorsque aura sonné l'heure des revendications populaires, eux qui auront rendu la république antipathique à tous les Français de cœur, eux qui, à force de dénis de justice, d'exactions, de persécutions, d'humiliations, auront armé contre elle la grande armée des petits, ils les verront abandonner le drapeau de la liberté, ce drapeau qu'ils ont abominablement sali, ils les verront, dis-je, se dérober et rentrer sous terre.

Ils ne doivent pas compter davantage sur les hauts fonctionnaires de la République, pour la défendre.

Qu'ils se rappellent qu'au 2 Décembre, tous trahirent.

« Un homme vient un beau matin, dit Victor Hugo. Cet homme se baisse vers les fonctionnaires et leur dit : Fonctionnaires, trahissez.

« Les fonctionnaires trahissent.

« Tous ? Sans exception ?

« Oui, tous.

« Il s'adresse aux généraux et leur dit : Généraux, massacrez.

« Les généraux massacrent.

« Il se tourne vers les juges inamovibles, et leur dit : Magistrature, je brise la Constitution, je me parjure, je dissous l'Assemblée souveraine, j'arrête les représentants inviolables, je pille les caisses publiques, je séquestre, je confisque, je bannis qui me déplait, je déporte à ma fantaisie, je mitraille sans sommation, je fusille sans jugement, je commets tout ce qu'on est convenu d'appeler crime, je viole tout ce qu'on est convenu d'appeler droit ; regardez les lois, elles sont sous mes pieds.

« — Nous ferons semblant de ne pas voir, disent les magistrats.

« — Vous êtes des insolents, réplique l'homme providentiel. Détourner les yeux, c'est m'outrager. J'entends que vous m'aidiez. Juges, vous allez aujourd'hui me féliciter, moi qui suis la force et le crime, et demain, ceux qui m'ont résisté, ceux qui sont l'honneur, le droit, la loi, vous les jugerez — et vous les condamnerez.

« Les juges inamovibles baisent sa botte et se mettent à instruire l'*affaire des troubles*.

« Par-dessus le marché, ils lui prêtent serment.

« Alors, il aperçoit dans un coin le clergé doté, doré, crossé, chapé, mitré, et il lui dit : — Ah ! tu tu es là, toi, archevêque ! Viens ici. Tu vas me bénir tout cela.

« Et l'archevêque entonne son *Magnificat*[1]. »

On eût dit que le courage et la loyauté s'étaient voilé la face, comme le soleil lui-même en ces jours brumeux de décembre. Au conseil d'État, le président Boulay de la Meurthe ne voulut même pas recevoir la protestation qu'avaient rédigée les plus jeunes de ses collègues, parmi lesquels était Édouard Charton : « Perdez-vous, leur dit-il, mais sans moi ! »

Qu'un nouveau Deux-Décembre revienne à l'horizon, et nous verrons reparaître les mêmes infamies : ce n'est pas l'histoire qui se répète, ce sont

---

[1] Victor Hugo, *Napoléon le Petit*, VIII.

les hommes qui ne changent pas. Les fonctionnaires de la troisième République étant taillés sur le même patron que leurs aînés, feront comme eux. Ne sait-on pas que, lors de la campagne boulangiste, un grand nombre d'entre eux avaient saisi de leurs protestations de fidélité le général, pour le cas où il triompherait ? Ces faux bonshommes trouvaient tout naturel de continuer d'émarger au budget officiel ; mais ils prenaient leurs précautions pour le cas où les clefs de la caisse viendraient à passer en d'autres mains : voilà ce qu'on peut appeler, non pas *assurer ses derrières*, comme à l'armée, mais *assurer ses devants*. Après tout, quand on a servi et l'Empire, et le 4 Septembre, et l'Assemblée nationale, et la République opportuniste, qu'importe un maître de plus ou de moins ?

CE QUE LES VIEUX

ONT FAIT DE LA FRANCE

CHAPITRE I

LA FRANCE DEVANT L'ÉTRANGER

Ce n'était pas assez pour nos Gérontes d'avoir fait de la République un gouvernement de momies, un gouvernement réfractaire à tout progrès, un gouvernement à la fois autoritaire et révolutionnaire, un gouvernement beaucoup plus oligarchique que démocratique, un gouvernement soupçonné et entaché de vénalité; ce n'était pas assez pour eux d'avoir dénaturé, avili, aux yeux des Français, la forme républicaine : à les voir à l'œuvre, on dirait qu'ils s'efforcent de compromettre la France elle-même, pour l'affaiblir devant l'étranger, pour attenter à son existence, pareils en cela à ces misérables qui, après avoir violé une femme, après avoir assouvi sur elle leur passion, cherchent à s'en débarrasser par le meurtre.

Notre situation extérieure est lamentable.

Dans la prochaine guerre, nous aurons à combattre l'Allemagne et l'Italie coalisées; nous aurons contre nous l'Autriche, et peut-être l'Angleterre;

nous aurons à défendre à la fois nos frontières, nos côtes, nos colonies. — Telle est, en quelques mots, l'œuvre des diplomates de la troisième république.

J'entends d'ici les partisans du régime actuel se récrier. — S'il est vrai, disent-ils, que les vieux deviennent de plus en plus impropres au combat de la vie, vous ne pouvez nier, au moins, qu'ils feront d'excellents diplomates. Leurs batailles à eux, ce sont les combats de cabinet ; leurs armes sont la dissimulation, le mensonge, la fourberie, le mépris de la parole donnée. Comme vous attribuez aux vieux tous les défauts, vous devez leur reconnaître aussi ceux-là, et il n'est que juste que vous leur en laissiez au moins le bénéfice. — Et l'on va, opposant au « bouillant Achille » le « sage Nestor », — celui-là brouillant tout, — celui-ci réparant tout.

Ce préjugé, en vertu duquel les vieux sont sacrés grands diplomates, est même tellement accrédité dans le public, il est tellement enraciné jusque dans les milieux réputés les plus intelligents et les plus instruits, que je crois bon de m'y arrêter quelques instants, en essayant de le réfuter, si je le puis.

Tout d'abord, loin de moi la pensée de nier que la dissimulation ne soit une des qualités maîtresses du diplomate. Je suis convaincu, au contraire, que la fameuse définition de la parole : « instrument qui a été donné à l'homme pour déguiser sa pensée », a été faite, sinon par un diplomate, du moins pour un diplomate.

Le mensonge incarné, le parjure vivant,

a-t-on dit de Talleyrand-Périgord, qui fut un des maîtres de la diplomatie moderne !

N'est-ce pas à la dissimulation que le prince de Bismarck a dû ses grands succès diplomatiques? Le vilain tour qu'il joua à ce pauvre Benedetti, qui fut notre ambassadeur à Berlin de 1864 à 1870, on ne se le rappelle que trop. Un jour, il fait miroiter aux yeux de notre représentant un projet d'alliance entre la France et la Prusse; il va jusqu'à proposer un traité ferme, traité qui garantirait à la Prusse toutes ses conquêtes jusqu'après 1866, et qui donnerait à la France la faculté d'annexer à son gré la Belgique. — Benedetti, enchanté, accepte. — On se fait de mutuelles protestations d'amitiés; mais comme les paroles s'envolent, et que seuls les écrits restent, le chancelier persuade à notre trop crédule ambassadeur de donner immédiatement au projet sa forme définitive. Celui-ci, sans voir le piège qu'on lui tendait, s'empresse de libeller lui-même le précieux contrat, d'où devait sortir selon lui la grandeur de la France; et tout naïvement il le remet à Bismarck, entièrement rédigé de sa main. Le ministre prussien fit quelques objections, pour la forme, prit le document sous prétexte de le remanier, traîna les choses en longueur, et finalement le garda. Plus tard, quand l'heure fut venue, il le montra aux représentants des chancelleries européennes, prouvant ainsi que la France était un brandon de discorde et le véritable élément perturbateur de la paix : ce qui nous mit tout le monde à dos.

N'est-ce pas aussi grâce à leur tendance à la dissimulation, tendance qui fait partie du fond de leur caractère, que les Italiens se sont toujours montrés si fins diplomates ? — Dans l'antiquité, si Rome a été la maîtresse du monde, elle le dut bien plus au choix de ses alliances, bien plus à l'habileté de ses négociations, qu'à la vertu de ses armes ; et de nos jours, si l'Italie est parvenue à se constituer en nation, si elle en est arrivée à conquérir d'emblée le titre de *grande puissance*, ce titre qui lui donne voix délibérative dans le conseil européen, et cela en moins de douze années, — elle en est redevable surtout à ses hommes politiques, passés maîtres dans l'art de la diplomatie. Elle s'est refaite, cette patrie de Machiavel, bien moins par les armées que par les traités ; elle a eu pour parrain, bien moins le général Garibaldi, que le comte Cavour[1]. De l'autre côté des Alpes, on a su se servir à point des Français contre les Autrichiens, pour édifier le royaume d'Italie ; de même que plus tard on sut se servir de la Prusse contre la France et la papauté, pour donner au jeune royaume Rome comme capitale. Livrée à ses seules forces,

[1] Au temps où Garibaldi combattait François II, roi des Deux-Siciles, il était soudoyé par Cavour, ce qui n'empêchait pas celui-ci de le désavouer très énergiquement en public. Voilà ce qu'on entend par la dissimulation en diplomatie.

l'Italie serait restée peut-être longtemps encore un chaos de provinces, « une expression géographique[1] ». Elle eut le talent de faire bâtir sa maison par les autres. Politique de coucou, tant qu'on voudra : mais politique d'une habileté rare, parce qu'elle est d'une économie incontestable !

La question n'est donc point de savoir si la dissimulation, avec les autres qualités (ou, si l'on veut les autres défauts), qui forment son cortège habituel, est une vertu diplomatique : la chose me parait hors de doute. — Mais est-elle, comme tant de gens le disent et le répètent, l'apanage du vieillard ? Celui-ci a-t-il sur l'homme mûr le privilège de manier avec plus de dextérité cette arme dangereuse, cette arme à deux tranchants.

Ce qui me ferait croire que la vieillesse et la dissimulation sont deux choses fort différentes, — pour ne pas dire incompatibles, — c'est que presque tous les hommes, parvenus à un certain âge, deviennent bavards.

Un muscle ne se maintient tendu que par un effort continu ; l'effort cessant, la fibre se relâche, le ressort se détend. C'est ce qui fait que chez les morts, la mâchoire, n'étant plus soutenue par les muscles de la face, tombe par son propre poids : de sorte que si on ne la maintenait par une mentonnière, on aurait l'affreux spectacle du cadavre bouche béante. Chez le vieillard, qui n'a encore

[1] Seule, l'Italie se faisait battre par les Autrichiens sur terre et sur mer, à Custozza et à Lissa.

qu'un pied dans la tombe, la mâchoire ne s'affaisse pas entièrement, mais elle se relâche fréquemment; à chaque instant, on voit la salive s'écouler de la bouche mal fermée, et avec elle... les secrets.

Il est rare que Géronte garde longtemps un secret. — Comment pourrait-il le faire, lui qui discourt sur tout, à propos de tout, lui qui est loquace jusqu'au bavardage, verbeux jusqu'à en être rabâcheur? Il n'est plus maître de sa parole.

Lorsque fut dénoncé le traité de commerce entre la France et l'Italie, et que notre gouvernement essaya de renouer des négociations, il décida, après plusieurs essais infructueux, d'envoyer à Rome pour jeter les bases d'un nouveau traité, Teisserenc de Bort, un sénateur, un vieillard de soixante-quinze ans. Notre représentant échoua dans sa mission; et je n'entends pas ici lui en faire un reproche : car il est notoire que le mauvais vouloir des négociateurs italiens a été pour beaucoup dans cette rupture. Mais a-t-il véritablement fait preuve de qualités diplomatiques? A-t-il été prudent, circonspect, réservé? Ne s'est-il pas livré, au contraire, à des traits de bavardage inconsidéré? N'a-t-il pas trop oublié cette maxime, qui devrait être la devise de tout vrai diplomate, que « le silence est d'or », tandis que « la parole n'est que d'argent » ? Le trait suivant qui n'a jamais été démenti, tendrait malheureusement à le faire croire.

Teisserenc de Bort, *interviewé* par un journaliste

au sujet des négociations auxquelles il venait d'être mêlé, aurait dit en propres termes[1] :

« ..... Un petit travers des Italiens, c'est d'être jaloux de nous. En voici un exemple. M. Ellena, qui est un fort galant homme d'ailleurs, et avec lequel j'ai conservé les meilleures relations, me dit pendant mon séjour à Rome : — Il ne faut pas regarder Rome en ce moment ni la comparer avec votre Paris. Mais, attendez, ajouta avec un sourire le sous-secrétaire d'Etat, attendez!

« Voilà l'esprit qui règne là-bas, et *M. Crispi en est bien le reflet. C'est un homme très vaniteux.* Je ne le critique pas et je comprends très bien cet orgueil national. C'est louable.

« Et tenez, je me rappelle à ce propos que, quand M. de Bismarck est venu à Vienne, à l'époque où j'y étais ambassadeur, j'eus l'occasion de l'entrevoir et il me dit : — Voyez-vous ces Italiens, ils sont à peine sortis de leur coquille, qu'ils veulent déjà imiter la grenouille.

« Il faisait allusion aux menées italiennes à propos du Trentin.

« *Oui, ils se croient les descendants des grands Romains.* Je ne pense pas cependant que leurs *prétentions* aillent jusqu'à vouloir conquérir le monde.

« Voilà l'esprit des Italiens à l'heure qu'il est ; ils

---

[1] Il s'agit du correspondant parisien de l'*Indépendance belge*. Cette *intercïew* reproduite par plusieurs journaux, entre autres par le *Temps*, n'a jamais été démentie.

sont fiers, et cela se comprend, d'être traités en grande puissance ; et, pour eux, l'Allemagne compte avec l'Italie. C'est égal, c'est bien pénible pour nous de les voir devenir les alliés de nos ennemis.

« Quant aux relations commerciales, je ne crois pas qu'on puisse les renouer d'ici longtemps. »

Je le demande à tous les hommes sensés, sont-ce là, oui ou non, des paroles qui conviennent à un diplomate ? Un personnage officiel, qui a accepté la mission de servir d'intermédiaire entre deux peuples momentanément brouillés, doit-il se découvrir ainsi ? Doit-il ainsi user de raillerie à l'égard de l'une des deux parties ? — Le gouvernement du *signor* Crispi a dû bien rire, en voyant le représentant de la France faire ainsi son jeu, et l'aider aussi naïvement dans l'œuvre qu'il a entreprise, de désunir les deux nations !

Par leur manie de s'épancher, par leur bavardage, les vieux perdent tout le bénéfice qu'ils auraient pu retirer de la dissimulation dont ils font quelquefois preuve. Le bavardage est l'antipode de la dissimulation : l'un va du dedans au dehors, l'autre va du dehors au dedans ; — l'un se découvre, l'autre découvre l'adversaire ; — l'un déshabille l'homme jusqu'à le mettre nu comme ver, l'autre le drape des pieds à la tête, jusqu'à lui recouvrir la figure d'un masque.

Et puis, la dissimulation n'est pas tout, en diplomatie. Elle n'est même qu'une qualité négative.

Il faut à un chancelier, à un ambassadeur, à un ministre plénipotentiaire, quelque chose de plus positif ; il lui faut « l'intelligence », ce don souverain sans lequel, a-t-on dit, il n'est point de grand historien, sans lequel il n'est pas non plus de diplomate vraiment digne de ce nom : car, de ces deux hommes, si l'un écrit l'histoire, l'autre la devine et la prépare.

Or, qui oserait soutenir, après tout ce que nous avons dit, que l'intelligence est le lot de la vieillesse ? Nous avons montré, par de nombreux exemples, que le dernier âge de la vie correspond à un véritable affaissement du cerveau ; et s'il fallait d'autres preuves, des preuves tirées du sujet même qui nous occupe, nous n'aurions que l'embarras du choix, tant sont nombreuses et grossières les bévues commises par ceux qui dirigent la politique extérieure de la France !

J'en prends à témoin tous les gens sensés ; est-ce qu'en 1878, notre gouvernement, s'il n'avait pas eu à sa tête un homme de quatre-vingts ans, comme Dufaure, eût commis la lourde faute d'envoyer des représentants au congrès de Berlin, dans ce congrès où nous n'avions que faire, sinon nous brouiller avec nos meilleurs amis ? Croit-on que si Dufaure eût joui de toutes ses facultés, il eût laissé Waddington et Saint-Vallier intervenir dans les affaires de Roumanie, — intervention qui allait nous aliéner les sympathies de la jeune nation, — en même temps qu'ils mettaient en avant un projet de rectification de frontière en faveur de la Grèce, — projet qui ne tendait à rien moins qu'à faire du Sultan notre ennemi, sans pour cela nous assurer l'amitié du roi des Hellènes, entièrement inféodé à l'Allemagne ?

Dans le traité de Tien-Tsin, dans ce traité qui a terminé la guerre avec la Chine, et auquel plusieurs de nos diplomates ont mis la main, on peut lire en toutes lettres cette clause monumentale : — « Lorsque la Chine aura décidé de construire des voies ferrées, il est entendu qu'elle s'adressera à l'industrie française. *Il est entendu que cette clause ne peut être considérée comme constituant un privilège exclusif en faveur de la France.* » Vous figurez-vous un article de ce genre inséré dans le traité de Francfort ? Vous représentez-vous les Allemands nous demandant, à titre gracieux, de leur accorder nos faveurs industrielles, en nous laissant toute latitude à cet égard ? Il me semble que nous enverrions nos commandes dans tous les pays du monde, excepté au pays des milliards. C'est aussi ce que font les Chinois depuis que nous leur avons fait signer ce traité désopilant, et ils ont raison. Ceux qui sont à blâmer ici, ce ne sont pas eux, mais nos diplomates de carton, que l'on dirait recrutés à dessein dans le monde des aveugles et des sourds.

Ce n'est pas là une métaphore, malheureusement ; c'est la triste réalité. En octobre dernier, on nommait *directeur des affaires politiques* au quai d'Orsay, un certain M. Nisard, qui est sourd comme un pot. Gageons que d'ici peu on en fera un ambassadeur ! — N'ai-je pas entendu dire, à ce propos, par un homme qui pourtant est loin d'être une bête, qu'une légère surdité a du bon chez les diplomates, parce qu'elle permet de faire répéter à son adversaire une phrase, que l'on feint de n'avoir pas saisie, ce qui donne le temps de la réflexion pour la réponse ? — Je ne pus m'empêcher de faire observer à mon interlocuteur que ceci était, non pas la surdité, mais de la dissimulation, et qu'il n'était nullement besoin d'être sourd, pour pratiquer ce genre d'exercice.

C'est en vain, avons-nous dit, que, pour pallier ses défaillances, le vieillard met en avant son expérience des hommes et des choses : ici encore il se trompe. Le proverbe : « Si jeunesse savait, si vieillesse pouvait », est un de ceux qui me paraissent devoir être rayés du livre de la *Sagesse des nations*. — C'est qu'elle se trompe quelquefois, la *Sagesse des nations* ; et il n'est pas difficile de la prendre en flagrant délit de contradiction, par exemple quand elle dit : « Tel père, tel fils », et qu'elle ajoute : « A père avare, fils prodigue. »

Figé dans de lointains souvenirs, le vieillard s'isole de plus en plus de la société ambiante ; il prend le passé pour le présent, le présent pour le passé, malgré les différences énormes qui les séparent, de sorte que son expérience, au lieu de lui être utile, devient pour lui une source de déceptions et d'insuccès.

Lorsqu'en 1883, du haut de la tribune parlementaire, Challemel-Lacour traitait la Chine de « quantité négligeable », je suis certain que ce ministre de pacotille, qui a aujourd'hui soixante-trois ans, croyait que le « Céleste Empire » en était encore au point où les Français l'ont trouvé en 1860, quand le général Cousin-Montauban faisait son entrée dans Pékin avec quelques milliers de soldats, après s'être emparé, sans coup férir, des forts du Peï-ho, et avoir remporté la facile victoire de Pa-li-Kao. Il se figurait que les troupes chinoises en étaient encore au temps où les guerriers n'avaient pour toutes armes que des masques et des cymbales, avec lesquels ils cherchaient à effrayer l'ennemi, bien plus qu'à le combattre !

La Chine lui fit assez voir, à lui et à son ami Jules Ferry, combien était grande leur erreur ; elle le leur fit voir à nos dépens malheureusement, en infligeant à nos armes le désastre de Lang-Son. C'est toujours la même chose ; lorsque les Gérontes, par leur présomptueuse ignorance nous ont jetés dans quelque vilaine aventure, ils présentent à la France la carte à payer, et le public, bon enfant, se croit obligé de faire honneur à leur signature ! Ne devrait-il pas y avoir des huissiers spéciaux pour ces gens-là ?

« Un vieux poète, a dit Voltaire, un vieil amant, un vieux chanteur, un vieux cheval ne valent rien. » Il aurait pu ajouter qu'il en est de même d'un vieux diplomate.

Je m'attends ici à ce qu'on me jette à la tête le nom de l'ogre allemand qui, depuis plus de vingt-sept ans, dirige la politique de son pays. — Nous autres Français, guidés par nos instincts démocratiques, instincts qui nous portent à voir dans tous les peuples des amis, dans tous les hommes, des frères, nous préférons accuser de nos revers un individu plutôt qu'un peuple; nous excusons les Allemands, et nous maudissons Bismarck. — En cela, nous sommes dans l'erreur. L'unification de l'Allemagne a été, bien moins l'œuvre du chancelier, que celle de la nation elle-même, poussée par les circonstances. — Pour qui voit les choses d'un peu haut, il est évident que le siècle des chemins de fer devait être aussi le siècle des nationalités. Ces fils métalliques tendus sur toute la surface des territoires, ces bandes d'acier qui ne connaissent point d'obstacle, ces rails qui enjambent les rivières par des ponts, qui percent les monts par des tunnels, ces rails, dis-je, une fois posés, sont devenus comme les nerfs des sociétés nouvelles, auxquelles ils ont donné, — ce qui leur manquait jusqu'à présent, — la conscience d'elles-mêmes. Auparavant les fragments de nations vivaient épars, à l'état de provinces, vaguement unies par les liens résultant de la communauté d'origine et de langage. Avec les chemins de fer, tout change. Les parties d'un même peuple ont cessé d'être isolées ; elles se sont cherchées, et du jour où elles se sont rencontrées, elles se sont reconnues ; elles ont vu en elles les filles de la même mère, les membres de la même famille, les rejetons du même sol ; et, poussées par des forces invincibles, elles se sont aimées, elles se sont soudées.

Les voies ferrées, en mettant en relation les Allemands entre eux, les Italiens entre eux, ont plus fait pour la création de l'empire allemand, pour l'organisation de la nationalité italienne, que tous les efforts des rois, que toute l'habileté de leurs ministres. Sans doute, les diplomates ont aidé à l'œuvre de fédération ; mais leur rôle a été beaucoup moins important qu'on croit.

Pour ce qui est de l'édification de l'empire germain au point de vue diplomatique, s'il fallait donner à quelqu'un la première place, peut-être devrait-elle être attribuée à un autre qu'au prince de Bismarck lui-même. On s'en assurera en relisant les mémoires de l'empereur Frédéric, qui, sous leur forme concise, en disent plus que bien des volumes.

En France, nous nous exagérons outre mesure la grandeur du rôle de Bismarck? Sans doute, le chancelier prussien a été un rude adversaire ; sans doute il a fait preuve d'incontestables qualités diplomatiques : mais n'a-t-il pas aussi été servi à souhait par les hommes et par les circonstances ? Son *génie* n'a-t-il pas été avant tout du *bonheur ?* — Écoutez ce que dit à ce sujet un historien contemporain, qui connaît à fond le monde des chancelleries et les choses du présent :

« Il fallut dix ans, des souverains sans virilité

sur les trônes principaux d'Allemagne, des ministres incapables à Vienne, une politique chimérique à Paris, une série d'événements extraordinaires, des fautes sans nombre, imprévues comme les accidents qui surgissent inopinément dans le cours des maladies, pour permettre à la Prusse de résoudre la question du dualisme germanique posée depuis Charles-Quint de siècle en siècle, et de régler l'heure sur le cadran de son évolution historique. Il a fallu la guerre de 1859, la violation du traité de Zurich, l'ingratitude de l'Italie, l'insurrection de la Pologne en 1863, les rancunes de l'empereur Alexandre et de son ministre, la guerre du Mexique, la convention du 15 septembre 1864, qui souleva la question de Rome au lieu de la résoudre; le démembrement du Danemark toléré par le gouvernement français et le gouvernement anglais, divisés par de mesquines rivalités ; l'aveuglement de l'Autriche en signant la convention de Gastein, l'imprévoyance de notre diplomatie au mois de juin 1866, nos défaillances morales et militaires au mois de juillet, nos revendications tardives de Mayence et du Palatinat au mois d'août, et, pour compléter le tout, la maladie de l'empereur aux heures décisives, la division dans ses conseils et le réveil légitime, mais intempestif, d'une opposition intransigeante en France : toutes choses que le génie politique le plus affiné ne pouvait prévoir ni provoquer, pour que M. de Bismarck, porté par une fortune sans précédent, que n'ont connue ni

17

Richelieu, ni Mazarin, ni Frédéric II, pût réaliser la première partie de son programme[1]. »

Mais admettons que le génie du prince de Bismarck ne soit pas une simple fiction. Ce qu'il importe d'établir ici, pour la thèse que nous soutenons, c'est que tous ses succès diplomatiques datent de l'âge de sa maturité.

Il avait quarante-huit ans quand il prit en main la direction extérieure de la Prusse ; il avait cinquante ans, lors de la lutte contre le Danemark ; il en avait cinquante-deux, au moment de l'écrasement de l'Autriche. Habile dans la question des duchés, il a été non moins habile dans son attitude vis-à-vis des Etats de la confédération germanique ; il a réussi à tromper à la fois l'Autriche et la France, il s'est joué à la fois de François-Joseph et de Napoléon III. — Et après ?

Où sont les preuves de son génie dans nos désastres de 1870 ? — Dira-t-on qu'il a réussi à faire éclater la guerre juste à point, au moment où la France était militairement faible, tandis que la Prusse était forte ? — Mais la guerre avait été décidée dans l'entourage napoléonien; la guerre, elle était préméditée par l'impératrice et par ses partisans ! Sans doute, on voyait clair à Berlin ; mais le beau mérite, puisqu'aux Tuileries on était aveugle ! Dans le royaume des aveugles, les borgnes sont rois.

[1] G. Rothan. *Souvenirs diplomatiques, la Prusse et son roi pendant la guerre de Crimée.*

Prétendra-t-on que Bismarck en cette occasion a fait preuve de génie politique, parce qu'il nous avait isolé de l'Europe ? — Mais notre empereur, durant ses dix-huit années de règne, n'avait-il pas pris soin lui-même de nous aliéner toutes les puissances ? Ne nous avait-il pas brouillé avec la Russie, par l'expédition de Crimée, — avec l'Autriche, par la campagne d'Italie, — avec l'Italie, par l'occupation romaine, — avec l'Angleterre et avec l'Espagne, par la folle aventure du Mexique ?

Soutiendra-t-on que, la guerre une fois terminée, Bismarck s'est montré habile diplomate en nous prenant l'Alsace et une partie de la Lorraine ? — Mais je suis convaincu qu'à l'heure actuelle il s'en mord les doigts avec le peu de dents qui lui restent. Cette annexion, réalisée contre la volonté des habitants, a été, pour le nouvel empire, l'origine des plus grands embarras, et pourra devenir pour lui la cause des plus graves dangers lors d'une guerre européenne, parce qu'elle fait de la France l'irréconciliable adversaire de l'Allemagne, parce qu'elle fait des Français les alliés naturels de tout ce qui est l'ennemi du nom prussien[1].

---

[1] Les dangers de cette annexion sont compris par les Allemands eux-mêmes. Voici comment s'exprimait Bebel, en novembre dernier, lors de la discussion du budget au *Reichstag* :

« Les cris de guerre sont tous les ans à l'ordre du jour depuis la transformation de l'état des choses en Allemagne. L'empereur Guillaume Ier, dans la proclamation qu'il publia en 1871, disait que la France et l'Allemagne devaient à

Et depuis 1870, où sont-elles, les traces de ce prodigieux génie ?

Plus j'étudie les actes du chancelier dans les dernières années, c'est-à-dire depuis qu'il est sexagénaire et septuagénaire (il a aujourd'hui soixante-seize ans), plus je vois en lui le contraire d'un grand ministre. Je n'ai eu vue ici que les questions extérieures ; je ne parle ni de sa lutte contre les catholiques, où il été vaincu, — ni de sa lutte contre les socialistes, où il ne tardera pas à l'être : je n'étudie que le diplomate. Il a bien changé, le diplomate. — Lui, qui était aussi discret qu'un confesseur, il est devenu bavard comme une portière. A plusieurs reprises, dans ses conversations, dans ses discours, il a étonné le monde par les brutalités de sa parole ; ses admirateurs en ont profité pour vanter sa franchise : ceux qui le

---

l'avenir lutter sur un autre terrain que celui des armes. Ce n'est pas ce qui a eu lieu.

« Au lieu de nous contenter de la chute de Napoléon après Sedan, ce qui mettait un terme à la guerre, nous avons continué la lutte et nous avons pris deux provinces aux Français.

« Voilà pourquoi nous sommes continuellement menacés de la guerre. Nous serions tout aussi bien fondés à demander les provinces baltiques à la Russie, sous prétexte qu'elles ont autrefois appartenu à l'empire d'Allemagne.

« Notre seul ennemi, si nous en avons un, c'est la Russie, ce pays barbare, notre ennemi héréditaire, qui cherche à faire des conquêtes à l'occident et qui tend à la possession exclusive de la mer Noire.

« Il ne saurait être question de rendre sans conditions l'Alsace-Lorraine à la France ; toutefois, nos hommes d'État devraient s'efforcer d'établir un état de choses tolérable en rétablissant un lien entre ces provinces et la France. »

jugent avec impartialité ont vu là simplement des accès de bavardage sénile.

Les peuples qu'il avait le plus intérêt à ménager, il les a froissés ; il les a froissés dans leurs susceptibilités les plus intimes, — les alliés comme les neutres, — les amis comme les ennemis, — les grandes puissances aussi bien que les petites. Tantôt c'est l'Angleterre qui lui sert de plastron, — l'Angleterre, qu'il menace des colères de la Russie, du « duel de l'éléphant et de la baleine », — l'Angleterre, qu'il laisse injurier dans la personne de l'impératrice-mère, — l'Angleterre, qu'il insulte en humiliant sir Robert Morier, un de ses représentants. Tantôt c'est l'Italie qu'il soumette, en faisant sonner bien haut que Rome a plus besoin de Berlin que Berlin n'a besoin de Rome, — l'Italie, qu'il vexe en lui appliquant en public la fable de la grenouille qui veut devenir un bœuf, — l'Italie à laquelle il faisait naguère durement sentir sa vassalité en ne daignant pas accompagner son empereur, lors de la visite que celui-ci rendit à Victor-Emmanuel. Il y a quelque temps, c'était l'Espagne qui était l'objet de ses colères, — l'Espagne, contre laquelle, sans motif préalable, il dirigeait l'incident des Carolines, dont le résultat le plus clair a été de faire prendre en grippe les Allemands au delà des Pyrénées. Hier, c'était la Suisse, dont il menaçait l'indépendance, en soulevant mal à propos l'affaire Wohlgemuth, se mettant ainsi à dos ce petit pays, que l'arrogance germanique a tort de dédaigner, parce que, s'il compte peu d'hommes, il possède beaucoup de soldats.

A qui fera-t-on croire que de semblables procédés sont habiles? — Jamais Bismarck n'eût commis ces fautes à l'âge de sa maturité. On a cru faire son éloge en le surnommant le *chancelier de fer*; on s'est trompé grossièrement. Le fer est le symbole de la force, et comme tel, il personnifie bien le soldat; jamais il ne représentera le diplomate, j'entends le vrai diplomate. Celui-ci, loin d'être dur comme le fer, doit être malléable comme la cire ; sa force est tout entière dans son apparente faiblesse; il doit savoir s'insinuer partout, mais aussi s'échapper avec la même rapidité, glissant sans cesse des mains qui croyaient le tenir. C'est parce que Bismarck était tout le contraire d'un chancelier de fer, il y a quelque vingt-cinq ans, qu'il a remporté de brillants succès dans la politique internationale; on pouvait alors le comparer au roseau, non pas même au « roseau peint en fer », mais au véritable roseau, au roseau qui « plie et ne rompt pas ». Depuis qu'il s'est transformé en un glaive rigide, en un fer qui brise, mais aussi qui se brise, il a cessé d'être un grand diplomate.

« Nous autres Allemands, s'écriait-il naguère en plein Parlement, nous ne craignons personne, hormis Dieu! » — C'est l'écho lointain de la fière réponse que firent autrefois les Gaulois, nos ancêtres, à Alexandre : « Nous n'avons peur de rien, sinon que le ciel nous tombe sur la tête ! » — De pareilles bravades peuvent être à leur place dans la bouche d'un conquérant ; elles ne conviennent point à un diplomate, à un diplomate qui cherche à racoler partout des alliés. — Bismarck est encore moins dans son rôle lorsque, coiffé de son casque de fer, et grisé par le succès, il proclame bien haut que « la force prime le droit », que « les vrais heureux de ce monde sont ceux qui possèdent »[1], sans avoir l'air de se douter que ces maximes pourraient bien se retourner contre lui, et devenir un jour, entre les mains de ses adversaires, des arguments qui serviraient à battre son œuvre en brèche.

Que dire de son attitude vis-à-vis de la Russie ? Voilà une puissance qui, depuis plusieurs générations, était l'amie de la Prusse, et qui, lorsqu'elle ne s'unissait pas à elle directement pour la soutenir, gardait vis-à-vis de sa voisine une neutralité bienveillante : de ce côté, il n'y avait aucune concession à faire, aucun effort diplomatique à tenter, pour arriver à une entente. L'alliance était nouée d'avance. — Qu'a fait Bismarck ?

Il a rompu ces liens qu'avait tressés la tradition. On se rappelle qu'au congrès de Berlin, dont il avait pris la direction, il manœuvra de façon à enlever au tzar les bénéfices que lui avait assuré

---

[1] C'est le *beati possidentes*, qu'il a formulé pour la première fois, je crois, en 1878.

le traité de San-Stéfano. Dans quel but? On se le demande, lui qui n'a jamais cessé de répéter que la question d'Orient « ne valait pas les os d'un fusilier poméranien ». Il mécontenta ainsi de parti pris, et ouvertement, l'empereur de Russie. Il usa des mêmes procédés vis-à-vis du nouveau tzar, qu'il froissa à plusieurs reprises, en février 1888, par exemple, quand il publia le traité d'alliance conclu, le 7 octobre 1879, entre l'Allemagne et l'Autriche, traité dont la teneur était connue depuis longtemps à la cour de Saint-Pétersbourg, laquelle ne vit dans cette manœuvre qu'une nouvelle et gratuite vexation, ajoutée à tant d'autres !

Bismarck, en s'aliénant la Russie, a commis une lourde faute; car ce fut grâce à l'attitude de la Russie, en 1870, que la Prusse put venir si facilement à bout de nous. Il le sent bien dans ses moments lucides; alors il a conscience de ses bévues, et tâche de les réparer. Sa main droite s'efforce de refaire ce que sa main gauche a si imprudemment défait. Il envoie son jeune empereur à Saint-Pétersbourg; il supplie le tzar de se rendre à Berlin, et là il tâche de le circonvenir. — Vains efforts! Le « tentateur » est trop vieux; l'âge des séductions est passé. La Russie s'éloigne de plus en plus de l'Allemagne.

Mais, au lieu de dénigrer ainsi la diplomatie sénile chez les autres, voyons un peu ce que fait la nôtre; voyons comment nos Gérontes s'acquittent de leur tâche à l'extérieur; voyons les alliances qu'ils ont nouées, les coalitions qu'ils ont dissoutes, les conspirations qu'ils ont déjouées : « A l'œuvre on connaît l'artisan. »

Elle est jolie, leur œuvre!

Je ne reviendrai pas sur celle de Jules Favre et de Thiers. — On sait que le principal titre de gloire du premier, fut la conclusion de l'armistice du 28 janvier 1871, de cet armistice qui a contribué pour une large part au désastre de Bourbaki, et cela, par l'incroyable négligence de notre ministre des affaires étrangères, qui, en avisant de cette trêve le gouvernement de Bordeaux, oublia de prévenir Gambetta qu'elle ne s'appliquait pas à l'armée de l'Est : de sorte que celui-ci, croyant à une suspension d'armes générale, fit cesser partout les opérations militaires, aussi bien à l'Est qu'ailleurs, pendant que les généraux prussiens, accentuant leur mouvement, rejoignaient et acculaient l'armée de Bourbaki. Cela n'empêcha pas ce Nestor de la troisième République d'être élu, le mois suivant, dans six départements. Quant au « sinistre vieillard », il fut élu dans vingt-six départements. — N'avait-il pas à son actif la convention de Versailles, laquelle servit de base au traité de Francfort, à ce traité, le plus humiliant, le plus onéreux, que la France ait eu jamais à subir? — Un beau jour, les vieux de l'Assemblée nationale, Dufaure en tête, déclarèrent que Thiers « avait bien mérité de la patrie ». — Ce ne sera pas là un des moindres étonnements de la postérité, quand elle relira cette triste phase de notre histoire : nos enfants auront peine à comprendre comment cet homme a pu « bien mériter de la patrie », alors que celle-ci n'est sortie de ses mains que démembrée, ruinée et violée, ayant été mutilée de deux de ses plus belles provinces, ayant eu à payer l'énorme rançon de cinq milliards, ayant été tenue sous la botte du vainqueur pendant des années !

Après la guerre, nos prétendus hommes d'État adoptèrent comme ligne de conduite la politique d'abstention.

Laisser les peuples voisins s'entre-tuer, sauf à profiter ensuite de l'affaiblissement du vainqueur et des dépouilles du vaincu, telle était l'idée-mère de cette politique, dont Gambetta a donné la formule dans une lettre qu'il écrivait en 1876, et dans laquelle il disait : « La France doit attendre; l'Europe l'a laissé écraser, l'Europe a cru pouvoir se passer d'elle; que l'Europe s'arrange si elle le peut sans nous. Quand on aura perdu bien du temps, de l'or et des hommes, et que la France aura mis à profit les heures qui s'écoulent, on reviendra à elle; ce jour-là, elle pourra indistinctement dire à ceux qui l'inviteront à une action concertée : Que me donnez-vous ? Et qui sait ? c'est peut-être du côté où l'on s'y attend le moins, que viendront les plus brillantes propositions.

« Loin donc de redouter la guerre entre les autres rivaux, je la désire; loin d'y voir un nouveau Sadowa, j'y vois un espoir de revanche contre les suites de Sedan, mais à une condition *impérieuse*, c'est d'être *muet*, de ne se brouiller avec personne, de laisser faire l'Allemagne et de reconnaître avec dignité que, lorsque la France ne peut agir, il ne lui convient pas de parler[1]. »

Cette politique « impérieuse », qui consiste à être « muet », n'a pas manqué de défenseurs : n'y a-t-il pas toujours des arguments en faveur des plus mauvaises causes ? — Les uns prétendaient que cette attitude était la seule qui convînt à un peuple vaincu, à un peuple froissé dans ses fibres les plus intimes, et ils lui donnèrent pour cette raison le nom de *politique du recueillement* ; — les autres affirmaient que cette conduite était la seule digne d'une grande nation comme la France, dont le génie, tout pétri de loyauté, laisse à d'autres la honte des spoliations, et revendique pour elle la *politique des mains nettes*.

Tout cela, ce sont des mots. — Faire de l'abstention, c'est faire la grandeur... des autres ; c'est s'affaiblir soi-même de parti pris. Dans les dernières complications de l'Europe, l'Italie ne s'est jamais abstenue, elle ; et après chaque guerre, elle a vu son territoire s'arrondir, sa puissance s'affermir. Si, en 1866, la France ne s'était pas abstenue, l'Autriche n'eût probablement pas été écrasée, et peut-être par ce moyen le désastre de 1870

---

[1] Cette lettre a été publiée en 1888 par la *Nouvelle Revue*.

eût-il été évité. Si, en 1870, l'Angleterre ne s'était pas abstenue, peut-être n'eût-elle pas été forcée d'acquiescer à la conférence de Londres, qui a déchiré les clauses du traité de Paris, auxquelles elle tenait plus que toute autre puissance.

Après une guerre, il y a toujours un vainqueur et un vaincu. Le vaincu sortira de la lutte plus faible qu'avant ; c'est incontestable ; — le vainqueur, quoiqu'on puisse dire, en sortira plus fort : — plus fort par l'ascendant moral que donne le succès, — plus fort par le tribut qu'il aura prélevé sur son adversaire et qui, après avoir couvert tous les frais de guerre, l'enrichira lui-même, — plus fort par l'annexion d'un certain nombre de villes, qui seront autant de camps retranchés pris sur le territoire ennemi.

Supposons que dans les dernières années une guerre soit venue à éclater entre l'Allemagne et la Russie, guerre à laquelle les partisans de la politique d'abstention nous auraient fait assister en simples spectateurs ; supposons la lutte terminée, et l'Allemagne victorieuse. — Qui l'empêcherait alors de nous faire la loi, et de nous réduire à l'état de puissance secondaire ? — N'aurait-elle pas à ce moment toute l'Europe pour elle ?

Bismarck disait récemment : « Si nous étions engagés dans une guerre avec la Russie, aucun gouvernement français, malgré toute la bonne volonté qu'il pût y apporter, ne serait en état d'empêcher la France de prendre part à la guerre.[1] » — Je le crois bien ; le peuple, comprenant d'instinct ses intérêts, saurait forcer la main à son gouvernement, et l'empêcher de pratiquer la politique du suicide.

Nos Gérontes affectent de mépriser les alliances, parce qu'ils ne savent pas ou parce qu'ils ne peuvent pas en faire : « Les raisins sont trop verts » ; et, comme le renard de la fable, nos chanceliers, voûtés par les ans, sont incapables d'atteindre le fruit, qui devient pour eux le « fruit défendu ».

Il est vrai que depuis 1878 les chanceliers de la République, comprenant qu'ils ne pouvaient pas plus longtemps persévérer dans la politique de l'isolement et de l'inaction, ont changé d'attitude. Tout à coup on a vu les escargots officiels quitter leurs coquilles, les limaces se mettre à marcher. « Enfin, dirent les patriotes, nous allons donc sortir de cette position humiliante dans laquelle on nous tient depuis si longtemps ! Enfin, nos diplomates, prenant leur courage à deux mains, s'entendent pour relever l'étendard de la France ! Enfin, nous allons avoir des alliés au dehors, nous allons avoir des amis chez les peuples, des affiliés au sein des cours ! Enfin, nos frères d'Alsace et de Lorraine, qui ne veulent point de la *germanisation*, ne tarderont point à être rendus à la vie française ! »

Il s'agissait bien de tout cela ! — Depuis trop long-

---

[1] Discours du 6 février 1888.

temps on portait le deuil de la défaite, depuis trop longtemps on avait les yeux fixés sur « l'ennemi héréditaire », depuis trop longtemps on se laissait « hypnotiser par la trouée des Vosges » ! Est-ce que les deuils, est-ce que les haines sont éternels ? Le temps, ce grand guérisseur, n'est-il pas là pour panser les plaies, même les plus profondes ? — Ainsi raisonnaient nos ministres. — Et mettant en pratique leurs théories, ils laissèrent là la politique du recueillement pour se lancer à corps perdu dans la politique coloniale.

Cette politique *deuxième manière* (je dis *deuxième* et non *seconde*, parce que j'espère qu'elle sera suivie d'une troisième qui sera enfin la bonne), cette politique, dis-je, qui n'était pas autre chose que la politique opportuniste succédant à la politique conservatrice, nous la caractériserons d'un trait en disant qu'elle a consisté à abandonner les pays que nous occupions de longue date, les pays où nous étions les maîtres reconnus et presque les souverains traditionnels, pour aller en conquérir d'autres à grands frais où notre drapeau ne s'était jamais montré.

Nous avions, dans la Méditerranée, une influence prépondérante ; les Levantins ne juraient que par nous ; dans tous ces pays le nom de *Francs* était synonyme d'*Européens*, et l'on croyait que la France c'était toute l'Europe[1]. Au lieu de renforcer

[1] Les privilèges dont jouissaient les Français, dans les pays de l'empire Ottoman, datent du XVIe siècle, époque

ces traditions séculaires qui nous donnaient la tutelle morale des habitants de ces contrées, — ce qui valait mieux qu'un protectorat pour rire—, qu'ont fait nos profonds diplomates ? Ils ont laissé tout aller à vau-l'eau; ils ne se sont pas plus occupés des écoles françaises que si elles n'existaient pas; abandonnant le certain pour l'incertain, ils ont délaissé la Méditerranée pour l'Océan, l'Orient pour l'Extrême-Orient. A des pays sains, riches, commerçants, situés à quelques jours de navigation de la France, ils ont préféré les côtes lointaines du Tonkin, les terres misérables de l'Annam, le climat insalubre de la Cochinchine et du Cambodge, où nos nationaux ne peuvent même pas vivre.

Nous avions en Égypte une situation superbe. La France avait mis sur cette terre du Nil la double empreinte de son génie, — empreinte militaire lors de l'expédition de Bonaparte, empreinte industrielle par le creusement du canal de Suez. — On nous a fait évacuer l'Égypte en nous offrant comme compensation la Tunisie. Ne valait-il pas mieux rester à Alexandrie et ne pas aller à Carthage ? Sur les bords du Nil, nous partagions officiellement le protectorat avec les Anglais, c'est vrai; mais en Tunisie, ne le partageons-nous pas officieusement avec les Italiens.

où furent conclues les premières *capitulations* (c'est le nom que l'on donne aux traités mentionnant ces privilèges). Nos nationaux jouissent de l'inviolabilité du domicile; ils ne sont point justiciables des tribunaux indigènes, etc.

Nos diplomates ont fait comme ces enfants qui délaissent une poupée de cent francs pour un polichinelle de deux sous. « Tout nouveau, tout beau. » *Gaga* fait comme *Toto*, parce que Gaga tend à redevenir Toto.

En allant à Tunis, à Madagascar, au Tonkin, nos profonds diplomates se sont crus plus qu'habiles. « Enfin, disaient-ils, nous avons résolu un difficile problème : nous avons donné du champ à l'activité des Français et nous les avons tenus à l'écart des affaires européennes. » Pauvres gens, qui n'ont pas l'air de se douter qu'en faisant de la politique coloniale, ils n'ont pas cessé un seul instant de faire de la politique européenne !

La terre a beau être grande : elle ne l'est plus assez aujourd'hui pour offrir à tous les peuples civilisés un champ d'expansion illimité. Les climats les plus sains sont accaparés, les sols les plus riches ont depuis longtemps des propriétaires ; et, ce qui reste disponible, quoique de qualité inférieure, est, à l'heure actuelle, l'objet des convoitises de plusieurs : de sorte que, sur les terres lointaines, aussi bien que sur le continent lui-même, on risque de se heurter partout à des peuples européens, on s'expose à faire naître des collisions d'où jailliront à bref délai les rancunes, les inimitiés, les haines.

Nous venons d'en faire l'épreuve à nos dépens.

La politique d'expansion a eu pour résultat de nous

aliéner l'Angleterre avec laquelle nous nous sommes trouvés en contact dans l'Indo-Chine, sur les îles de l'Océanie, à Madagascar ; et surtout elle nous a mis à dos les Italiens, qui prétendent avoir beaucoup plus de droits que nous sur la Tunisie où leurs nationaux sont cinq fois plus nombreux que les nôtres.

Survienne une guerre européenne et nous récolterons les fruits de cette politique néfaste.

La Chine, cette quantité négligeable, que l'on dit plus peuplée que l'Europe entière, pourra alors, quand elle le jugera à propos, se venger cruellement de ses défaites, en s'alliant avec nos ennemis ; et si nous ne voulons pas voir nos possessions de l'Extrême-Orient pillées, ruinées, peut-être à jamais perdues, il nous faudra immobiliser là-bas tout un corps d'armée, tout une flotte. Je ne parle pas de l'argent, qui a toujours été et qui plus que jamais, reste « le nerf de la guerre » ; je ne parle pas des sommes gaspillées, des millions dépensés en pure perte dans ces expéditions d'outre-mer, qui, bien loin d'avoir augmenté notre « trésor de guerre » (où est-il notre trésor de guerre ?) n'ont servi qu'à vider nos caisses et à obérer l'avenir [1]. Qui sait si les cinq cents millions que nous a coûtés cette affreuse politique ne nous feront pas défaut au jour de la grande lutte ?

[1] « Le profit que nous donne le Tonkin est facile à calculer, déduction faite de la détérioration du capital humain et du matériel qui s'y trouve. Il nous a coûté 100 millions en 1884

A qui a profité cette politique ?

A l'Allemagne.

Oui, à l'Allemagne. En jetant l'or à pleines mains dans les expéditions lointaines, c'est bien moins pour les Français que l'on a travaillé que pour les Allemands et pour les autres peuples. « Dix-huit mois après le traité de commerce conclu le 31 août 1874 avec l'Annam et donnant à la France le monopole du commerce avec le Tonkin, écrit Yves Guyot, aucun navire français n'était entré dans le fleuve Rouge, tandis que des *navires anglais* représentant 3,525 tonnes, des *navires allemands* représentant 1,853 tonnes, des *navires chinois* représentant 2,483 tonnes avaient profité de cette nouvelle route vers la Chine occidentale[1] ».

Une politique qui sert les Allemands plus que les Français, une politique qui tend à affaiblir nos finances, notre armée, notre marine et par conséquent à renforcer d'autant les finances, l'armée, la marine germanique, de quel nom l'appeler si ce n'est du nom de *politique allemande* ?

Allemande, elle l'est véritablement. Elle l'est dans ses origines comme dans ses résultats ; elle

---

pour permettre à notre commerce d'y vendre 1,240,000 francs de marchandises en six mois ! Et quels sont les clients ? Nos soldats, payés par nous ! Un commerçant qui ferait une semblable opération serait condamné pour banqueroute, et un jeune homme qui comprendrait de cette manière la gestion de ses intérêts serait immédiatement ligotté dans les dispositions de l'article 513 du Code civil. » (Yves Guyot, *Lettres sur la politique coloniale*.)

[1] Yves Guyot, *Lettres sur la politique coloniale*.

l'est dans son point de départ, aussi bien que dans son point d'arrivée.

Depuis qu'elle existe, la république sénile n'a pas cessé de revendiquer la tutelle germanique ; elle n'a pas rougi de s'afficher comme la protégée de la Prusse. Depuis qu'ils sont au pouvoir, nos vieux gouvernants se sont conduits comme les plats valets de Bismarck.

Rappelons-nous que cette république a vu le jour en pleine invasion, qu'à l'heure où tous les Français de cœur ne songeaient qu'à repousser l'ennemi, qu'à sauver la patrie, une dizaine de vieux ont cru le moment propice pour perpétrer le gouvernement de leurs rêves, un gouvernement façonné par eux et pour eux, qui n'a de la *République* que le nom. En vain, lorsque les dernières batailles ont été perdues, lorsque le désastre a été consommé, les jeunes se sont levés pour expulser les vieux de la citadelle : ils ont été vaincus, dans le sombre drame de la Commune; et il leur a fallu subir cette pseudo-république, cette république antinationale, viciée de la même tare originelle que la monarchie de la Restauration. Oui, de même que Louis XVIII est rentré en France « dans les fourgons de l'étranger », la troisième République n'a pas craint de faire son apparition à l'ombre des baïonnettes prussiennes. Elle a débuté par un crime de lèse-patrie.

Quelle différence entre la première République et la troisième ? — La première République a tenu tête à l'Europe, la troisième République n'a pu résister à la Prusse ; la première a inventé le drapeau tricolore qui, sous sa généreuse impulsion, a « fait le tour du monde », la troisième l'a laissé tomber dans la boue ; la première avait poussé la frontière de la France jusqu'au Rhin, la troisième l'a fait rétrograder en deçà des Vosges. — Nous n'y sommes pour rien, disent les Gérontes ; prenez-vous-en à l'Empire. — Mais pourquoi n'ont-ils pas laissé à l'Empire la responsabilité de son œuvre, de son crime ? Pourquoi se sont-ils substitués à lui en cette heure désespérée ? Pourquoi n'ont-ils pas attendu le lendemain réparateur, le peuple tout entier vomissant son empereur ?

Une république qui avait ainsi fait preuve de patriotisme à rebours, une république qui avait fomenté la guerre civile en face de la guerre étrangère, ne pouvait qu'être agréable à l'Allemagne : elle le fut, en effet, et Bismarck fit tout ce qui était en son pouvoir pour la maintenir. Il lui avait facilité les moyens d'écraser la Commune ; il lui donna l'appui nécessaire pour résister à la coalition des partis monarchiques.

Le 20 décembre 1872, il écrivait à l'ambassadeur de l'empire allemand à Paris, le comte d'Arnim : « Nous n'avons pas pour devoir de rendre la France puissante, en consolidant sa situation intérieure, ni de rendre ce pays capable de conclure des alliances avec les puissances qui ont jusqu'à présent des relations d'amitié avec nous ».

— faisant allusion à la campagne entreprise par d'Arnim en faveur du rétablissement de la monarchie. Bismarck, voulait pour la France le maintien de l'état de choses actuel ; il faisait tout ce qu'il pouvait pour acclimater et rendre populaire chez nous le gouvernement de Thiers ; — ce fut même la raison pour laquelle il consentit à une évacuation anticipée du territoire [1].

Le chancelier et son ambassadeur manœuvrant en sens contraire, finalement celui-ci fut rappelé, disgracié, condamné. Au cours du procès, Bismarck s'oublia (toujours le bavardage sénile !) jusqu'à affirmer publiquement que la République, telle que les vieux la pratiquaient en France, était le gouvernement de ses rêves, le gouvernement qui offrait le plus de garanties à l'Allemagne.

Bismarck alla plus loin dans cette voie.

Tout le monde se rappelle que durant l'hiver 1874-1875, la presse allemande prit un ton des plus alarmants. Chaque jour, dans ses colonnes, perçait une menace de guerre ; — tantôt c'était un camp que l'on formait sur la rive gauche du Rhin ; — tantôt, c'était la flotte allemande, que

---

[1] Dans le courant de juin 1872, à propos des attaques dont Thiers était l'objet de la part des royalistes de l'Assemblée, la *Gazette de Cologne* disait : « Ce sont les royalistes qui ont empêché qu'on diminuât la durée de l'occupation. Avant le 20 juin, jour où les *burgraves* se sont rendus chez M. Thiers, cette diminution était presque chose convenue. Après leur démarche, qui menaçait de tout remettre en question, en France, le comte d'Arnim reçut l'ordre de refuser toute réduction. »

l'on tenait prête à prendre la mer ; — tantôt on annonçait que la *landwehr* s'armait, que le *landsturm* serait convoqué pour le printemps. Un certain nombre de membres de l'Assemblée nationale, qui avaient jusqu'alors refusé de transiger, prirent peur à la menace d'une nouvelle invasion, et, faisant taire un instant leurs préférences et leurs antipathies, votèrent pour la République. — Celle-ci, par 353 voix contre 352, devint le gouvernement légal du pays. — On vit alors la situation extérieure se détendre ; les journaux berlinois se montrèrent moins belliqueux ; les provocations ce calmèrent et finirent par cesser entièrement. Bismarck était content; la République était faite, sa république à lui, la république des vieux, laquelle après avoir reçu le *baptême* (baptême, hélas ! du feu et du sang) sous l'invasion prussienne, venait d'être admise, sous les auspices du chancelier, au sacrement de *confirmation*.

Le ministre prussien n'eût point agi de la sorte, à coup sûr, s'il eût eu en face de lui la première République, celle qui arrêtait net à Valmy « la vieille armée du grand Frédéric. » Le roi de Prusse alors songeait à toute autre chose qu'à faire proclamer la république en France, lui qui aurait voulu, au contraire, consolider le trône de Louis XVI. C'est qu'à cette époque la Prusse avait devant elle la République des jeunes, la République de Marceau, de Hoche, de Carnot, la République des héros et des hommes de cœur, tandis que l'Allemagne d'aujour d'hui n'a, pour lui tenir tête, que la République des vieux, la République de Thiers, de Wallon, de Mac-Mahon et autres soliveaux.

Comment veut-on que Bismarck ne soit pas content d'une République qui a poussé la servilité envers l'Allemagne jusqu'à prendre pour président un des vaincus de la dernière guerre, Mac-Mahon, un nom qui devait sonner agréablement à l'oreille de nos vainqueurs, puisqu'il leur rappelait à chaque instant leur triomphe de Sedan ? — La première République avait eu à sa tête Bonaparte[1], un vainqueur ; — la deuxième eut à sa tête Cavaignac, un général peu connu comme militaire, mais un soldat au moins qui n'avait contre lui aucune tare professionnelle ; — la troisième vint s'incarner dans Mac-Mahon, un vaincu, le vaincu de la Prusse. Sinistre dégringolade !

L'homme qui, sous le principat de Mac-Mahon, représentait la République française en Allemagne était digne en tous points de celui qui la représentait en France. Le vicomte de Gontaut-Biron, qui fut durant sept années notre ambassadeur à Berlin, s'y germanisa au point qu'il n'hésita pas à donner sa fille en mariage à un des officiers prussiens qui avaient fait la campagne de 1870, à un de ceux qui avaient contribué à égorger nos frères[2] ! Ceci se passait en 1876. L'année sui-

[1] Comme premier consul.
[2] Ce Prussien se nomme Paul de Talleyrand-Périgord, descendant d'une famille française, il est vrai, mais dont la

vante, notre ambassadeur, se trouvant en congé en France au moment où l'empereur Guillaume était de passage à Metz, ne manqua pas d'accourir pour le saluer, ratifiant ainsi officiellement, par sa présence au milieu des départements annexés, le démembrement de la France !

Conduite par de tels hommes, notre République n'eût pas honte de se montrer publiquement en face de l'Europe, comme la créature de l'Allemagne. Ce fut à Berlin qu'en 1878, elle fit sa rentrée « dans le concert des grandes puissances ». A Berlin, quelle humiliation ! Au bras de Bismarck, quel affront !

Ce n'était pas pour nos beaux yeux que le chancelier nous invitait à prendre place autour du tapis vert du Congrès. Il avait son idée. Ce fut là qu'il souffla à nos ministres plénipotentiaires le goût des expéditions coloniales. Voulant à toute force nous brouiller avec les Italiens, et sachant que la Tunisie était convoitée par les deux peuples, il ne trouva rien de mieux que de l'offrir à la fois à Cairoli et à Waddington : le représentant de l'Italie s'abstint, le nôtre accepta.

Nos gouvernants nient : mais les faits sont plus forts que leurs dénégations.

Durant tout le temps que les opportunistes ont dirigé les affaires extérieures de la France, notre

conduite pendant la guerre n'en a été que plus ignoble. Il était alors lieutenant des lanciers de la garde. Il habite la **Silésie**.

capitale diplomatique était à Berlin, et non à Paris. Sous le gouvernement de Jules Ferry en particulier, presque toutes les affaires pendantes entre le Foreign Office et le quai d'Orsay, au lieu de se traiter par l'intermédiaire des deux ambassadeurs, lord Lyons et Waddington, se négociaient à Berlin même! Pour la question de la neutralité du canal de Suez principalement, le sire de Foucharupt fit un pressant appel à la bienveillance du prince de Bismarck, et celui-ci, pour récompenser son fidèle vassal, lui octroya l'honneur de figurer dans l'Almanach de Gotha, à la première page, absolument comme une tête couronnée.

L'empereur d'Allemagne vient-il à mourir, la République française envoie un ambassadeur extraordinaire à Berlin, pour exprimer les regrets que causent à nos gouvernants le deuil d'un homme, qui a bombardé nos villes, brûlé nos villages. Et pour mieux souligner notre humiliation, pour mieux accentuer notre vassalité, pour pousser l'aplatissement jusqu'à ses dernières limites, qui choisit-on pour remplir cette mission? — Un général français!

Pendant ce temps, nos soldats gémissent encore au fond des casemates prussiennes. — En juillet dernier, les habitants d'un petit village de l'Isère voyaient avec stupéfaction un des leurs, qu'ils croyaient mort depuis longtemps, faire tout à coup son apparition parmi eux. C'était un combattant de Gravelotte, qui, emmené prisonnier en

Allemagne, s'était révolté contre les brutalités du vainqueur, et avait été pour ce fait, condamné à vingt ans de forteresse. Après dix-neuf ans de captivité les Prussiens avaient daigné lui faire grâce de la dernière année de cachot, et le renvoyaient en France[1]. Et dire qu'il y a encore de nos frères qui sont emprisonnés là-bas, et que l'on porte comme morts sur les registres de l'état-civil !

Politique allemande, que tout cela ! Politique à la fois subie et voulue : car nos gouvernants ne se sont ainsi inféodés à l'Allemagne que parce qu'ils en ont peur.

Oui, ils en ont peur. Les Allemands nous ferment leur frontière; ils exigent des passeports pour l'entrée en Alsace-Lorraine, sous prétexte de mettre un terme à l'agitation française dont ce pays est le théâtre, en réalité pour élever un mur entre les deux peuples[2] : nos gouvernants leur répondent en les conviant à l'Exposition du centenaire. Les Allemands traquent sans relâche et

---

[1] Il s'agit du nommé Bonnet, natif de l'Isle-d'Abeau, canton de la Verpillière (Isère).

[2] La fermeture de l'Alsace-Lorraine équivaut pour nous à la fermeture de l'Allemagne, puisque nous ne communiquons avec l'empire que par les pays annexés. D'autre part, la mesure qui a rendu le passeport obligatoire en Alsace-Lorraine, a coïncidé avec la dénonciation du traité de commerce par les Italiens : il y a là deux faits très probablement connexes. Pour que l'Italie rompe avec la France, commercialement, il faut qu'elle trouve en Allemagne des débouchés compensateurs; ces débouchés seront d'autant plus nombreux que par les mesures vexatoires prises à la frontière lorraine, le marché allemand deviendra de plus en plus fermé aux Français. Ainsi a dû raisonner Bismarck.

poursuivent avec la dernière rigueur ceux de nos compatriotes qu'ils soupçonnent d'espionnage : nos gouvernants laissent les espions teutons sillonner en tous sens notre territoire, levant le plan de nos forteresses, notant les changements survenus dans l'état de nos routes, cherchant à soudoyer les employés du ministère de la guerre ou à lier connaissance avec nos officiers, afin de surprendre quelque secret soit sur l'état de notre armement, soit sur nos projets de mobilisation.

Si nos Gérontes ont peur, c'est parce qu'ils sont à la fois lâches et égoïstes, — parce que, pour eux, la rupture avec la Prusse, cela peut-être la guerre, et que la guerre, c'est l'inconnu. Ils se disent que l'invasion leur ayant donné le pouvoir, l'invasion peut le leur ôter. Voilà pourquoi ils s'aplatissent devant les vainqueurs, voilà pourquoi ils s'agenouillent devant le casque du chancelier. Il n'y a qu'en France qu'on ignore cela ; dans le reste de l'Europe, on est au courant de toutes ces vilenies, nos ennemis s'en moquent et s'en réjouissent ; les rares amis que nous comptons encore s'en attristent pour nous et s'en affligent. Telle est aussi une des raisons pour laquelle l'alliance russe ne se conclut pas.

Les partis hostiles au régime actuel prétendent que, si cette alliance ne se fait pas, la faute en est à la République elle-même. Jamais, disent-ils, la France démocratique ne trouvera d'alliés dans l'Europe monarchique. — En cela, ils se trompent.

N'avons-nous pas vu, dans la lutte de la maison de France contre la maison d'Autriche, la première faire alliance, au xviie siècle, avec le roi de Suède, avec l'électeur de Saxe, avec les princes allemands, qui tous représentaient alors le protestantisme? Ce qui n'empêchait pas les mêmes rois de France, en s'alliant avec les protestants au dehors, de déclarer la guerre aux protestants du dedans ! — De même, le czar de Russie, tout en réprimant avec la dernière sévérité les tentatives d'émancipation politique qui viennent à se produire dans son empire, n'éprouverait probablement aucune répugnance à s'allier avec les républicains de France. En diplomatie, comme en beaucoup d'autres choses, « il n'y a pas de principes, il n'y a que des intérêts ».

Ce qui fait que le czar hésite à traiter avec nous, c'est qu'il a devant lui, non la République, mais une certaine république, la république des vieux, la république des Basiles, la république des pleutres et des lâches ; c'est qu'il voit devant lui des hommes qui ne cherchent qu'à « ménager à la fois la chèvre et le chou », — des hommes qui n'osent secouer le joug de l'Allemagne, parce qu'ils tremblent pour leurs portefeuilles, et pour leurs sinécures, — des hommes qui lui jettent dans les jambes l'incident d'Atchinoff, — des hommes qui trouvent bon de mettre à la tête du gouvernement un Floquet, l'insulteur d'Alexandre II, — des hommes qui disent tantôt *blanc*, tantôt *noir*, — des hommes qui , un jour, penchent pour l'alliance prusienne, comme Jules Ferry ; un autre jour, pour l'alliance italienne, comme Gambetta ; un autre jour, pour l'alliance anglaise, comme Waddington ; un autre jour pour l'alliance russe, comme Flourens.

Depuis 1877, en treize ans, notre portefeuille des affaires étrangères a changé treize fois de main. On a vu tour à tour défiler au quai d'Orsay un aristocrate tel que Decaze, et un démocrate tel que Gambetta, — un autoritaire entêté tel que Ferry, et un libéral indécis tel que Freycinet, — un homme ayant dans les veines du sang britannique tel que Waddington, et un autre ayant dans les veines du sang germanique tel que Spüller, — un lymphatique tel que Flourens, et un bilieux tel que Goblet : chacun prétendant faire mieux que son prédécesseur, sans souvent en savoir plus que lui ; l'un allant à gauche, l'autre, pour lui faire pièce, allant à droite, sans avoir l'air de se douter le moins du monde que la politique, — et surtout la politique extérieure, — est par elle-même une chose éminemment impersonnelle, puisqu'elle résulte des traditions séculaires de tout un peuple !

Comment une puissance consentirait-elle à négocier une alliance avec nous, quand elle sait d'avance que le ministre, avec lequel elle s'abouchera, n'en a que pour quelques mois à vivre, et que son successeur n'aura probablement pas les mêmes idées que lui sur la matière?[1] — Il en sera ainsi tant que nos ministères sembleront reposer sur des pointes d'aiguille, c'est-à-dire tant que nous n'aurons pas renouvelé de fond en comble notre personnel politique, tant que nous n'aurons pas chassé du temple les vieux qui l'encombrent, les vieux, tout pétris d'égoïsme, qui renversent un ministre pour avoir l'occasion de prendre sa place.

Si l'alliance russe arrive à se conclure, sous la république sénile, on pourra dire qu'elle se sera faite, non par l'intermédiaire de nos gouvernants, mais malgré eux, — non grâce à leur habileté, mais en dépit de leurs fautes, et surtout par la faute du chancelier allemand.

En attendant, nous sommes seuls : le czar de Russie vient de proclamer qu'il n'avait d'autre allié sur terre que le prince de Monténégro[2]; nous sommes seuls, et nos ennemis sont unis; nous sommes seuls, et ils sont deux, trois, quatre peut-être! Triste, triste situation, et bien faite pour jeter dans l'angoisse tous les cœurs patriotes!

---

[1] En Angleterre, on a parfaitement compris la chose. Les ministres des affaires étrangères y sont généralement pris dans la Chambre des lords, qui représente la tradition ; on réserve à la Chambre des communes les ministres de l'intérieur. « Depuis le commencement du siècle, fait remarquer Yves Guyot, il y a eu vingt-six ministres de l'intérieur en Angleterre : sept seulement ont été pris parmi les lords. Il y a eu vingt et un ministres des affaires étrangères : huit seulement ont été pris dans la Chambre des communes. » (*Lettres sur la politique coloniale*, lettre LXVIII.)

[2] Voici les paroles textuelles du czar : « Je bois au prince de Monténégro, le *seul* sincère et fidèle ami de la Russie. »

CHAPITRE II

LA PATRIE EN DANGER

Nous ne sommes pas au bout de notre calvaire, hélas !

L'armée, ce bras droit de la France, — l'armée ce grand corps, qui veille à notre sécurité, — l'armée, cette muraille vivante, destinée à garantir nos frontières, à défendre notre sol, à protéger nos femmes et nos enfants contre l'invasion, — l'armée est devenue la propriété des vieux comme tout le reste : entre leurs mains, la muraille menace ruine, le corps a perdu tout ressort, le bras s'est ankylosé.

Mais, pour juger sainement ces choses, il nous faut reprendre les faits de plus haut.

Depuis cent ans, c'est-à-dire depuis que fonctionnent les armées nationales, les armées dans lesquelles il n'entre plus ou presque plus d'éléments étrangers, chaque fois que nos soldats ont eu à leur tête de jeunes chefs, ils ont vaincu ;

toutes les fois qu'ils ont été commandés par de vieux généraux, ils ont été battus : tel est l'enseignement de l'histoire.

Les généraux de la Révolution, et du premier Empire étaient des hommes qui, pour la plupart, n'avaient point atteint la quarantaine; on sait combien la victoire leur fut fidèle[1].

La *sénilisation* des cadres militaires date de la Restauration, nous l'avons dit; elle alla en s'accentuant de Louis XVIII à Charles X, de Charles X à Louis-Philippe. Toutefois les conséquences de cette transformation passèrent inaperçues, pour la raison bien simple qu'on vécut en paix avec l'Europe pendant tout ce temps-là. Les Bourbons, qui devaient leur trône aux alliés, n'auraient eu garde de les provoquer : c'eût été, de leur part, ingratitude et folie. Quant à Louis-Philippe, la seule épée qu'il affectionnât, c'était le « parapluie »: durant presque tout son règne, il pratiqua la politique de l'aplatissement.

C'était le moment où lord Palmerston se vantait publiquement de « faire passer la France par le trou d'une aiguille », s'il l'eut voulu. On s'humiliait devant les puissants, et l'on ne retrouvait du courage qu'en face des faibles. La conquête de l'Algérie date de cette époque, conquête beaucoup trop vantée au point de vue militaire. La belle gloire à triompher d'hommes qui n'avaient pas de

[1] Voyez ch. iv.

canons, et qui avaient à peine des fusils[1]! Les vrais conquérants de l'Afrique n'ont pas été les généraux de Louis-Philippe, mais les colons, qui pour la plupart ont payé de leur vie le défrichement de cette terre, dont les premiers sillons ont été pour eux autant de tombeaux.

Avec le second Empire, l'armée se rajeunit momentanément : — à un régime nouveau il faut des hommes nouveaux ; — et ce rajeunissement coïncide avec les succès obtenus en Crimée et en Italie. Le début du règne avait été brillant, la fin en fut épouvantable.

Tous nos généraux étaient des vieux !

Il est vrai qu'après la campagne nos chefs militaires, pour pallier leurs faiblesses, n'ont pas hésité à rejeter sur un seul les fautes de tous. En sacrifiant Bazaine, ils ont cru se justifier eux-mêmes, et échapper au verdict de l'histoire; mais bientôt la critique impartiale, rétablissant les faits conformément à la réalité, jugera chacun selon ses actes ; et l'on verra alors bien des réputations s'écrouler, bien des renommées s'effondrer, bien des gloires s'effriter et tomber en poussière.

Je ne viens pas ici innocenter Bazaine; j'affirme,

---

[1] Le maréchal Bugeaud écrivait que le sort de la campagne, en Algérie, était lié à la prise de la *Smala*. Ce fut le duc d'Aumale qui opéra cette capture. Or, la Smala n'était pas autre chose que l'ensemble des familles d'Alb-el-Kader, qui campaient sous la tente et se déplaçaient constamment ; la difficulté n'était pas de la vaincre, mais simplement de l'atteindre. Elle se composait en grande partie de femmes et d'enfants.

au contraire, qu'il a été un lâche et un incapable.

Un homme qui, au lieu de tenir la campagne et d'affronter l'armée ennemie, court s'abriter dans un camp retranché, et qui, oubliant l'investissement prochain, néglige d'assurer le ravitaillement de la place, qu'est-ce, sinon un lâche et un incapable? Bazaine n'a-t-il pas montré toute son incapacité le 14 août, à Borny, quand, assailli par des forces inférieures, il pouvait si facilement, avec ses 150,000 hommes se frayer un chemin sur Verdun, et rejoindre l'armée de Mac-Mahon? N'a-t-il pas fait preuve de la plus grande lâcheté, cet homme qui, le 18, à Saint-Privat, après avoir mis ses troupes aux prises avec celles de Frédéric-Charles, jouait au billard dans le salon d'un château du voisinage, sans plus s'occuper de ses soldats que s'ils n'existaient pas?

Ce que je prétends, c'est que Bazaine n'a pas été le seul coupable, qu'il a eu pour complices presque tous les chefs de corps de l'armée de Metz. Il y avait là des hommes qui avaient été les supérieurs de Bazaine, — des hommes, comme Le Bœuf, qui était ministre de la guerre quelques semaines auparavant, — comme Canrobert, qui avait eu Bazaine sous son commandement pendant l'expédition de Crimée, — comme Changarnier, qui l'avait eu comme capitaine en Algérie, — des hommes, par conséquent, qui ne pouvaient pécher par timidité vis-à-vis de lui! Pourquoi ont-ils toléré qu'il s'enfermât dans Metz? Pourquoi, de leur propre autorité, ne lui ont-ils pas imposé une sortie quand il en était temps encore ?

D'ailleurs Bazaine, comme s'il eût pressenti qu'il aurait plus tard à se défendre, a pris soin de mettre lui-même sa propre responsabilité à couvert. A plusieurs reprises, il a réuni les chefs de corps, et leur a demandé leur avis sur la situation. Presque tout ce qui se fit sous Metz avait été au préalable discuté et résolu en conseil. Le 7 octobre, quand on agita pour la première fois la question de la capitulation, Bazaine exigea qu'ils donnassent leur avis *par écrit*, après en avoir conféré au préalable avec leurs divisionnaires : quelques-uns, comme Le Bœuf, comme Coffinières, demandèrent une sortie ; mais la majorité fut d'avis d'entrer en pourparlers avec l'ennemi, et de ne tenter le combat que si les conditions étaient par trop déshonorantes. Le 24 octobre, on discuta de nouveau ; cette fois, tous les généraux, à l'exception d'un seul, Desvaux, se montrèrent opposés à une trouée, et décidèrent d'envoyer Changarnier pour négocier.

Bazaine avait fait plus. Le 10 octobre, il avait convoqué ces mêmes chefs pour leur dire que, si quelqu'un d'entre eux voulait assumer la responsabilité du commandement, il était prêt à le remettre entre ses mains. Personne ne souffla mot !

Et quand vint à circuler dans l'armée la triste nouvelle de la capitulation, quand des officiers de rang subalterne, — moins lâches que leurs supérieurs hiérarchiques, parce qu'ils étaient plus jeunes, — se réunirent pour essayer de sauver l'honneur de l'armée, les grands chefs firent tout ce qu'ils purent pour faire avorter ces mâles résolutions, dont la réalisation eût été leur condamnation à eux. Clinchant, un modeste brigadier, Rossel, un capitaine du génie, qui s'étaient mis à la tête du mouvement, furent mandés en haut lieu, et Changarnier les apostropha en ces termes : « — J'aime mieux que l'armée périsse que de la voir se sauver par l'indiscipline ! » — Traduisez : « J'aime mieux que l'armée périsse, que de la voir se sauver en désobéissant à Changarnier qui a négocié la capitulation, à Bazaine qui l'a préparée, à tous les chefs qui y ont acquiescé. » Clinchant, Rossel, et plusieurs autres braves, écœurés du cynisme de ce général de soixante-quatorze ans, se sauvèrent tout seuls. Ce fut même le souvenir de toutes ces lâchetés qui plus tard décida Rossel à entrer dans la Commune ; on sait quel fut son sort !

Non, Bazaine n'a pas été le seul coupable, à Metz ! Non, il n'a pas été le seul lâche ! Et Gambetta était dans le vrai, quand il disait, dans sa proclamation du 31 octobre, en parlant de la capitulation de Metz : « L'armée de France est engloutie, malgré l'héroïsme des soldats, par la trahison *des chefs.* » Il ne disait pas *du chef* : il comprenait que, dans ce drame lugubre, tous les commandants de corps étaient solidaires, que tous avaient leur part dans la honte du dénouement.

Au surplus, l'infériorité de nos généraux (je dis *infériorité*, pour ne pas employer un mot plus dur) ne s'est pas montrée seulement à Metz ; elle s'est étalée au grand jour, dans toutes les phases de la campagne.

Nos généraux n'entendaient rien à la conduite des troupes. — « Quand l'armée française s'est trouvée en Lorraine aux prises avec l'ennemi, on a acheminé des armées entières sur une seule route, ignorant qu'à côté de cette artère, des voies carrossables excellentes permettaient à quatre ou cinq colonnes de s'avancer dans des directions parallèles, à quatre et six kilomètres à peine les unes des autres... Et pendant ce temps-là, l'ennemi, muni de notre carte, complétée par lui et tenue à jour, tombait sur nos camps à l'improviste par des chemins inconnus à nos troupes. » — Qui parle ainsi ? Un officier français, Billot, en plein Sénat, lors de la discussion de la loi sur l'état-major ! Nos généraux connaissaient si peu leur carte que, lors du passage de la Meuse par l'armée de Mac-Mahon, ils n'utilisèrent pas le pont de Bazeilles, dont ils ignoraient entièrement l'existence : ce qui retarda d'autant la marche des troupes, et hâta le désastre de Sedan.

Ces braves comprenaient le devoir militaire à leur manière. Devenus sourds en vieillissant, devenus sourds moralement, sinon physiquement, ils n'accouraient plus au bruit du canon, comme c'était la tradition dans l'ancienne armée française : à Forbach, par exemple, ils continuaient de bivouaquer tranquillement, pendant qu'à côté d'eux des troupes exténuées, vaincues par le nombre, étaient contraintes de battre en retraite. Atteints de cécité en même temps que de surdité, ils ne se rendaient pas davantage aux appels écrits de leurs collègues ; on sait que Failly ne daigna pas venir au secours de Mac-Mahon, en Alsace, malgré les pressantes dépêches que lui envoyait le maréchal.

A chaque instant, on se laissait surprendre par l'ennemi, que l'on croyait à vingt lieues, alors qu'il était sur nous. A Beaumont, dit Henri Martin, « on était au camp comme en pleine paix » : les généraux déjeunaient, les soldats faisaient la soupe, les fusils étaient démontés, les canons dételés, les chevaux aux écuries, quand tout à coup un obus éclate. C'était l'armée du prince de Saxe qui débouchait, et surprenait le corps de Failly en plein midi. Sans la présence d'esprit du colonel de Béhague, qui rallia de lui-même quelques bataillons, le cinquième corps était pris comme dans une souricière. Nous en fûmes quittes pour la perte de notre artillerie, de nos bagages, et... de la bataille.

Il en a toujours été ainsi, dans cette triste guerre, du moins dans toute la première phase de la campagne.

Heureusement pour nous, la seconde période de la guerre racheta un peu celle qui l'avait précédée.

On n'entendit plus prononcer ces affreux mots : *lâcheté, trahison*. Coulmiers, Champigny, Bapaume, Villersexel, et quelques autres faits d'armes, effacèrent un peu la honte de Metz et de Sedan. Paris dut se rendre comme Metz ; mais il s'était défendu, et sa capitulation ne fut point déshonorante. Le mouvement de Bourbaki vers la Suisse fut le triste pendant du mouvement de Mac-Mahon vers la Belgique ; mais ici, au moins, l'honneur fut à peu près sauf.

D'où venait cet heureux changement ? — Tout simplement du rajeunissement des hauts cadres militaires. Rajeunissement, il est vrai, qui fut loin d'avoir été volontaire, raisonné, — jamais les vieillards qui composaient le gouvernement de la Défense nationale n'eussent admis un seul instant que nos défaites pussent être imputées à la sénilité des chefs, — mais qui, pour avoir été forcé (la plupart des généraux de l'Empire s'étaient laissés emmener en Allemagne comme prisonniers de guerre), n'en fut pas moins réel[1].

L'homme qui fut choisi pour organiser la défense de Paris, Trochu, avait cinquante-cinq ans. Ce n'était pas un vieux, mais ce n'était déjà plus un jeune ; et je crois porter sur lui un jugement impartial, en disant qu'il se conduisit comme un homme entre deux âges. Ce général *poivre et sel* fit

---

[1] Faidherbe avait cinquante-trois ans ; Clinchant, cinquante ans ; Denfert-Rochereau, qui se défendit si énergiquement à Belfort, quarante-huit ans.

preuve à de certains moments d'une incontestable activité, et même d'une réelle énergie ; mais chez lui, l'activité n'alla jamais jusqu'à la bravoure, l'énergie jusqu'à l'audace. Sous sa direction, les Parisiens eurent tantôt des élans d'héroïsme, comme à Champigny, tantôt des accès de découragement, comme à Châtillon.

En province, Gambetta, qui avait dit, dans sa première proclamation à Tours : « La République fait appel au concours de tous... C'est sa tradition, à elle, d'armer les jeunes chefs ; nous en ferons », Gambetta commença par se donner à lui-même un éclatant démenti, en mettant à la tête de la première armée de la Loire un général de soixante-six ans, Aurelle de Paladine, lequel par ses lenteurs rendit inutile le succès de Coulmiers. Il est vrai que plus tard il le remplaça par un homme de quarante-sept ans, Chanzy, « véritable homme de guerre révélé par les événements », disait-il dans la dépêche qu'il adressait le 14 décembre au gouvernement de Paris, et qui, mieux que tout autre, sut relever ce drapeau tricolore, que ses aînés avaient laissé tomber dans la boue. Mesure malheureusement tardive, et surtout incomplète !

Il eût fallu, pour lui rendre tout son prestige, à ce drapeau, que les généraux de la Révolution et de l'Empire avaient promené triomphalement sur les champs de bataille de l'Europe, le mettre entre les mains des jeunes, comme l'avaient fait Carnot et Bonaparte ; il eût fallu mettre les lieutenants à la place du colonel, les capitaines à la place des généraux. On se contenta de recruter les commandants de la nouvelle armée parmi les brigadiers ou les colonels de l'ancienne; on eût ainsi des chefs côtoyant la cinquantaine : — cela valait mieux évidemment que des généraux sexagénaires ou septuagénaires; ce n'était pas assez pour vaincre !

A l'Est, Gambetta refit la même faute qu'il avait commise à l'Ouest, en confiant la direction de l'armée en laquelle la France mettait son suprême espoir à un général de l'empire, Bourbaki, — sous prétexte que celui-ci s'était montré brillant officier dix ou quinze ans auparavant, en Italie, en Crimée. S'il eût remis le commandement de cette armée à un homme dans la force de l'âge, à quelque subalterne vigoureusement trempé, à un Cremer ou à un Billot, ainsi que l'aurait voulu d'ailleurs Freycinet, — qui, pour le dire en passant, fut le véritable ministre de la guerre de l'époque, et dont la remarquable activité sut faire surgir en peu de temps de la terre de France des soldats, des armes, des munitions et des canons (il avait alors quarante-deux ans), — peut-être l'issue finale de la campagne eût-elle été tout autre ! A coup sûr, nous n'aurions pas eu la douleur de voir notre dernière armée aller capituler en Suisse.

Bourbaki lui-même en fit l'aveu, au jour de la détresse. Comme un de ses officiers, le major Bruyère, le pressait de faire une trouée et de percer les lignes ennemies, il lui répondit : « Commandant, les généraux devraient être de votre âge ! » — Autrement dit, les chefs aux abords de la quarantaine, auraient pu faire ce que les généraux sexagénaires n'osaient même plus tenter !

On était en droit de supposer qu'une aussi terrible leçon nous serait de quelque utilité, qu'une aussi douloureuse expérience ne serait pas perdue pour nous ; on pouvait croire que l'Assemblée nationale, mettant à profit, dans la réorganisation de nos forces militaires, les enseignements qui se dégageaient de cette triste campagne, durant laquelle on avait vu à l'œuvre et pu comparer les vieux et les jeunes, ou du moins les généraux très âgés et les généraux très mûrs, on pouvait croire, dis-je, que l'Assemblée nationale allait enfin rayer des hauts cadres de l'armée toute la race des fuyards et des capitulards, tous les *Gagas* et tous les *Ramollots* que nous avait légués l'Empire, et mettre à leur place de jeunes chefs : réforme d'autant plus facile à accomplir, que les cadres, ainsi que nous venons de le dire, s'étaient rajeunis d'eux-mêmes pendant la seconde partie de la campagne, les officiers subalternes étant devenus commandants et colonels, les officiers supérieurs ayant été promus généraux et chefs de corps !

C'eût été mal connaître les vieux.

Les grades, conquis sous le feu de l'ennemi, ne trouvèrent point grâce devant eux. Ils ne virent qu'une chose, c'est que le grand principe de l'*ancienneté* (traduisez de *la sénilité*) avait été outrageusement lésé par ces avancements rapides ; ils demandèrent pour les jeunes la dégradation, dégradation mitigée, il est vrai, mais qui n'en fut pas moins réelle : à la plupart ils firent rendre leurs étoiles et leurs galons.

La *commission de revision des grades*, composée des vieux généraux de l'ancienne armée, cassa plus de la moitié des promotions faites durant la guerre. Les généraux redevinrent colonels, les colonels redevinrent chefs de bataillon. Quelques-uns même, ceux dont les traits de bravoure faisaient par trop rougir leurs juges, durent rétrograder de trois grades ; Cremer fut de ceux-là. Mais ce vaillant préféra briser son épée que d'accepter cette humiliante destitution ; on se souvient de la lettre indignée qu'il adressait, à cette occasion, au ministre de la guerre d'alors :

« Saint-Germain-en-Laye, 13 octobre 1871.

« Monsieur le Ministre,

« Je reçois à l'instant la lettre de service qui me notifie la décision de la commission de la revision des grades. Tant de générosité me touche, et je ne saurais mieux la reconnaître, qu'en allégeant, autant qu'il est en mon pouvoir, les charges de l'État.

« J'ai donc l'honneur de vous adresser ma démission, me contentant, comme récompense de quinze années de services, d'avoir vu mes biens confisqués, mon père exilé, mon frère tué, et mon pays natal livré.

« Tant de bonheurs me font redouter ceux que me promet l'avenir que vous me faites, et je préfère attendre en simple citoyen l'occasion de refaire la guerre aux Prussiens.

« CREMER. »

Il eut quelques imitateurs. Mais la plupart des officiers ainsi éprouvés dans leur honneur, pour ne pas renoncer à la vie militaire, durent dévorer en silence l'humiliation qui leur était faite; et il leur fallut attendre dix ans, quinze ans, avant de rentrer dans le grade qui leur avait été confié sur le champ de bataille, et qu'ils croyaient avoir si bien gagné [1].

La commission des grades avait pour président Changarnier, ce qui est tout dire. Changarnier était ce général qui, au nom de la discipline, flétrissait les officiers de l'armée de Metz qui n'avaient pas voulu se solidariser avec leurs chefs et avaient protesté contre la trahison de Bazaine en s'enfuyant à travers les lignes ennemies; — ce général qui, toujours au nom de la discipline, déclarait indignes de la « garde de nos frontières, » ceux qui avaient quitté le champ de bataille de

---

[1] Billot, divisionnaire et vainqueur à Baune-la-Rolande, redevint général de brigade ; Thibaudin, qui avait été mis à la tête d'une des divisions de l'armée de Bourbaki, redescendit au grade de colonel ; Riu, qui avait été fait brigadier, redevint simple lieutenant-colonel, etc.

Sedan, sans en avoir reçu l'ordre »[1], c'est-à-dire ceux qui avaient refusé de se laisser livrer aux Prussiens ; — ce général qui, sans doute encore au nom de la discipline, apostrophait ironiquement, en pleine Assemblée nationale, le brave colonel Denfert sur son héroïque défense de Belfort[2]. Oui, cet invalide au sang figé, au cœur racorni, au cerveau vidé, trouvait intolérable qu'un colonel eût l'audace de se couvrir de gloire, alors que les généraux n'avaient réussi qu'à se couvrir d'infamie ; il osait soutenir cette étrange théorie qu'un subalterne doit modeler sa conduite sur celle de son supérieur hiérarchique, même quand celui-ci commet une indignité. Obéissance passive à Géronte, même lorsque Géronte est lâche : hors de là, pas de salut !

Pendant que l'on faisait ainsi rétrograder les jeunes, on rendait aux vieux généraux leur commandement. La *commission d'enquête* qui eut à juger la conduite des généraux de 1870, avait à sa tête le maréchal Baraguey d'Hilliers, un vieux entre les vieux : tout se passa en famille : elle ne trouva rien à redire à la conduite de Bazaine. Et si, un an après, en butte aux attaques de l'opinion publique, que surexcitaient surtout les pétitions émanées des habitants de la ville de Metz, le capitulard n'avait pas demandé lui-même à être tra-

[1] Lettre adressée par Changarnier au ministre de la guerre, le 10 septembre 1871.
[2] Séance du 27 mai 1872.

duit devant un conseil de guerre, il serait probablement resté jusqu'à la fin de ses jours maréchal de France [1]. Malheureusement pour Bazaine, il se trouva que le conseil de guerre du Trianon, au lieu d'être inspiré et dirigé par un vieux général de l'Empire, fut présidé par un homme de cinquante ans, le duc d'Aumale, qui n'hésita pas à prononcer contre le traître la dégradation militaire et la peine capitale. L'opinion publique était satisfaite.

Mais les juges du Trianon n'avaient pas plutôt rendu leur sentence, qu'ils signaient un recours en grâce en faveur de leur compagnon d'armes; de sorte que Bazaine évita la mort et la dégradation. Il esquiva même les vingt années de détention auxquelles on avait réduit sa peine. Transporté dans l'île Sainte-Marguerite, soi-disant pour y purger sa condamnation, il s'évadait au bout de six mois, grâce à la complicité des gouvernants d'alors.

Les sinistres vieillards de l'Assemblée nationale, non seulement confirmèrent la loi, votée sous Louis-Philippe, qui portait à soixante-cinq ans la limite d'âge des généraux en activité, mais ils eurent bien soin d'admettre une exception en faveur des généraux de 1870, en faveur de tous ceux

---

[1] « Messieurs, disait à la tribune de l'Assemblée nationale le général Cissey, ministre de la guerre, le maréchal Bazaine a écrit à M. le président de la république, *pour lui demander de lui donner des juges*, en le faisant comparaître devant un conseil de guerre... » (7 mai 1872.)

qui avaient commandé en chef devant l'ennemi (il eût été plus vrai de dire : en faveur de tous ceux qui avaient donné l'exemple de l'incapacité et de la désertion devant les troupes allemandes). Ces généraux, ils les comblèrent d'honneurs. Ils firent de Mac-Mahon le chef même de l'État. Ils élevèrent Vinoy, le général qui avait consenti à signer la reddition de Paris, Vinoy, l'ancien sénateur de l'empire et le fusilleur des soldats de la Commune, ils l'élevèrent à la dignité de grand chancelier de la Légion d'honneur. Les généraux de la défaite exigeaient hautement la récompense des batailles perdues; ils se fâchaient tout rouge si on avait l'air de méconnaître les services qu'ils avaient rendus à la patrie. En 1873, Canrobert, qui se faisait appeler le *héros de Saint-Privat*, donna avec éclat sa démission de membre du conseil supérieur de la guerre, parce qu'on ne l'avait pas nommé commandant de l'armée de Versailles. On lui avait préféré Ladmirault!!!

Ainsi donc, dans la prochaine guerre, nous reverrons à la tête de nos armées Mac-Mahon, l'homme de Sedan, — Canrobert, l'homme de Metz, — Failly, l'homme de Beaumont, de Mouzon, de Bazeilles : autant de mémorables exemples à donner aux jeunes ! Nous reverrons, le général Gaga, tel que l'a si bien dépeint Mirbeau :

« Il pouvait à peine se tenir à cheval, galopait de droite et de gauche, voltait, roulait comme un tonneau sur sa monture, et, la face violette, la

moustache colère, répétait sans cesse : — Ah !
bougre !... Ah ! bougre de bougre !... Il mit pied à
terre, aidé par son ordonnance, s'embarrassa les
jambes dans les courroies de son sabre qui traînait sur le sol, et, appelant le chef de gare, il en-
gagea un colloque des plus animés avec celui-ci
dont la physionomie s'ahurissait. — Et le maire,
criait le général..... Où est-il, ce bougre-là ? Qu'on
me l'amène !...... Est-ce qu'on se fout de moi, ici ?
— Il soufflait, bredouillait des mots inintelligibles,
frappait la terre du pied, invectivait le chef de
gare[1]. »

Pendant que ses soldats ont à peine de quoi
manger, le général *Gaga* fait bonne chère. Il se
donne la distraction d'une revue, pour faire sa di-
gestion :

« Son regard luisant, son teint de braise, sa voix
pâteuse disaient qu'il avait copieusement déjeuné.
Il mâchonnait un bout de cigare éteint, crachait,
s'ébrouait, maugréait on ne savait contre qui et
contre quoi, car il ne s'adressait à personne, directement. Devant notre compagnie, il regarda le lieutenant-colonel d'un air sévère, et je l'entendis qui
grommelait : — Sales gueules, vos hommes, ah !
bougre ! — Puis il s'éloigna, pesant de tout le
poids de son ventre, sur ses jambes courtes, chaussées de bottes jaunes, au-dessus desquelles la cu-

---

[1] Octave Mirbeau, *Le Calvaire*, I.

lotte rouge bouffait et plissait comme une jupe[1]. »

Gaga ne sait même pas lire la carte :

« Il tenait, dépliée sur le cou de son cheval une carte d'état-major, et cherchait en vain le moulin de Saussaie. En se penchant sur la carte, que les mouvements de tête du cheval déplaçaient à chaque instant, il criait : — Où est-il, ce sacré moulin-là ?... Est-ce qu'ils s'imaginent que je connais tous leurs sacrés moulins, moi ?

« Le général nous ordonna de faire halte, et il nous demanda : — « Quelqu'un de vous est-il du pays ?... Quelqu'un de vous sait-il où se trouve le moulin de Saussaie? — Personne ne répondit. — Non ?..... Eh bien, que le diable l'emporte ! — Et il jeta la carte à son officier d'ordonnance, qui se mit à la replier soigneusement [2]. »

Ce portrait peu flatteur, mais authentique, du général d'hier, ne sera-t-il pas, hélas ! celui du général de demain ? — Ainsi l'aura voulu l'Assemblée de malheur. La loi militaire, telle qu'elle est sortie de ses mains, n'a été d'un bout à l'autre qu'un hommage rendu aux vieux ! La République sénile a taillé ses généraux sur le même patron que ceux de l'empire sénile ; après avoir renouvelé de fond en comble le système du recrutement des soldats, elle n'a pour ainsi dire pas touché au mode d'avancement des officiers ; elle a confié à des hommes

---

[1] *Le Calvaire*, id.
[2] *Le Calvaire*, id.

de soixante ans le soin de conduire à la bataille des hommes de vingt ; elle a greffé une vieille tête sur un jeune corps. Elle n'a qu'un corps sans tête, qu'un tronçon d'armée.

Il manque à nos généraux, pour être des hommes de guerre, au moins deux qualités essentielles, la force physique et la force morale.

« J'ai vu autrefois, écrit le général Thoumas, des régiments de cavalerie ne manœuvrer qu'au pas, parce que leurs colonels ne pouvaient supporter l'allure du trot ou du galop. » — Ne peut-on pas en dire autant des généraux d'aujourd'hui ? A l'heure actuelle, combien sont-ils qui soient capables de supporter la fatigue du cheval ? Il en est qui ne vont plus qu'en voiture [1].

Le spectacle que nombre d'entre eux donnent à la troupe, lors des revues ou des manœuvres, serait d'un comique achevé, s'il n'était profondément triste. Combien en ai-je vu de ces chefs qui, ne pouvaient monter seuls à cheval, et qui, pour y parvenir, devaient se faire aider par trois hommes, — l'un tenant la bride, — un second faisant effort sur la selle pour l'empêcher de tourner, — un troisième prenant le général par les parties les moins nobles de son individu pour le hisser sur le dos de la bête. Et si, durant la revue, la monture, — choi-

[1] Il y a quelques mois, on annonçait la mort du général Desmazières, mort des suites d'un accident de voiture, pendant sa tournée d'inspection en Kabylie.

sie pourtant parmi les plus douces et les plus vieilles des écuries, — vient à allonger un peu son allure, à la suite de quelque coup d'éperon malencontreusement donné, il faut voir la tête du malheureux officier : ce n'est plus le cavalier qui conduit le cheval, c'est le cheval qui emporte le cavalier, et le mène à sa fantaisie ; ce n'est plus le général qui passe la revue des soldats, ce sont les soldats qui passent en revue leur général, tout occupé à amadouer sa bête, mais entièrement incapable de la maîtriser.

Le mal est tellement réel que chaque année, à l'occasion des grandes manœuvres, le ministre ne manque jamais d'appeler l'attention des chefs de corps sur les officiers qui n'auraient plus les forces physiques nécessaires pour exercer un commandement. J'ai sous les yeux la circulaire que le ministre Ferron adressait à ses subordonnés, le 14 août 1887, et où il disait :

— « Les officiers, qui se trouveraient dans ces conditions seraient invités à faire valoir leurs droits à la retraite et placés en position de non-activité, dans le cas où leur pension ne pourrait être liquidée assez à temps pour permettre leur remplacement immédiat. »

Erreur ! — Ce ne sont pas quelques officiers qu'il faudrait mettre à la retraite, c'est le système lui-même qu'il faudrait réformer, le système sénile. Comment veut-on que des chefs de corps portent au tableau de retraite un de leurs subordonnés, sous prétexte qu'il est diabétique ou rhumatisant, alors qu'eux-mêmes sont aussi dans ce cas? — Tant que l'on conservera le mode d'avancement actuel, tant que l'on réservera aux sexagénaires le commandement de nos armées, on ne verra forcément à leur tête que des invalides, des podagres, des infirmes. Il n'est au pouvoir de personne de faire que des hommes, ayant dépassé la soixantaine, ne soient voués à la goutte, à la gravelle, ou à quelqu'une des mille infirmités qui sont le cortège inséparable de la vieillesse. Pourquoi nos généraux feraient-ils exception à la loi commune? Pourquoi, seuls privilégiés, échapperaient-ils à ces maladies, aiguës ou chroniques, qui minent le vieillard, et qui par des voies, souvent lentes, mais inévitables, les conduisent à la mort?

Ils y échappent d'autant moins que, par leur genre de vie, ils ont plus que d'autres malmené leur propre corps. Ceux qui ont pris part aux expéditions coloniales rapportent de ces pays malsains la tendance à l'anémie, ou l'anémie elle-même, une maladie de foie souvent mortelle, ou bien quelque affection intestinale. Ceux qui sont restés en Europe ont été pour la plupart éprouvés par les guerres de Crimée, d'Italie ou de France. Beaucoup d'entre eux ont été blessés sur les champs de bataille : l'un à la main, comme Miribel à Solférino ; — l'autre au bras, comme Campenon à Mars-la-Tour ; — celui-ci à la jambe, comme Lewal, en Kabylie ; — celui-là à la tête, comme Berge à Traktir.

Il me coûte de dire du mal de ces cicatrices qui couvrent le corps de nos chefs militaires : car ce sont les marques mêmes de la bravoure humaine. Je dis qu'il n'y a pas de récompense assez éclatante à donner à ces vaillants qui ont prodigué ainsi leur vie sur le champ de bataille; mais aussi je prétends que la rémunération des services rendus à la patrie ne doit pas toujours se payer, comme on a l'habitude de le faire, en élevant l'officier à un grade supérieur. Toute blessure est une dette contractée envers l'avenir, dette souvent fort lourde, en faveur de laquelle on ne saurait invoquer aucune *prescription*, parce qu'elle ne comporte point de remède, dette qui se paie tôt ou tard, occasionnant à l'homme des douleurs parfois intolérables, et le privant alors de la plus grande partie de son énergie. Or, à la guerre, la santé souvent passe avant la bravoure. On peut même affirmer qu'une activité de tous les instants pèse plus dans la balance qu'un courage indomptable, du moins chez les généraux, qui n'affrontent que rarement la mêlée et se tiennent presque toujours hors de la portée des balles.

Nos officiers ne se plaignent jamais, du moins en public; et tant qu'ils n'ont pas un bras amputé ou une jambe emportée, ils affectent de considérer leurs blessures comme des égratignures. Mais si nous n'avons pas leurs aveux, nous avons leur attitude, qui, en maintes circonstances, et quoi qu'ils fassent, nous montre en eux des vaincus de la vie. C'est ainsi que le général Gallifet a souvent recours à un tabouret pour monter à cheval, à la suite de la blessure qu'il a reçue à Puebla, où un éclat d'obus lui a ouvert le ventre, ce qui l'oblige à porter constamment un appareil anatomique : on aura beau dire que cet officier est un excellent cavalier ; il n'en est pas moins d'un fâcheux exemple pour les hommes que le grand-maître de la cavalerie française soit parfois incapable de monter de lui-même à cheval.

Le général Février, qui vient d'être mis à la retraite, mais qui a eu pendant plusieurs années le commandement du 6e corps, le commandement de l'armée de l'Est, — de l'armée de Nancy, de Toul, de Verdun, de Belfort, — de l'armée qui sert de sentinelle à toutes les autres, et qui la première entrerait en contact avec l'ennemi, — de l'armée qui aurait à remporter les premières victoires ou à subir les premières défaites — de l'armée qui apporterait aux autres soit la confiance, soit le découragement, — de l'armée par conséquent dont l'attitude déciderait en grande partie de l'issue de la campagne, le général Février, dis-je, a eu la rotule droite fendue en Crimée, à l'Alma, si j'ai bon souvenir. Son cheval ayant été tué pendant la bataille, lui-même fut précipité sur le talus d'un ravin, contre lequel il tomba si malheureusement qu'il se brisa le genou. Or, on sait que les blessures du genou sont à peu près incurables; celle du général Février ne s'est jamais guérie en effet, et parfois elle le fait souffrir horriblement. Que ces douleurs surviennent la veille ou le jour d'une bataille, le commandant en chef, brisé par la souffrance, n'a même plus la force de donner des ordres ; il est obligé de s'en remettre à un subordonné, qui n'a pas eu le temps de se préparer à cette tâche redoutable ; et c'est peut-être pour nous la défaite ! — Napoléon n'était-il pas malade, le jour de Waterloo ?

Il faut juger nos généraux, non par ce qu'ils ont été, mais par ce qu'ils sont. Le présent n'est pas le passé, et un peuple ne vit pas que de souvenirs. De ce qu'on a été un lieutenant infatigable, un bouillant capitaine, et même un brave commandant, il ne s'ensuit pas qu'on sera un brillant général. —*Vingt ans après!* Ce mot dit tout. Vingt ans, c'est l'intervalle de temps nécessaire pour élever une génération ; c'est donc aussi un laps de temps suffisant pour abaisser celle qui l'a précédée. Entre Mac-Mahon sauvant l'armée française à Magenta, et Mac-Mahon la perdant à Sedan, il n'y a qu'une différence de onze années ; — il n'y en a que sept, entre Bazaine menant avec une indiscutable vigueur l'expédition mexicaine, et Bazaine s'endormant à Metz dans la plus honteuse nonchalance.

Pour être un bon général, il faut avoir été un excellent soldat ; il faut, non seulement l'avoir été, il faut l'être encore.

De nos généraux sexagénaires, combien seraient

capables de faire campagne sac au dos? — Neuf sur dix ne dépasseraient pas la première étape!

Faire campagne? — Mais ils ne sont pas même aptes à commander une manœuvre! Comment des hommes impuissants à simuler la petite guerre seraient-ils encore aptes à faire la grande?

Faut-il rappeler ces beaux vers de Corneille, dans lesquels don Diègue, le père du Cid, insulté par un rival, et incapable de tirer vengeance de cet affront, exhale ses plaintes sur la vieillesse?

> « O rage! O désespoir! O vieillesse ennemie?
> N'ai-je donc tant vécu que pour cette infamie?
> Et ne suis-je blanchi dans les travaux guerriers,
> Que pour voir en un jour flétrir tant de lauriers?
> Mon bras qu'avec respect toute l'Espagne admire,
> Mon bras, qui tant de fois a sauvé cet empire,
> Tant de fois affermi le trône de son roi,
> Trahit donc ma querelle, et ne fait rien pour moi?
> O cruel souvenir de ma gloire passée! »

Une certaine décadence morale, avons-nous dit, accompagne toujours la décrépitude physique. En même temps que la fibre se détend, chez l'homme, le caractère se détrempe. La bravoure n'est pas autre chose que le trop-plein de la vie, que le superflu de l'activité : c'est un luxe que seule la jeunesse peut s'offrir.

Tous les historiens sont d'accord sur ce point.

Et sans entrer ici dans le détail des textes, ce qui nous conduirait beaucoup trop loin, je me bornerai à la citation suivante.

Nous sommes dans l'empire romain, sous le

règne de Tibère ; les Thraces, un moment insurgés contre César, sont sur le point d'être vaincus. Tacite, l'historien latin, nous les montre, cernés dans leur camp par les légions romaines, et hésitant entre deux partis, — le parti de la vieillesse, qui conseille la capitulation, — le parti de la jeunesse, qui préfère la mort au déshonneur. « Un des chefs, qui par son grand âge et par son expérience connaissait la puissance des Romains et aussi leur clémence, prétendait que le seul remède, en cette extrémité, était de mettre bas les armes ; lui-même sortit le premier du camp, et avec sa femme et ses enfants alla se livrer au vainqueur. Tous ceux que leur âge ou leur sexe condamne à la faiblesse, tous ceux qui préféraient la vie à la gloire, le suivirent. Quant aux jeunes, les uns étaient pour Tarsa, les autres pour Turesis : mais tous étaient résolus de mourir avec la liberté [1]. »

Un fait qui semblerait prouver que nos vieux généraux ont peur, c'est qu'il préconisent toujours la *défensive*, jamais l'*offensive*, prenant ainsi à rebours le génie français, tout pétri d'élan et d'impatience.

Rappelez-vous que « la défensive déshonore et tue », disait Carnot aux généraux de la première République, lesquels d'ailleurs le savaient bien et n'avaient point besoin de cette leçon. Toujours la qualité maîtresse des armées françaises a été l'im-

---

[1] Tacite. *Annales*, livre IV, 50.

pétuosité, — la *furia*, comme l'appelaient, en 1859, les Italiens émerveillés de l'entrain de nos soldats. C'est avec la baïonnette, et non avec le fusil, que les soldats de la Révolution et de l'Empire ont vaincu.

Avec les vieux généraux du second Empire, une autre tactique se fait jour. D'après les instructions du maréchal Niel, les hommes, quand ils sentent l'ennemi approcher, doivent tout d'abord fortifier leur position par des *tranchées-abris*; ainsi protégés, ils tirent, et ils ne se risquent à sortir de leur cachette que lorsque l'adversaire a été suffisamment affaibli par leur feu. Cette tactique fut appliquée de point en point durant la campagne de 1870. On remarqua que les Français blessés furent le plus souvent atteints à la tête, ce qui provenait de ce que leur corps était défendu par un retranchement, la tête émergeant seule.

Mais ce furent surtout les généraux qui firent de la défensive une méthode de guerre à leur usage.

Dans cette triste campagne, au lieu d'entrer vigoureusement en contact avec l'ennemi, au lieu d'essayer de rompre son front par un choc brusque, de briser ses lignes par une attaque impétueuse, comme faisait Lannes à Montebello, comme faisait Davout à Auerstædt, ils subissaient passivement l'assaut, bornant leurs efforts à le repousser; les choses ne se passèrent presque jamais autrement à Spickeren, par exemple, à Saint-Privat, et dans beaucoup d'autres batailles, où l'offensive nous eût donné certainement la victoire. Tous méconnaissaient ce grand principe, que le plus sûr moyen de se défendre, est d'attaquer, — parce que tous avaient peur de la lutte. Ils allaient se réfugier dans des camps retranchés, où ils pratiquaient la tactique de la marmotte, attendant des renforts qui n'arrivaient jamais, comptant sur les autres, alors qu'ils n'auraient dû compter que sur eux-mêmes. Ainsi faisaient Bazaine à Metz, Trochu à Paris, d'Aurelle à Orléans. — Est-ce que Bazaine, le jour de Borny, ne devait pas marcher vers la Meuse? Est-ce que Trochu, le 28 octobre, quand le général de Bellemare s'empara du Bourget, ne devait pas opérer sa trouée? Est-ce que d'Aurelle, après Coulmiers, ne devait pas aller droit sur Paris[1]?

Ce système déplorable, qui donne à l'ennemi le temps d'opérer sa concentration, de s'orga-

---

[1] Colmar von der Goltz, un Allemand qui a écrit l'histoire de la dernière guerre, dit à ce sujet : « La victoire de Coulmiers, pour être utile à quelque chose, devait être immédiatement suivie d'une tentative sur Paris. En cinq jours, d'Aurelle pouvait atteindre l'armée allemande investissant la capitale... Il avait sous la main une armée de 100,000 hommes ; avec cela, on peut tenter une action décisive. Mais ce général, entièrement opposé à une pareille entreprise, ne voulut pas risquer une marche en avant ; retranché à Orléans, il se proposait d'y attendre le choc de l'armée allemande. »

Le même auteur dit aussi : « Ce fut pour l'armée française un article de foi d'utiliser jusqu'à la limite extrême la puissance de l'armement et de se tenir sur une défensive absolue.

« On pensait que la force offensive de l'armée allemande viendrait échouer contre une action défensive et contre des armes nouvelles et terribles. Nos adversaires ont été dans ce sens beaucoup plus loin que n'avait jamais été aucune armée auparavant, ce qui ne les a pas empêchés d'être battus. » (*Gambetta et ses armées*, par le baron Colmar von der Goltz, *Conclusion*.)

niser, de se retrancher lui-même, ce système qui consiste à n'accepter la bataille que quand on ne peut plus faire autrement, nos généraux, continuant la tradition des généraux de 1870, c'est-à-dire la tradition de la défaite, le préconisent encore aujourd'hui. Dans la *théorie*, dans ce petit livre qui renferme toute l'instruction du soldat, ils lui recommandent, au soldat, de laisser là toute audace, d'attendre patiemment l'ennemi : ils font de lui, non plus un sabre, mais un bouclier.

N'ont-ils pas couvert nos frontières de forts d'arrêt et de camps retranchés ? N'ont-ils pas élevé partout des murs, n'ont-ils pas creusé partout des fossés, derrière lesquels ils pourront attendre l'ennemi, au lieu d'aller le chercher au loin et de l'attaquer en rase campagne.

Le général qui est désigné pour diriger les forces de la France, dans la mobilisation future, est un sexagénaire bien renté, homme du monde, et à ce titre préférant de beaucoup le salon à la caserne. Un officier, un de ses subordonnés, me disait dernièrement que, durant le temps qu'il a passé en Algérie comme commandant en chef, ses soldats ne le voyaient pour ainsi dire jamais. — Et puis nous les connaissons tous ces fameux généraux, soi-disant entraînés par la vie algérienne; presque tous ceux de Metz et de Sedan en étaient ! Ce n'est pas Mars qui est en honneur là-bas, ce n'est pas même Vénus, c'est Ganymède. Comme dans l'Evangile, mais pour un tout autre motif, on y dit volontiers : « Laissez venir à moi les petits enfants »...

Comment veut-on que des généraux ayant des mœurs aussi... arabes, lancent une armée à la victoire au jour de la bataille ?

J'entends d'ici marmotter les vieux : — Tout ce que vous nous dites là, c'est de l'histoire ancienne ; aujourd'hui, la guerre a changé entièrement de caractère ; elle s'est compliquée dans des proportions énormes, à la suite du service obligatoire pour tous, de l'avènement des fusils à longue portée, des perfectionnements étonnants réalisés par l'artillerie de campagne, des chemins de fer employés comme moyens de transport des troupes, toutes choses qui font que l'art militaire demande à l'heure actuelle, beaucoup plus de réflexion que d'initiative, beaucoup plus d'expérience que d'audace, toutes choses qui font que la victoire se prépare mieux dans le silence du cabinet que dans le fracas des batailles. — Et l'on ajoute : — Voyez le comte de Moltke ; c'était un vieux en 1870, et pourtant ne nous a-t-il pas battus autant qu'il est possible de l'être ?

Je commence par dire que l'exemple du général de Moltke, pas plus que celui de Bismarck en diplomatie, n'est fait pour infirmer ma théorie. — Les armées allemandes étaient commandées par un vieux ; les armées françaises étaient commandées par des vieux : vieux contre vieux, qu'est-ce que cela prouve ? Il fallait bien que la victoire allât d'un côté ou de l'autre. D'ailleurs, même au point de vue de l'âge, l'avantage restait aux armées allemandes. Rappelons-nous que les grands vainqueurs de la campagne furent le prince Frédéric-Charles, qui avait alors quarante-deux ans, et le prince Frédéric-Guillaume, qui en avait trente-neuf : ce furent eux, et non Moltke, que nos armées rencontrèrent sur les champs de bataille de l'Alsace, de la Lorraine, de la Champagne ; ce furent eux que Mac-Mahon et Bazaine trouvèrent sur leur route, à Wœrth, à Reichshoffen, à Freschwiller, à Gravelotte, à Saint-Privat, à Sedan.

Le grand vainqueur de la campagne, ce fut surtout le soldat prussien, ce soldat admirablement entraîné, qui avait pour lui la supériorité du nombre et de la discipline, et qui, écrasé à Iéna, s'était refait dans le silence, mettant plus d'un demi-siècle pour se préparer au rôle de conquérant qu'il allait jouer. Entre Iéna et Sedan, il y a une période de soixante-quatre ans. — Or qui avait créé cette armée ? — Les ministres de la guerre qui s'étaient succédé en Prusse durant cet intervalle de temps. Et Moltke n'était point des leurs.

La lutte de l'armée prussienne contre l'armée française fut celle du pot de fer contre le pot de terre. Le général allemand avait tous les atouts dans son jeu : le beau mérite à être le gagnant, quand on a devant soi un partenaire notoirement inférieur ! Le génie militaire du comte de Moltke a été fait surtout de la faiblesse de ses adversaires, et lord Wolseley, dans une étude que nous avons déjà citée, en a fait bonne justice[1].

L'empereur d'Allemagne, en lui enlevant les fonctions de *chef du grand état-major général*, fonctions qu'il avait exercées pendant trente et un ans, pour les donner à un plus jeune, le comte de Waldersee, a montré que, de l'autre côté du Rhin, le feld-maréchal n'était nullement regardé comme un homme indispensable. Le nouvel empereur a aussi mis à la retraite presque tous les anciens compagnons d'armes de son grand-père; il a entrepris le rajeunissement des hauts cadres de son armée. Nous qui, dans ces derniers temps, avons poussé jusqu'à la servilité l'imitation de nos vainqueurs, en ce qui concerne les règlements militaires, que ne les suivons-nous dans les bons exemples qu'ils nous donnent? D'autant plus que l'Italie fait comme l'Allemagne! Le ministre de la guerre vient d'adresser, de Rome, à plusieurs généraux, des *lettres de cachet*, dans lesquelles il les invite à demander sans retard, soit leur retraite, soit leur mise en disponibilité.

Est-ce que ces paroles de la Bible : « Ils ont des yeux, et ils ne voient point; ils ont des oreilles, et ils n'entendent point », auraient été écrites pour nous? Rejetterions-nous, de parti pris, cette vérité, gravée pourtant en caractères ineffaçables dans les annales militaires des peuples : « La Victoire n'aime

[1] *Fortnightly review*, août 1888.

pas les vieillards »? Les vieux nous auraient-ils fascinés au point de nous faire oublier que, dans tous les temps et dans tous les pays, les triomphes éclatants ont échu en partage aux jeunes [1]?

Non, il n'est point vrai, ainsi que voudraient nous le faire croire nos stratégistes en chambre, que la guerre soit devenue un travail de bureau. Elle s'est compliquée : — Qu'est-ce à dire, sinon qu'elle demande des esprits plus alertes? Elle s'est renouvelée : — donc elle exige des intelligences primesautières, des intelligences capables de suppléer par une vigoureuse initiative à l'expérience qui fait défaut, — et qui fait défaut à tous, notez-le bien, les grands remaniements militaires remontant surtout aux dix dernières années, postérieurs par conséquent à toute guerre européenne. Plus que jamais, au sein de la mêlée, le perfectionnement des armes à feu, devenues très meurtrières, la puissance destructive de l'artillerie, devenue écrasante, exigera de la part du commandant en chef, des décisions promptes, des actes rapides.

On dit, et on va répétant, que, pour savoir commander, il faut avoir appris à obéir. — Ici encore il y a des limites. A force de végéter dans les emplois subalternes, l'officier s'y acclimate

---

[1] Il faut mettre de côté évidemment les faciles victoires qui résultent de la lutte entre un peuple civilisé, — un peuple ayant une armée bien disciplinée, — et des tribus barbares, vis-à-vis desquelles un général n'a qu'à se montrer pour les mettre en fuite : comme autrefois César devant les Gaulois, disant : « Je suis venu, j'ai vu, j'ai vaincu. »

pour ainsi dire; habitué à recevoir toujours des ordres de son supérieur hiérarchique, il cesse de compter sur lui-même; il perd toute initiative personnelle, il passe à l'état d'engrenage, qui reçoit le mouvement, qui ne le donne jamais. Un homme, a dit Napoléon, qui n'aurait « su qu'obéir pendant quarante ans de suite, n'a plus la capacité de commander ». Tous nos généraux en sont là !

Plus que jamais, dans les guerres futures, la victoire appartiendra à celui qui manœuvrera le plus vite, à celui qui arrivera le premier sur le champ de bataille, à celui qui aura le temps de choisir ses positions, alors que l'adversaire se verra contraint de prendre les siennes sous un feu écrasant. La guerre deviendra de plus en plus une question d'activité pour le général, de rapidité dans les mouvements pour l'armée, de résistance à la fatigue pour les soldats; et, même au temps des chemins de fer, on pourra dire que c'est « avec les jambes qu'on gagne les batailles ».

Arriver avant l'ennemi au point qui doit être le théâtre de la lutte, de manière à lui imposer la situation la plus désavantageuse et à se réserver la position la plus favorable; — multiplier les marches forcées, de façon à fondre sur son partenaire, au moment où il vous croit bien loin, et par ce moyen l'écraser avant qu'il ait eu le temps d'opérer sa concentration; — réunir à chaque instant en un faisceau compact des divisions nombreuses, afin de présenter à l'adversaire des forces constamment supérieures aux siennes; ou bien, au contraire, éparpiller rapidement les fractions composantes de son armée, afin de faire face à l'ennemi en tous points, afin de l'inquiéter à la fois sur ses flancs et sur ses derrières, afin de le harceler sans relâche, et de ne lui laisser ni repos, ni répit, de sorte qu'au jour de la bataille on n'aura à lutter que contre des hommes fatigués, fourbus, incapables d'effort, sur lesquels par conséquent on remportera une victoire facile : tel a toujours été, tel sera toujours le secret de la guerre. Que faut-il pour cela ? — Des soldats entraînés, des généraux entraînants, c'est-à-dire jeunes.

Quand je dis que la guerre demande des hommes entreprenants, actifs, audacieux, je ne prétends pas que les qualités qui font « l'homme de cabinet » doivent être entièrement exclues du monde militaire : ce sont seulement les vieillards qui doivent en être exclus, parce qu'ils pèchent aussi bien par l'énergie intellectuelle que par l'énergie physique, parce que chez eux le cerveau est aussi malade que le corps lui-même.

Rappelons-nous qu'en 1870, les généraux sexagénaires, qui ne savaient plus faire la guerre, avaient su encore moins la préparer. Rappelons-nous que par leur faute la cavalerie n'avait été nullement initiée au rôle d'*éclaireur* qu'elle est appelée à jouer dans les armées modernes; — que l'artillerie n'avait rien fait pour maintenir son matériel à la hauteur du matériel prussien, et cela malgré les avertissements réitérés du colonel Stoffel; — que le génie n'avait pas mis Strasbourg en état de résister à un siège, qu'il avait laissé les forts de Paris sans défense, et la capitale elle-même exposée à un bombardement;—que l'intendance avait négligé de remplir les magasins d'approvisionnement à Metz, et que par son incurie des régiments entiers manquaient de la plupart des objets nécessaires à une entrée en campagne : toutes fautes imputables aux grands chefs, aux vieux directeurs, comme le veut d'ailleurs le principe hiérarchique, qui, à l'armée plus que partout ailleurs, est la règle.

Qu'y a-t-il de changé aujourd'hui?

Notre état-major n'est même pas organisé!

Il y a quelques années, le général de Moltke, dans une réunion d'officiers à Berlin, prononçait les paroles suivantes :

« La prochaine guerre sera surtout une guerre dans laquelle la science stratégique et la science du commandement auront la plus grande part. Nos campagnes et nos victoires ont instruit nos ennemis qui ont, comme nous, le nombre, l'armement, le courage. Notre force sera dans la direction, dans le commandement, eu un mot dans *le grand état-major*. Cette force, nos ennemis peuvent nous l'envier; mais *ils ne la possèdent pas !* »

Un écrivain militaire, le général Thoumas, faisant allusion à ces paroles du comte de Moltke, les commentait en ces termes[1] :

« Pour juger de l'incommensurable distance qui sépare cet état-major général français du grand état-major général allemand, il suffit de se rendre compte du mécanisme de notre armée en temps de paix et du fonctionnement qui lui sera subitement imposé en cas de guerre.

« Sur le pied de paix, la base de notre organisation militaire est le corps d'armée, c'est-à-dire la plus faible unité pourvue des trois armes, infanterie, cavalerie, artillerie, et munie de tous les services accessoires et administratifs nécessaires pour marcher, vivre et combattre... Que le corps d'armée reçoive à un instant quelconque l'ordre de se mobiliser et de se diriger sur le point de concentration qui lui est indiqué, il part, et il arrive au moment voulu, tout prêt à entrer en action ; car il a non seulement le bras qui exécute, il a encore la tête qui règle et dirige l'exécution...

« Mais il y a dix-neuf corps d'armée... Et, comme il est naturellement impossible de réunir dans une seule main les fils qui doivent mouvoir ces dix-neuf unités, auxquelles viennent encore s'ajouter les grands corps de cavalerie destinés à dérober leurs mouvements derrière un impénétrable rideau, ainsi que les rouages nécessaires pour en assurer la subsistance et le ravitaillement, il a fallu grouper

[1] Dans le *Temps* du 10 décembre 1889.

les corps d'armée trois par trois, quatre par quatre, ou même cinq par cinq, de manière à former des unités d'ordre supérieur qui constituent les armées. Enfin il a été reconnu indispensable de donner à l'ensemble des armées ainsi constituées, un directeur et un régulateur suprême, le généralissime.

« *Or rien de tout cela n'existe en temps de paix...*

« Survienne la guerre ! un incident que la diplomatie n'a pu conjurer, une agression méditée de longue date et brusquement déclarée, forcent le gouvernement à décréter la mobilisation. Les corps de cavalerie et les bataillons de chasseurs à pied qui leur servent d'auxiliaires bordent rapidement la frontière. Les corps d'armée sont transportés, conformément aux dispositions arrêtées d'avance, sur les points de concentration qui leur sont assignés. En même temps, le commandant de la cavalerie indépendante et les commandants d'armée s'installent à leurs quartiers généraux où viennent se grouper leurs états-majors. Le généralissime, assisté du major général et du grand état-major dont les membres épars sur toute l'étendue de la France accourent également pour se réunir, prend la direction suprême des opérations. Le directeur général des services de l'arrière organise de même le fonctionnement qui lui permettra de faire affluer aux armées, suivant leurs besoins, personnel, matériel, munitions, vivres, moyens de pansement pour les blessés et de soins pour les malades, tandis qu'en sens inverse circulent le matériel devenu inutile, les hommes blessés ou malingres, les prisonniers, etc. Et cette organisation si compliquée, puisqu'elle s'applique à des effectifs d'un million et demi de combattants, est encore rendue plus difficile par les perturbations qu'y apportent les mouvements de l'ennemi! Et aucun de ceux qui, sur un signe du télégraphe électrique, sont appelés à la diriger n'y a été préparé d'avance!

« Sans doute, et ce n'est là un secret pour personne, il y a des généraux désignés pour commander d'avance telle ou telle armée. Chacun d'eux connaît évidemment la composition de son armée et celle de son état-major en temps de guerre, mais il n'a avec son futur chef d'état-major que des relations officieuses, il ne peut lui donner aucun ordre ni le charger d'aucune étude relative aux opérations qu'ils auront à diriger. A plus forte raison ne peut-il initier aucun des officiers qui feront partie de son état-major au rôle de l'armée qu'il est destiné à commander. En sorte qu'au moment de la concentration, alors que ce ne serait pas trop de l'intelligence et du travail de tous pour suffire à une énorme besogne, il faudra que chacun perde un temps précieux à se mettre ou à mettre les autres au courant de la situation.

« Et c'est ainsi, conclut le général Thoumas, qu'une masse de 1,500,000 hommes concentrée en quelques jours à la frontière est exposée à ne recevoir qu'une direction imparfaite, et que l'écheveau si compliqué des forces défensives du pays risque de s'embrouiller dès le début... »

Nos généraux, au lieu de se préparer exclusivement et sans arrière-pensée à la grande lutte, au lieu de ne penser qu'à l'œuvre de relèvement national, se préoccupent surtout de leur avancement ils passent leur temps à se disputer sur les questions de grade ou de préséance. Hier, c'était un divisionnaire qui, pendant les grandes manœuvres refusait de recevoir les ordres d'un autre divisionnaire, que le ministre de la guerre lui avait donné pour supérieur hiérarchique. Aujourd'hui, infraction plus grave à la discipline, c'est un brigadier, qui se plaint à ses soldats de « quitter l'armée sans obtenir le grade qui lui était décerné par l'opinion publique »!

Pendant ce temps, que fait-on dans les comités du ministère de la guerre?

De 1872 à 1888, c'est-à-dire pendant presque toute la durée de la troisième République, la haute direction militaire du pays a été confiée à deux commissions, toutes deux exclusivement composées de généraux, le *Comité de défense* et le *Conseil supérieur de la guerre*. Le premier vient d'être supprimé par Freycinet, parce que son peu d'activité en faisait un rouage inutile : c'est le ministre lui-même qui l'a dit [1] ; — le second a dû être orga-

---

[1] « Le fonctionnement de ce comité (*Comité de défense*), dit le décret même de suppression, très actif au début, au

nisé à nouveau, parce que (toujours d'après le ministre) il ne s'occupait plus de rien !

« Un rapport d'un de mes prédécesseurs, disait le ministre Freycinet, rapport en date du 26 novembre 1881, constatait que ce *conseil avait cessé de fonctionner pendant près de sept années.* » — Que vous en semble ? — Pendant ce temps l'ennemi travaillait. « Porté à neuf, poursuivait Freycinet, puis à onze membres, en 1882 et 1886, le conseil supérieur de la guerre fonctionna très irrégulièrement, et il *s'écoula parfois plus d'une année sans que le conseil fût réuni.* »

Voilà comment les vieux entendent le travail de cabinet ! Tout commentaire serait superflu.

Les vieux généraux, ne voulant ou ne pouvant plus rien faire, il semblait qu'il y eût un remède bien simple à apporter à la situation : se passer de leur concours et les remplacer par des jeunes. — Eh bien, non ! Le ministre de la guerre réorganise le conseil supérieur, et de quoi le compose-t-il ? Exclusivement de sexagénaires comme les précédents[1]. Mais, pour être certain que les vieux se réuniront cette fois et sauveront au moins les apparences en faisant acte de présence, il décrète

moment où l'on arrêtait les grandes lignes de notre nouveau système de défense, s'est beaucoup ralenti depuis, et *le comité ne se réunit plus qu'à de rares intervalles.* »

[1] Les douze membres composant le nouveau conseil, d'après le décret de 1888, comprennent le ministre de la guerre, le chef d'état-major général, le président du comité consultatif de l'artillerie, le président du comité consultatif du génie, et huit généraux de division : tous des sexagénaires.

une séance obligatoire tous les mois. Allons, Français, vous pouvez dormir tranquilles ; on s'occupera de vous tous les premiers lundis du mois ; douze heures par an, on veillera à votre sécurité!

Notez que ce conseil a pour nous une importance capitale, puisqu'il est chargé de « veiller (ce sont les propres termes du décret ministériel) sur les dispositions essentielles de la mobilisation, sur le plan de concentration, sur l'établissement de nouvelles voies stratégiques, sur l'organisation générale de l'armée, sur les méthodes générales d'instruction, sur l'adoption de nouveaux engins de guerre, sur la création ou la suppression des places fortes ». En somme sur tout ce qui concerne la défense militaire du pays !

Voilà où nous en sommes !

Devant une torpeur aussi coupable, devant une aussi monstrueuse incurie, n'est-ce pas le moment de jeter, comme au temps des grandes invasions, le cri d'alarme : *La patrie en danger?*

CHAPITRE II

L'ORGANISATION DE LA DÉFAITE

Notre France tenant à l'Europe par le côté de l'Est, à l'Océan par le côté de l'Ouest, on peut dire que l'armée est son bras droit, — car elle veille sur sa frontière orientale, — tandis que la marine, qui protège ses côtes, garantit son littoral, défend ses rivages, peut être regardée comme son bras gauche.

Les deux bras sont atteints du même mal, le mal sénile.

Dans la marine, comme dans l'armée, la plupart des grades sont donnés « à l'ancienneté », et le nombre des galons se mesure au nombre des années; — comme dans l'armée, les grands chefs restent à leur poste jusqu'à soixante-cinq ans; — comme dans l'armée, il n'y a pas de limite d'âge pour ceux qui ont exercé un commandement devant l'ennemi; — comme dans l'armée, on admet qu'un homme vaut d'autant plus qu'il est plus âgé; on admet qu'à soixante-deux ans, on ne peut plus être un bon contre-amiral, mais qu'on peut encore exercer l'emploi supérieur, celui de vice-amiral.

Tous nos vice-amiraux sont vieux. Tous pourraient prendre pour eux le mot du maréchal Lefebvre, qui, entendant un représentant de l'ancienne aristocratie vanter ses ancêtres, s'écria : « Mais je suis un ancêtre, moi ! » Tous sont parvenus à l'âge où l'on cesse d'être grand-père pour devenir bisaïeul.

Il y a toutefois, entre la marine et l'armée, cette différence, que celle-ci vaut surtout par son personnel, celle-là par son matériel.

Dans l'armée, les forts, les camps retranchés sont chose secondaire : comme l'a dit Thucydide, ce ne sont pas les murailles qui défendent les hommes, ce sont les hommes qui défendent les murailles. L'armement lui-même est peu de chose, comparé à la valeur personnelle ; nous l'avons bien vu dans la dernière guerre, où la supériorité de notre chassepot sur le fusil prussien ne nous a pas, hélas! donné la victoire. A l'heure actuelle, nous avons beau avoir pour nous les canons de Bange et le fusil Lebel, la poudre sans fumée et la mélinite, le sort de la guerre n'en dépend pas moins du soldat, et surtout de ce soldat perfectionné qu'on appelle *un général*.

Sur mer, tout change. L'homme n'étant plus ici dans son élément, nous entrons de plain-pied dans un monde artificiel. Aussi la forme du bateau, les dimensions de sa carène, les détails de sa construction, son mode d'armement, ses moyens de défense et d'attaque, font-ils souvent plus, pour le succès, que tout le courage des soldats, que toute l'habileté des chefs. Ici, le combattant, au lieu d'être en chair et en os, est en bois, en fer ou acier ; l'unité de combat, au lieu d'être cette masse vivante qu'on appelle la compagnie, l'escadron, la batterie, est cette masse flottante qui constitue le navire lui-même.

La question fondamentale qui se pose, pour porter un jugement sur la marine française, est donc celle-ci : notre matériel naval est-il à la hauteur de celui des marines voisines ?

L'un des plus graves reproches que l'on puisse adresser à notre matériel maritime, et même le plus grave de tous, c'est d'être dépourvu, ou à peu près, de bâtiments légers, de ces bâtiments dont les deux principaux spécimens sont le *croiseur* et le *torpilleur*, bâtiments qui ont pour qualité maîtresse la mobilité, et dont l'ensemble constitue ce que l'on appelle la « cavalerie navale ».

Je commence par dire qu'il ne faut pas se fier aux listes que publie l'amirauté française, laquelle, pour dissimuler la pauvreté de notre marine sous ce rapport, n'hésite pas à faire figurer sournoisement sur les tableaux officiels des navires qui ne peuvent plus rendre aucun service, — soit parce qu'ils sont en bois, soit parce qu'ils sont dépourvus de vitesse, — soit parce que leurs coques sont avariées ou leurs chaudières hors d'usage.

De quelle utilité, par exemple, pourrait être pour nous, en temps de guerre, un croiseur en bois tel que le *Nielly?* L'amiral Courbet qui fut obligé de s'en servir pendant la guerre de Chine, dut renoncer à effectuer avec lui la reconnaissance de la rivière Ning-Pô, parce qu'il craignait de voir son navire incendié par les obus chinois.

En dehors du *Sfax* et du *Duguay-Trouin*, tous nos croiseurs sont des non-valeurs. De sorte qu'aux dix croiseurs de la marine italienne, aux onze croiseurs de la marine allemande, aux trois croiseurs de la marine autrichienne, la nôtre n'a à opposer que deux bâtiments : deux contre vingt-quatre ! un contre douze ! Ce n'est même plus la lutte d'Horace contre les trois Curiaces ; c'est la lutte de la fourmi contre l'éléphant, de l'anguille contre la baleine ; c'est pour nous la presque certitude de la défaite, dans la guerre de course.

Nous ne sommes pas mieux pourvus en *torpilleurs*. Les Italiens en ont cent huit, — les Allemands en ont cent, — et nous... dix-huit. — Toujours un contre douze !

Encore nos dix-huit torpilleurs sont-ils inférieurs, dans leur ensemble, à ceux des marines voisines, et par les qualités de vitesse, et par l'aptitude à supporter, je ne dirai pas les gros temps, mais même seulement les mers un peu houleuses. Nous n'avons en effet que neuf « torpilleurs de haute mer », tandis que l'Italie et l'Allemagne ensemble en ont quatre-vingt-dix.

Aussi, dans une des séances de la dernière législature, en pleine Chambre, un jeune député, Paul Deschanel, a-t-il pu dire : « L'infériorité de notre cavalerie navale, soit comme nombre, soit comme vitesse, est déplorable... L'administration de la marine française a fait preuve d'une imprévoyance inouïe. » — L'amiral Krantz, qui était alors au banc des ministres, a répondu, mais il n'a pas réfuté les arguments de l'orateur.

Comment aurait-il pu les réfuter? — Peut-on aller contre des faits?

Il est vrai que l'amiral Krantz, qui va bientôt avoir soixante-dix ans, professe, comme la plupart des vieux amiraux ses collègues, un profond mépris pour tout ce qui est *matériel léger*, pour tout navire qui n'est pas un cuirassé. Les 58 millions que la dernière Chambre a mis à sa disposition, le jour où elle s'est séparée, pour combler les lacunes de notre marine, l'amiral les a affectés à peu près en totalité à la création de trois nouveaux cuirassés : quelques pauvres millions ont été consacrés aux torpilleurs ; — des croiseurs, il n'en a pas même été question.

Dans le monde animal, à la saison des amours, on voit le mâle poursuivre la femelle, la harceler, l'assaillir, — celle-ci se contenter de se défendre, et ne riposter que lorsque l'assaut dégénère en violence : l'un attaque, l'autre résiste; l'un prend l'offensive, l'autre s'en tient à la défensive.

Dans l'humanité, le vieillard, en perdant ses qualités viriles, a perdu en même temps ses instincts agressifs, la tendance à l'offensive. Voilà pourquoi les vieux ne comprennent pas d'autre tactique que la *défensive*, — la même que nos généraux enseignent à nos soldats, — la même que préconisent nos diplomates sous le nom de *politique d'abstention*, — la même que mettent en pratique sous le nom de *politique conservatrice* nos prétendus hommes de gouvernement : politique d'inaction et de négation, politique de géronte et d'eunuque ! — Comprend-on maintenant pourquoi nos amiraux n'ont d'yeux que pour les cuirassés.

Le croiseur, destiné à harceler l'ennemi sans relâche, le torpilleur, qui s'avance seul contre toute une escadre, et en général tous les bâtiments légers, qui incarnent l'offensive, ne sauraient avoir la faveur de ces vieux « loups de mer » : tout le matériel naval, pour eux, se résume dans le cuirassé, dans cette forteresse flottante, à l'abri de laquelle ils peuvent braver l'ennemi.

Ce qui prouve bien que je suis dans le vrai, ce qui prouve que la défensive est leur unique préoccupation, c'est qu'ils songent beaucoup plus à mettre nos ports à l'abri d'un coup de main qu'à armer nos flottes. Tout récemment encore, le même amiral Krantz ne demandait-il pas au Parlement pour la défense des ports un crédit de 67 millions, dont 42 millions pour la seule rade de Cherbourg ?

— N'est-ce pas le cas de dire : 67 millions « jetés à l'eau » ?

Si ces tendances continuent à avoir cours dans l'amirauté française, nous verrons, lors de la prochaine guerre, notre marine tomber exactement dans les mêmes fautes que notre armée en 1870 ; nous verrons nos amiraux abriter leurs flottes à Toulon, à Brest, à Cherbourg, sans jamais oser leur faire prendre la mer, de même que, durant l'année terrible, nos généraux cantonnaient leurs troupes dans les camps retranchés de Metz et de Paris. La marine de la République présente d'ailleurs la même lacune que l'armée de l'Empire : celle-ci a été vaincue surtout parce que le service des éclaireurs n'était pas organisé chez nous, parce que nos hussards et nos chasseurs, qui n'avaient point été initiés au service des « reconnaissances », ne renseignaient point nos généraux sur les marches de l'ennemi, alors que, par leurs uhlans, les Allemands étaient à chaque instant tenus au courant de nos moindres mouvements ; — notre marine, elle aussi, pèche par la cavalerie navale.

La tactique moderne a proclamé que, sur terre, c'est avec les jambes qu'on gagne les batailles ; sur mer, ce sera la vitesse, c'est-à-dire la *vapeur*, qui jouera le rôle décisif dans les guerres de l'avenir. Or, pour que la vapeur puisse donner la mesure de sa force, il faut que le navire s'y prête ; il faut que l'on réduise la capacité de sa coque et que l'on allège l'épaisseur de son enveloppe. Qu'est-ce à dire, sinon que par cette transformation, le cuirassé deviendra un croiseur ou un torpilleur ? Au lieu d'un vaisseau de ligne, on aura deux, trois, quatre, vingt navires d'attaque, de même que, lors de l'invention des armes à feu, au lieu d'un seul chevalier, couvert de sa pesante armure, on a eu dix, trente, cinquante cavaliers. Nos vieux amiraux, eux, ne voient que la *guerre d'escadre*, celle qui consiste à ranger en ligne de lourds cuirassés, des navires aux blindages monstrueux, aux revêtements métalliques gigantesques, et à accepter la bataille contre d'autres cuirassés, également rangés en ligne, également alourdis. Pour eux, la marine en est à peu près au point où en étaient, au moyen âge, les armées de terre, avec leurs chevaliers tout bardés de fer.

Il n'y a qu'eux pour ne pas se douter que le duel entre le canon et la cuirasse est en train de prendre fin. Il n'y a qu'eux pour ne pas voir que les constructeurs de navires ont atteint l'extrême limite qu'il est possible de donner à l'épaisseur des cuirasses navales, et qu'aller plus loin, dans ce sens, serait compromettre les conditions de flottaison, et de navigabilité des vaisseaux, tandis que l'artillerie, elle, est loin d'avoir donné la mesure de sa puissance. Ne peut-elle pas, pour accroître ses effets destructeurs, augmenter encore la dimension de ses projectiles, ce qui revient à agrandir la bouche des pièces elles-mêmes [1] ? Ne

[1] Tant qu'un cuirassé portera plusieurs canons, il sera

peut-elle pas surtout améliorer la force brisante de ses poudres ? — A l'heure actuelle, il n'est pas de cuirassé qui résisterait à deux ou trois obus de fort calibre, chargés à la mélinite, comme l'ont prouvé les récentes expériences faites en plusieurs pays.

Encore la puissance de pénétration du projectile est-elle peu de chose, comparée au pouvoir d'éclatement de la torpille ! Là où le canon fait un trou dans la coque ou dans le pont du navire, le torpilleur détruit la coque elle-même, réduit le navire en miettes et creuse dans la mer la fosse dans laquelle sa victime va s'engloutir.

Nos amiraux ne comprendront la portée de cette révolution que lorsqu'elle sera passée, dans toutes les marines du monde, à l'état de fait accompli. Il sera bien temps alors de changer notre matériel, de renouveler notre armement !

De tous les officiers de marine qui ont passé à la rue Royale, les seuls qui aient fait preuve de quelque initiative en la matière, l'amiral Aube et le commandant Gougeard, ont été aussi les moins vieux de tous[1]. Les autres sont de la même famille que cet

---

toujours possible d'accroître leurs dimensions en en réduisant le nombre, en ne mettant même qu'une seule pièce monstre sur le navire.

[1] Aube avait soixante ans en 1886 ; Gougeard avait cinquante-quatre ans en 1881. L'amiral Aube, durant son passage au ministère, n'a fait qu'appliquer quelques-uns des principes, qu'il avait préconisés bien des années auparavant dans divers écrits et mémoires. A l'heure actuelle, il a soixante-quatre ans ; il compte encore parmi nos plus jeunes vice-amiraux.

amiral, commandant l'escadre de la Méditerranée, qui, en 1852, alors que la vapeur était depuis longtemps appliquée aux navires de commerce, prétendait qu'elle ne s'appliquerait jamais à la marine de guerre. — « On raconte qu'un jour, dans un dîner qu'il donnait à ses commandants, la conversation tomba sur la vapeur. Un de ses aides de camp émit l'opinion qu'elle serait peut-être un jour appelée à jouer un rôle sur mer. L'amiral, outré d'un pareil langage, admonesta vertement le jeune officier coupable de croire à pareille insanité, et, s'adressant à son chef de pavillon : — Nous voyez-vous, Penaud, commandant des charbonniers ! c'est trop drôle ! — Et l'auditoire d'opiner du bonnet [1]. »

La réflexion que faisait sur la vapeur le vice-amiral de la Susse, les vice-amiraux de la troisième République la font sur la torpille. Ancrés dans le passé, l'avenir leur échappe ; ils voient dans le présent, non le germe fécond des âges futurs, mais un misérable débris des temps disparus. Ils veulent bien du vaisseau de ligne, parce qu'il représente pour eux la routine ; ils n'admettent point le matériel léger, qui personnifie le changement, la nouveauté, la jeunesse.

Il faut être aveugle comme ils le sont, pour ne pas voir de quel côté est le progrès. La guerre n'est-elle pas une industrie ? — On a même été jusqu'à dire que c'était pour la Prusse la première

[1] *La marine et les progrès modernes*, par Bocher. Paris, 1888.

de toutes les industries. — Et, ne voyons-nous pas que l'industrie est redevable de la plupart de ses améliorations au principe de la division du travail? — Or, à quoi équivaut l'emploi du croiseur, l'usage du torpilleur et de tous ces bâtiments légers, substitués à l'ancien cuirassé, sinon à la division du travail dans le matériel naval.

Comme le faisait très bien remarquer Gabriel Charmes, il y a quelques années, le même vaisseau ne peut être propre à tout, — à canonner la flotte ennemie avec une puissante artillerie, ce qui exige du navire un fort tonnage, — à poursuivre les vaisseaux de l'adversaire partout où ils tenteraient de se réfugier, ce qui demande une grande vitesse, par conséquent des dimensions réduites, — à débarquer sur les côtes étrangères un corps d'armée, ce qui nécessite presque toujours des coques à faible tirant d'eau.

A quoi nous ont servi nos cuirassés, en 1870 ? — Des marins dressés par l'Empire, la République fut contrainte de faire des soldats; ne pouvant les utiliser sur mer, elle les employa à la défense des forts de Paris. Si c'est pour en venir là, dans la prochaine guerre, que nos amiraux dépensent chaque année 150 à 200 millions, on conviendra qu'ils feraient mieux de le dire franchement. La création d'une *marine de terre* ne me semble nullement nécessaire; et l'argent qu'elle nous coûte serait beaucoup mieux dans la poche des contribuables.

Le rôle piteux joué par notre marine en 1870 (remarquez que je dis *notre marine*, et non pas *nos marins*) fut cause qu'après la guerre les questions navales furent reléguées à l'arrière-plan. Pendant que le budget de l'armée prenait des proportions fantastiques, celui de la marine fut réduit. Au lieu de rechercher les raisons qui avaient fait avorter l'expédition de la Baltique, on trouva plus simple de n'en plus parler. On continua d'entretenir un matériel naval, parce qu'ainsi le voulait la routine, parce que les autres peuples en possédaient un; mais on le laissa aller à vau-l'eau.

A l'heure présente, sait-on de quoi se compose notre escadre de la Manche? — De trois cuirassés, *l'Océan*, *le Marengo*, *le Suffren*, qui tous trois datent des dernières années de l'Empire, et qui sont tous trois en bois [1]. — De quelle utilité pourrait bien être une pareille flotte en cas de guerre? Oserait-elle jamais se mesurer avec l'escadre allemande, traversant la Manche? On en doute, dans le monde officiel, et je crois que l'on n'a pas tort d'en douter. Comme le disait Lanessan, lors de la discussion du dernier budget de la marine, pour tenir en échec l'escadre allemande, « dont la préoccupation serait de bombarder nos côtes au passage et d'aller rejoindre l'escadre d'Italie dans la Méditerranée, nous n'avons, nous, que trois cuirassés d'escadre en bois, dont l'amiral de Dompierre d'Hornoy disait hier

---

[1] *L'Océan* a été lancé en 1868, le *Marengo*, en 1869, — le *Suffren*, en 1870.

qu'ils n'ont que trois ou quatre années à vivre ; et j'ajoute, moi, à mal vivre, car ces navires ne possèdent ni vitesse, ni moyens de défense : ce sont des bateaux facilement inflammables qui, au premier obus, seraient ou brûlés ou coulés. »

Les chiffres sont accablants, dans leur brutale simplicité. L'Italie possède quinze cuirassés, l'Allemagne en possède treize, l'Autriche, huit : et nous, pour lutter contre ces trente-six navires dont dispose la triple alliance, nous n'avons que vingt-deux vaisseaux de ligne. — Et qu'on ne vienne pas dire que, chez nous, l'infériorité numérique se trouve compensée par les qualités des navires : c'est le contraire qui serait la vérité. Nos deux meilleurs cuirassés, *le Courbet* et *le Baudin*, ne filent que quinze nœuds à l'heure, alors que l'*Italia* et le *Lepanto*, filent jusqu'à dix-sept nœuds. L'escadre italienne, ayant pour elle la supériorité de vitesse, est libre d'accepter ou d'offrir le combat, suivant qu'elle juge l'occasion propice ; elle est par là même maîtresse de la Méditerranée.

L'infériorité de nos escadres tient à la parcimonie dont la troisième République a usé vis-à-vis de la marine ; elle tient aussi aux coupables lenteurs de la construction navale chez nous.

Les marines étrangères terminent un cuirassé en trois ans, en quatre ans au plus. Nous-mêmes, en France, dans les chantiers de l'industrie privée, nous savons aller vite en besogne : c'est ainsi que les chantiers de la Seyne ont construit en trois ans le *Pelayo,* un cuirassé commandé par l'Espagne. Comment se fait-il que les arsenaux de l'Etat, tout près de là, à Toulon, mettent dix ans pour terminer le *Marceau?* L'*amiral Baudin,* commencé en 1878, vient à peine de prendre la mer. *Le Hoche, le Magenta, le Neptune,* sont en chantier depuis 1880. *Le Brennus* a été commencé en 1882 ; quatre ans après, on n'en avait construit que la vingt-cinquième partie : à ce train, il eût fallu cent ans pour l'achever.

Ces lenteurs ne peuvent être imputées à une infériorité d'outillage ; et la preuve, c'est que lorsque l'amiral Krantz a demandé à la Chambre un crédit de 58 millions pour le lancement de nouveaux navires, il a laissé échapper cette phrase : « Les torpilleurs seront faits dans un an ; mais, pour les cuirassés, il faudra quatre années au moins. » — Mais, s'il faut quatre années pour achever un vaisseau, au dire du ministre, comment se fait-il qu'on en mette constamment dix, onze, et même douze ?

Toujours la paresse ! — Les escargots officiels ont élu domicile dans les arsenaux comme dans les autres administrations de l'Etat. Nos ouvriers attachés aux constructions navales sont plus nombreux qu'en Angleterre, ce qui n'empêche pas l'amirauté britannique d'avoir une flotte plus importante que la nôtre : pourquoi ? — Parce qu'on y travaille davantage [1].

[1] En 1879, le député Lamy, comparant sous ce rapport l'amirauté française à l'amirauté anglaise, faisait remarquer

Tel patron, tel ouvrier, avons-nous dit. Si l'humble employé montre peu d'ardeur au travail, c'est que ses chefs lui donnent eux-mêmes l'exemple de l'inertie. Le directeur des constructions navales, M. Peschart d'Ambly, est un homme de soixante-quatre ans[1] : à cet âge-là, on ne travaille plus, on est travaillé, travaillé par le rhumatisme, par la goutte, par le diabète ou par quelque autre vilaine maladie.

La direction des constructions navales est entre les mains d'un Sénat, le *Conseil des travaux*. Ils sont là une vingtaine de vieux, — amiraux, généraux, ingénieurs, — qui mettent presque autant de temps pour étudier un devis qu'il en faudrait pour construire le bateau lui-même.

Le plan d'un navire est-il accepté, s'il arrive qu'un des ingénieurs préposés à la construction s'aperçoit, durant les travaux, que telle ou telle modification au plan primitif constitue un notable perfectionnement, il doit en référer aux Gérontes de l'amirauté qui, au lieu de lui donner immédiatement acte de son innovation, traînent les choses

---

que la première avait à son service 24,000 ouvriers, tandis que la seconde n'avait à sa disposition qu'un personnel de 16,000 ouvriers, et cela, bien que notre flotte fût, alors comme aujourd'hui, très inférieure à celle de nos voisins. Ainsi, en 1879, la flotte française avait à la mer quatre-vingt-neuf navires ; la flotte anglaise en avait cent trente, d'un tonnage à peu près égal au nôtre. — Les choses n'ont guère changé depuis, comme le constatait, il y a deux ans, le rapporteur du budget maritime, Gerville-Réache.

[1] Il vient d'être nommé *inspecteur général du génie maritime*.

en longueur, et font attendre leur réponse pendant des mois entiers.

Voilà comment il se fait que des vaisseaux, qui sont depuis des années en chantier, des vaisseaux qui devraient être entièrement armés, des vaisseaux qui devraient tenir la mer depuis longtemps, ne sont pas encore prêts à être lancés ! Voilà comment il se fait qu'au moment de leur lancement, nos cuirassés se trouvent être inférieurs à ceux que viennent de construire les marines voisines ! Leurs plans remontant à une douzaine d'années, on s'aperçoit, quand eux-mêmes sont entièrement finis, que leur agencement, que leur armement, que leurs détails et leur ensemble ne sont plus à la hauteur des derniers progrès de la science navale, qu'ils sont vieux, avant d'avoir vécu. Il n'y a pas longtemps, un publiciste, Paul Bourde, définissait cette manière de procéder : « l'organisation de la défaite ». Le mot a semblé dur ; il n'est malheureusement que la stricte expression de la réalité.

« Après tout, la guerre ne se fait pas seulement avec du matériel ; et, ce quelque chose qui n'est pas du matériel, nous l'avons. » — Voilà en quels termes l'amiral Krantz réfutait les critiques que Paul Deschanel lui adressait à propos des défectuosités de notre outillage naval. Autrement dit, nous n'avons pas de marine, mais nous avons des marins !

Argument pitoyable !

Sans doute, vos marins sont hommes à ne pas reculer devant le danger ; sans doute ils feront leur devoir à l'heure du péril ; sans doute ils sauront mourir ; sans doute, les jeunes trouveront tout naturel de se dévouer pour expier les fautes des vieux. Tout le monde sait cela, et il n'était pas besoin de le dire. — Mais que peut le personnel le plus brave, sur mer, s'il n'a pas l'outillage nécessaire pour vaincre ? Nos équipages, auxquels on ne donne ni croiseurs pour lutter contre les croiseurs ennemis, ni torpilleurs pour lutter contre les torpilleurs étrangers, ne seront-ils pas dans un état d'infériorité incontestable ? Un marin sans navire, c'est un cavalier sans cheval, c'est un artilleur sans canon, c'est un fantassin sans fusil !

Et puis notre personnel maritime a-t-il sur celui des autres nations une supériorité aussi marquée qu'on le dit en haut lieu ? — Je ne parle évidemment ici que du corps des officiers, et plus spécialement des amiraux. — Or, la plupart des griefs que nous avons formulés contre nos généraux, s'appliquent à nos amiraux : comme eux, ils sont des vieux ; comme eux, ils ont perdu l'activité, l'impétuosité, la fougue, toutes ces qualités essentiellement militaires qui n'appartiennent qu'à la jeunesse. Tout dernièrement, le ministre de la marine, Barbey, s'est vu obligé, pour donner satisfaction aux réclamations du public, de réformer le *Conseil d'amirauté*, de la même manière que son collègue Freycinet, avait réorganisé le *Conseil supérieur de la guerre*[1].

Le rapporteur du budget de la marine en 1888, Gerville-Réache, n'a pas craint d'accuser publiquement nos capitaines de vaisseau de paresse. Nos officiers, disait-il dans son rapport, « ne travaillent pas... Ils délaissent les études astronomiques » ; — et le jeune député citait, entre autres faits, la manière dont s'opère sur les bâtiments de l'État ce qu'on appelle le *service des montres*. On sait que ce service est, de tous ceux qui sont à la charge des capitaines, le plus important, puisque c'est lui qui permet de déterminer à chaque instant la position du navire ; c'est lui qui par conséquent guide le vaisseau au milieu des mers, qui l'avertit quand il est à proximité d'un écueil, d'un bas-fond, d'une côte, qui donne à sa marche la précision et la sécurité. Or, nos commandants ont pris l'habitude de se décharger de ce service sur le

---

[1] Dans le rapport adressé à ce sujet par le ministre de la marine au président de la République, il était dit :

« Ce comité serait composé de ceux des vice-amiraux auxquels incomberaient, en cas de guerre, les premières responsabilités, d'inspecteurs généraux techniques et du chef d'état-major général. Il prendrait le nom de *Conseil supérieur de la marine* et serait appelé à donner son avis sur les questions de l'ordre le plus élevé concernant la défense nationale, ainsi que sur l'organisation de nos escadres et la proportion, dans chacune d'elles, des diverses unités de combat.

« Il serait présidé par le ministre, qui le convoquerait toutes les fois qu'il le jugerait utile *et deux fois au moins chaque année*, notamment après les manœuvres et l'inspection générale de l'escadre de la Méditerranée... »

plus jeune des officiers du bord. Il n'y a qu'en France, sous le règne des vieux, que les choses se passent de cette façon : ce n'est pas en Angleterre que les amiraux ou les capitaines se désintéresseraient ainsi de la direction de leur navire!

Aussi qu'arrive-t-il, avec ce système? — C'est qu'on ne sait même plus conduire un navire.

Tout le monde a encore présent à la mémoire le triste spectacle que nous ont offert les dernières manœuvres navales, dans la Méditerranée, où l'on a pu voir, le 5 juillet 1889, un cuirassé, *le Courbet*, faisant partie de l'escadre de l'amiral Alquier, se jeter sur le *d'Estrées*, par une mer parfaitement calme ; ce dernier, un croiseur, a été tellement endommagé par le choc, qu'il a dû rentrer immédiatement à Toulon. — Si les choses se passent ainsi dans les manœuvres, que sera-ce en temps de guerre ?

En temps de guerre ? — Nos vieux amiraux ne mettent pas en doute un seul instant la réalité de la victoire. Ils ont un plan, et ils l'exposent volontiers à qui veut les entendre. Oh! ce plan, il est d'une simplicité géniale : il consiste à se tenir coi dans la Manche, et, à écraser dans la Méditerranée, la flotte italienne avant qu'elle ait été renforcée par les flottes alliées. — Cela me rappelle la *Grande Duchesse de Gérolstein*, le général Boum expliquant que l'art de la guerre est des plus faciles puisqu'il se réduit à deux choses : *couper et envelopper l'adversaire ?*

Il n'y a guère que chez nous que l'on assiste à ce spectacle : un vieux, devenu optimiste. Par son âge, le vieillard est porté à voir tout en noir ; le plaisir le fuit, le rire déserte ses lèvres. N'apercevant le monde qu'à travers ses yeux de plus en plus défaillants, il croit de bonne foi que tout décline autour de lui, alors que lui seul a baissé ; il partage l'illusion de ce voyageur qu'emporte le train rapide, et qui voit les champs et les arbres fuir derrière lui, alors que c'est lui-même qui s'avance à travers la plaine, porté par les ailes de la vapeur. — « J'ai vécu autrefois, dit le vieux Nestor dans l'*Iliade*, avec des hommes qui valaient mieux que vous ; on ne voit plus aujourd'hui de géants tels que Dryas, Cénée, Exadios, Polyphème ! » — Tous les vieillards en disent autant !

En France, au contraire, rien de pareil, du moins dans tout ce qui touche au monde officiel. Pessimiste par son âge, le vieillard, s'il a la chance d'être sénateur, député, ministre, ambassadeur, préfet, général, amiral, devient optimiste par la haute situation qu'il occupe. Comment ne sourirait-il pas au présent quand le présent se donne à lui. Aussi, volontiers répète-t-il, avec Canrobert : « Tout va bien ! » Dans la séance de la Chambre dont j'ai déjà parlé, l'amiral Krantz affirmait que nous étions prêts. — Le Bœuf, lui aussi, disait, en juillet 1870 : « La guerre durât-elle deux ans, nous n'aurions pas même à acheter un bouton de guêtre ! »

Gardons-nous de nous laisser prendre aux fanfaronnades des vieux ; ils sont payés pour nous jeter de la poudre aux yeux, pour nous faire croire que leur administration est la meilleure de toutes les administrations, que leur gestion est la plus parfaite de toutes les gestions. — Si nous voulons connaître la vérité, jetons plutôt un coup d'œil par delà nos frontières, et nous verrons là malheureusement qu'on ne nous craint guère : signe irrécusable de notre faiblesse.

N'avons-nous pas dû, dans ces dernières années, avaler humiliation sur humiliation ? — Ici, c'était un soldat prussien qui, sur la frontière même des Vosges, couchait en joue un de nos compatriotes ; là-bas, à Florence, — c'était un juge italien qui violait le domicile de notre consul ; — ailleurs, sur les bords du Danube, c'était un ministre hongrois qui, en plein Parlement, présentait notre Paris comme un coupe-gorge, et engageait ses compatriotes à ne point se fier à l'hospitalité française.

Nos ennemis ne se gênent plus avec nous. Déjà ils nous traitent comme une nouvelle Pologne. En Allemagne, en Italie, des cartes, figurant le prochain démembrement de la France, s'étalent aux vitrines des libraires, et sont commentées avec passion par la presse des deux pays.

Dans la dernière de ces cartes que j'ai eu sous les yeux, carte dressée et éditée de l'autre côté du Rhin [1], les Allemands, qui pourtant ont la bosse de

[1] En 1889.

la propriété, contrairement à leurs habitudes, ne s'annexaient aucun territoire nouveau, du moins sur notre sol : ils se contentaient de nous enlever nos colonies. Une bagatelle, comme on voit. Mais ils n'en déchiraient pas moins à belles dents la terre française, — donnant aux Italiens dix-neuf départements, tout le sud-est, — offrant aux Espagnols les vingt-trois départements du sud-ouest, — aux Belges, tout le nord, — aux Suisses, tout l'ouest. Et comme la France, ainsi réduite en lambeaux, leur semblait encore trop grande, ils achevaient de la dépecer en deux petits États, — la « Commune de Paris », avec les départements limitrophes de la Seine, — le « royaume de Vendée », avec les départements restés fidèles à la légitimité.

POUR CONCLURE!

Un livre est le reflet des idées de l'auteur; il porte l'empreinte de la personnalité de celui qui l'a écrit; et à ce titre, il lui appartient sans conteste. Il n'en est pas de même de la conclusion, qui, elle, appartient de droit au lecteur.

Ceux qui m'ont fait l'honneur de me lire jusqu'au bout ont vu de près le rôle que jouent les vieux sous le régime actuel. A eux de donner à cette étude la solution qu'elle comporte; à eux de juger en dernier ressort.

Leur conclusion sera aussi la mienne.

Cette conclusion, je crois la connaître d'avance, la morale de cette histoire me paraissant aussi claire que l'existence du soleil en plein midi.

« France, disait il y a cent ans Anacharsis Clootz, guéris-toi des individus. » Aujourd'hui — que la petite République a succédé à la grande, aujourd'hui que les géants de la politique sont devenus des nains, un des meilleurs conseils que l'on puisse donner à la génération présente se résume en ces quatre mots : « Guéris-toi des vieux. »

Oui, guéris-toi des sexagénaires comme Napoléon III, qui te livrent, pieds et poings liés, à l'allemand, et assistent impassibles à ton démembrement; — guéris-toi des septuagénaires comme Thiers, qui t'acculent à la guerre civile et traitent Paris en ville conquise ; — guéris-toi des obstinés et des entêtés, comme Charles X et Louis-Philippe, de ces hommes qui rendent les révolutions nécessaires, pour n'avoir pas su les prévoir; — guéris-toi des pusillanimes et des sots, des matamores à l'épée émoussée, de ces Gérontes au cerveau rétréci, comme Mac-Mahon, qui te couvrent de ridicule aux yeux de l'étranger ; — guéris-toi des avares et des avides, comme Grévy, qui ne rougissent pas d'édifier leur fortune privée sur les ruines mêmes de la République.

France, guéris-toi des vieux !

TABLE

Préface VII

ORIGINES ET CARACTÈRE DU GOUVERNEMENT ACTUEL

Chapitre I.   La défaite des jeunes 17
—   II. Une constitution au profit des vieux . . 44
—   III. Tous vieux ! 63

LA TROISIÈME RÉPUBLIQUE JUGÉE D'AVANCE

Chapitre I.   La vieillesse est une décadence 75
—   II. Les vices de la vieillesse 101

LE MONDE POLITIQUE

Chapitre I.   Ce qu'on est convenu d'appeler les travaux parlementaires 135
—   II. Guerre aux petits 160
—   III. Le progrès à reculons 175

NOS FONCTIONNAIRES

Chapitre I.   Un nouveau droit d'aînesse 193
—   II. L'administration que l'Europe nous envie 211
—   III. Les tares du monde administratif 235

CE QUE LES VIEUX ONT FAIT DE LA RÉPUBLIQUE

Chapitre I.   Une république non républicaine 247
—   II. A l'heure du péril ! 257

CE QUE LES VIEUX ONT FAIT DE LA FRANCE

Chapitre I. La France devant l'étranger 275
— II. La patrie en danger. 310
— III. L'organisation de la défaite. 362

Pour conclure !. 381

ÉVREUX, IMPRIMERIE DE CHARLES HÉRISSEY

www.ingramcontent.com/pod-product-compliance
Lightning Source LLC
Chambersburg PA
CBHW050428170426
43201CB00008B/581